# 海尔管理学

## 原则与框架

姜奇平◎著



中国财富出版社

**图书在版编目（CIP）数据**

海尔管理学：原则与框架 / 姜奇平著 . —北京：中国财富出版社，2018. 9
（2023. 3 重印）

ISBN 978 - 7 - 5047 - 6724 - 0

Ⅰ. ①海…　Ⅱ. ①姜…　Ⅲ. ①海尔集团公司—企业管理—研究　Ⅳ. ①F426. 6

中国版本图书馆 CIP 数据核字（2018）第 215249 号

**策划编辑**　郑晓雯　　**责任编辑**　张红燕　郑晓雯

**责任印制**　尚立业　　**责任校对**　孙会香　张营营　　**责任发行**　董　倩

---

**出版发行**　中国财富出版社

**社　　址**　北京市丰台区南四环西路 188 号 5 区 20 楼　　**邮政编码**　100070

**电　　话**　010 - 52227588 转 2098（发行部）　010 - 52227588 转 321（总编室）

010 - 52227566（24 小时读者服务）　010 - 52227588 转 305（质检部）

**网　　址**　http://www. cfpress. com. cn

**经　　销**　新华书店

**印　　刷**　宝蕾元仁浩（天津）印刷有限公司

**书　　号**　ISBN 978 - 7 - 5047 - 6724 - 0/F · 2934

**开　　本**　710mm × 1000mm　1/16　　**版　　次**　2019 年 1 月第 1 版

**印　　张**　18　　**印　　次**　2023 年 3 月第 3 次印刷

**字　　数**　295 千字　　**定　　价**　59. 00 元

---

# 目　录

# 第一章　传统管理为什么失灵

## 内容提要

传统管理模式失灵了，但为什么失灵了？因为原来的经济人和社会人假设就是错的。现在应该是自主人，强调人的价值第一。而传统管理理论怎么演绎和归纳都无法保证人的价值第一。

理解海尔模式的关键在于理解范式革命。

在海尔的管理学背后，发生着一场管理学的范式转变。管理学中，以企业为中心的经济人、社会人范式，正转向以用户为中心的自主人范式。

随着复杂性科学的兴起，不光是管理学，所有自然科学与社会科学，都在发生着从简单性范式向复杂性范式的转型。

管理学范式转变对组织看法的最大改变在于，在简单性范式下，组织与机器具有相同的特征，不具有创造性，组织的价值是用其获得的金钱来衡量的；在复杂性范式下，组织具有不同于机器的、人之为人的特殊本质，创新成为人的社会本质，而企业的使命在于塑造人，塑造具有人的创新、创造本质的人，在于人的群体的自我实现。

映射到人的行为上，范式转变主要涉及管理能否释放人的潜力。这个潜力有所特指的是人的自由选择的能力。简单性范式抑制人的自由选择潜力，而复杂性范式发挥人的自由选择潜力。

自由选择表现为需求（单）与供给（人）两方面的多样化能力。

从需求来说，是指多样化选择的潜力（如个性化体验的潜力），一旦挖掘出这种潜力，用户价值会在适当的生态圈中，以乘数形式加倍释放，可以使用户终身实现对于美好生活的体验。

案例1－0－1

### 体验比价格战高出20％利润[①]

肖播说，现在电商平台越来越难做，因为在电商平台上有很多假冒的赣南脐橙在销售，基本上都是在血拼价格，贸易商不断在价格上打压果农，果农的抱怨就比较大。

和日日顺平台合作以后，给我最大的感触就是要诚信为本，因为平台每天都要求我们进入后台看一些客户提出的需求，要求我们拿出解决方案，如果我们不及时解决就会按之前的约定要我们进行赔偿。传统电商平台更注重的是价格，日日顺关注的则是用户体验。刚开始我们预估日日顺平台能够销20吨左右就不错了，但是现在已经销售了60多吨，复购的客户非常多，这也是源自乐家产品的品质保障，最重要的是我们的果农，相比传统的批发市场，在利润上来说提高了20%左右。

对供给来说，是指多样化创造的潜力（如创新创造的潜力），一旦调动出这种潜力，每一位普通员工都可以成为企业家，在创造高于物质投资驱动的价值中体现人的创造性，体现人的创新的本质。

对海尔来说，这就是双赢，是人与单两个方面相互结合体现出来的人潜力的发挥。

## 1.1　人性假设：从经济人、社会人到自主人

对人的认识有两种：第一种认为人是机械的、理性的人（确定性的人，包括经济人与社会人）；第二种认为人是创新的、创造的人（不确定性的人，

① 佚名：《三个十万＋打造社群最佳体验生态国有资产》，《海尔人报》，2018年1月10日。注：案例资料来源是指改编所依据的原文。原文一般标注了作者与编辑。有些只有编辑，没有作者，均标为佚名。

自主的人）。前者把人视为简单性系统，后者把人视为复杂性系统[①]。

张瑞敏在哈佛讲堂指出："无论是'经济人'思维下的效率优先，还是'社会人'思维下的精益制造，都局限于管理的主客体对立的工具理性。海尔人单合一模式的价值主张，强调价值理性为先导，形成目的与手段的统一。所以我们主张人应该成为'自主人'。你能够创造价值就可以实现自己的价值，不能创造价值就没有自己的价值。我觉得'人单合一'恰恰是把这个矛盾解决了，每一个人都创造用户价值，同时又体现每个人自身的价值，两个价值的合一就把价值理性和工具理性结合起来。本来价值理性是主导，工具理性是手段，现在等于把目的和手段结合起来。"

管理 3.0 从自主性角度理解人，从而深刻理解人的本质在零和博弈之上，还具有双赢这一重有待发掘、发挥的潜力。从这个意义来说，张瑞敏的管理哲学及实践，在于对人的价值的再发现，在这一点上达到了管理学前所未有的新境界。

简单来说，经济人、社会人与自主人的区分，就在于有没有人的潜力可以调动。人的潜力特指多样化潜力（表现为对体验或创新的自由选择）。这是人之为人的独特性所在[②]，也是人作为能动的复杂性系统不同于物化的简单性系统之处。

海尔的自主人，一定是双赢的人。从单的方面说，个性化是人的自主性的特征。如果人的需求不是个性化的，只能称为顾客、用户，而达不到具有乘数效应的终身用户（高价值用户）的水平。从人的方面说，经济人与社会人因为不具有创新能力，因而仍是简单性的人。人的自主性体现在其不同于

---

① 本书严格区分复杂系统与复杂性系统。复杂系统是指简单性系统中的一类（复杂的简单性系统）。凡中心化、科层化的系统，无论多么复杂，都归于简单性（范式）系统，如世界 500 强企业多为简单性系统中的"复杂系统"。复杂性系统则是指去中心化、扁平化、生命有机性、自驱动、自组织、自生成的系统。复杂性系统也分两类，简单的复杂性系统（如雪花）与复杂的复杂性系统（如网络组织）。

② 物理系统也有复杂性，但不具有体验与创新这种人所专有的复杂性，因此所有物理系统都不具有双赢特性。传统管理学的局限在于用社会物理学的简单化视角认识人，因此认识不到人具有双赢的潜力，其对应的管理 1.0、2.0 无法在管理中将人的潜力最大限度地发挥出来。

机械的最大特征是可以创新、创造，也就是说，人可以创造出与个性化对应的差异化的价值，并在这种创造中实现自我价值。

案例1－1－1

**服务与体验的区别**①

2016年5月，张首席在一次公开演讲中提到“质量标准是用户定义的”，一直在中二冰箱从事质量保障方面工作的刘华，深受触动，质量标准不是纸张上的条条框框，而是用户真正认可的。

2017年初，刘华在对周边用户以及线上微信群的用户交互中，发现了用户的一个痛点。每年冬季和南方梅雨季节，家里的冰箱门封凝露，会有水滴流出，这给用户使用带来不便。她就对照国标和企标，发现国标对冰箱的低温凝露没有要求；对凝露实验环境相对湿度上只有75%。这样的结果是产品符合国标，但不符合用户体验满意度。

所以，刘华提出来要改善这项技术，并抢单承接了解决冰箱凝露现象的项目。市场调研、区域分析，利用海尔共享平台资源，刘华整合开发、模块、标准化等节点组成无边界团队，与研发节点一起对现有型号拆机分析，制订方案；前后组织多次专题沟通会议，历时5个月，成功在各项基础参数不变的情况下在电脑板上增加了除湿功能，达到引领行业标准，根治凝露现象，这也是国内首项冰箱低温凝露技术。

解决了用户痛点，收获了用户肯定，刘华用行动践行了“质量标准是用户定义的”，标准需要随着用户的需求调整，一成不变只能逐渐被用户淘汰。

在这个案例中，服务是标准化的，凝露国标虽然标准，符合“理性”，但不符合用户体验满意度。换个要求，按用户的需求来灵活调整，以应对非标准化的情况，引领服务提升。

经济人、社会人是生存发展的人，也是追求衣食住行的人；而自主人是

① 薛飞龙：《质量标准是用户定义的》，《海尔人报》，2017年2月8日。

实现自我价值、追求美好生活的人。海尔“生活 X.0”的概念，体现了自主人的人性假设。张瑞敏强调，“X”代表不确定，一方面代表用户的个性化美好生活需求是各不相同的，另一方面也意味着企业要永无止境地去求解。

人的自主性可以从人与单两方面的自主性来理解。在人这方面表现出创新的多样性，在单这方面表现出个性化的多样性。这种人的多样性用哲学语言指自由选择，用管理学语言指人的潜力发挥。

表现在单的方面时，自主性表现为个性化需求和意义体验，用户因此而自愿付出高于边际成本的溢价（例如，追涨杀跌，不是价格越低越买，而是价格越高越买）。表现在人的方面时，自主性表现为员工通过创新，创造价值而实现自我价值，创造的价值也超过边际成本，而实现正经济利润（高附加值）。这与从物理规律中总结出的复杂性适应系统（CAS）规律不同，不是消极适应市场需求，而是主动创造用户价值，从而实现自我价值。

“X”至少代表了两个不确定性：一是美好生活的定义是不确定的，每个人理解的美好生活是不一样的，你要的美好生活在别人看来未必就是美好的；二是美好生活的价值是不确定的，今天的生活是美好的，明天未必还是，这也是为什么海尔强调要拥有终身用户，就是为了用户需求的即时变化持续迭代。

从企业（“人”）这个方面来说，自主人的假定，体现在张瑞敏“企业的使命在于创造企业家”这个非凡的命题上。经济人、社会人是指劳动力和物质资本。从理论上说，货币形态的物质资本可以生息，劳动力也可以创造剩余价值，但这不是海尔所说的“创造价值”“创造用户（价值）”意义上的剩余，而只是无创新内容的增值。“企业家”在此特指具有企业家精神的人，具有创新精神和创新能力的人，可以创造循环流转的价值之上的高附加值的人。德鲁克说的发挥人的潜力，也主要指发挥人的创新、创造的潜力。这样的人，因为体现了人不同于物理系统的特质，体现了生命在于创造这种复杂性（灵性），因此说他是复杂性的人。以往，只有企业家才可以成为这样的人。管理1.0、管理2.0也顶多把企业家管理成具有企业家精神的自主人。但海尔的“人人都是CEO”，可以将每一位员工都管理成企业家，意义就完全不同了。海尔说的创客，就是说员工不仅可以作为劳动力这种意义上的机械人，拿对应机械劳动的工资，而且可以参与分工，拿对应股东的分红，甚至可以创新，创造出体现创新的高附加值。创新体现了人之为人的灵长类动物在社会性方面的灵性。这是复杂性系统的独有特征。在德鲁克见识过的各种管理中，真正可以把底层人的潜力激发到企业家程度的，只有海尔一家。即使在德鲁克盛赞的通用公司中，激发的也只是高级管理人员作为自主人（创新、创造之人）的潜力，而达不到将普通人身上的企业家潜力发挥出来的程度。日式管理就更不用说了，管理2.0不是把员工培养成企业家，而是把企业家培养成杰出的人，而让员工被这些杰出的人影响，因此不等企业家来管，就积极主动与这些人保持一致。

企业在创造企业家过程中的作用，是提供平台，即固定成本或重资产。把体现人的灵性本质的创新、创造，以轻资产运作方式，交给创客去做。创客就是轻资产运作意义上的企业家。企业则通过整合内外资源，分享给创客，而按资源使用效果收取支撑服务的使用费用，即租金。

对管理哲学来说，复杂性系统具体针对的就是人的自由潜能，这是人之为人，有别于物理系统和其他自然复杂性系统之处。

## 1.2 管理的改变：从股东第一到用户第一

海尔管理学首要的一条，是用户第一。这个第一，是无条件的第一。

几乎所有企业都讲用户第一，但却是有条件的，这个条件就是要求用户必须达到一定规模。因此，实际完整的意思是：用户第一，但用户需求过小、变化过快例外。换句话说，就是确定性的用户是第一，不确定性的用户不是第一。例如，丰田模式也讲“按单定制”，但附加了一个条件“同时也均衡化”，实际意思是“必须对到底可以允许多少改变加以控制”，即“有一定的限制数量”①。加上这个限制后，用户第一，就变成了要符合要求的用户才是第一。

而海尔的用户第一是无条件的。用户千变万化，要求企业也跟着千变万化。因此，不确定性的用户，也是第一的。全面快速精准响应不确定的用户，

---

① 杰弗瑞·莱克：《丰田模式：精益制造的14项管理原则》，机械工业出版社，2017，第130—131页。

成为海尔用户第一有别于其他模式的特色所在。

海尔模式对管理学带来的一个最大改变，是从定位于人，改变为定位于人单。原有只能容下人的框架，装不下人单这两方面内容。

传统管理学，包括管理 1.0、管理 2.0 的理论定位，都是针对企业本身（人单之中的“人”），且内容都是如何组织员工以实现组织的目的。海尔要求的管理学，还要补充：组织的目的是哪里来的——是由单决定的。比较一下就可以发现，传统管理学中，组织的目的本身不是管理对象，它是既定的前提假设，是在前提假设不变条件下研究系统的系统学。而在海尔要求的管理学中，这个目的的生成与改变，恰恰是管理的重点对象，相当于系统不变条件下，在研究前提假设条件的改变是条件学。管理 3.0 是系统学（人）与条件学（单）的合一。

因此，容纳海尔模式的管理学要把内容扩容一倍，要把单如何决定人，摆在人单关系中，当成管理的对象；而把组织员工以实现组织的目的，变为实现用户的目的。

### 1.2.1　以企业为核心的管理

经济人、社会人系统管理学，是以企业（企业家）为中心的管理学，是企业家管理员工的管理学。而自主性系统管理学，是以用户为中心，由用户直接“管理”员工（如海尔“用户付薪”）的管理学。

经济人、社会人系统管理学（如美式管理、日式管理）的简单性的一个重要表现是，把用户（包括需求如客户、订单，以及市场环境）当成黑箱，把企业理解为简单性系统，管理仅仅体现在企业内部从金字塔顶向塔底的职能性行为。

黑箱的意思是，企业（企业家、管理者）被默认为拥有用户的充分信息。这种充分信息的依据，也许在于把用户想象为系统中已知的、确定性的部分（如美式管理），也许在于把充分信息能力作为默认具有的企业家才能（如日式管理）①。总之，就是把用户打包、封装起来。

---

①　企业家精神和才能被认为是一种禀赋，是天生的、不可管理的，因而排除在管理对象之外。

这就造成对管理变革元问题的理解与网络式的理解不同。自主人是海尔管理的核心问题，主流管理学虽然抽象地肯定市场具有不确定性等复杂性特征，但企业的应战仍是外在的，企业作为简单性系统这一点仍然没有质的改变（例如向心化、科层制结构仍然保留）。在传统管理学中，管理多样性（Managing Diversity）问题，不是指单的多样性，而是指人的多样性，具体指员工的多样性（Workforce Diversity），如年龄、性别、种族和民族、残疾（健全）、宗教等构成的多样性①。

### 1.2.2 以用户为核心的管理

对于海尔模式来说，不仅企业是时代的企业，用户也是时代的用户。这个时代的用户与上一代用户最大的不同，在于用户是一个自主的复杂性系统。自主性的突出，就是用户需求具有高度不确定性，昨天的需求、今天的需求与明天的需求不同。同时，用户是一个网络——复杂性网络。为了适应用户从简单性系统进化为复杂性系统，企业也要从简单性系统（死的、不能应对不确定性的系统）进化为复杂性系统（活的、专门应对不确定性的系统）。

网络管理重新定义了多样性。人单关系从单的多样性（需求多样性）角度来定义管理多样性，由此突破了管理学原有的经济学、会计学基础。

网络管理最激进的变革来自海尔的“用户付薪”。它颠覆了管理学中领导（老板）的定义。沃尔玛创始人 Sam Walton 曾说：“老板只有一个，那就是顾客。他能解雇包括董事长在内的任何员工。只要把钱花到别的公司就行。”这是“顾客是上帝”的最准确表达，意思是用户是领导的领导，领导从用户那里受命，再根据用户发出的指令（需求信息），来领导自己的员工提供产品或服务。用户付酬实际的意思是，用户是企业领导的领导，员工得到的酬劳在形式上是企业领导付给的，但实质上是用户付给的。因此，当用户与企业领导的指令不一致（特别是企业领导的指令不符合市场需求）时，应该优先听从用户的领导。在物联网时代，用户付薪的薪也不再是传统财务报表中的成

---

① 斯蒂芬·罗宾斯、玛丽·库尔特：《管理学（第 13 版）》，中国人民大学出版社，2017，第 110 页。

本，而是共赢增值表的生态收入、生态价值，是有边际效益递增的。生态收入是指聚焦创物联网生态品牌的引领目标，小微与各合作方在社群生态平台上，通过价值共创持续迭代满足用户最佳体验和需求所产生的收入。

传统管理理念是老板付酬。与网络管理实质的区别在于，在管理学的领导理论中，用户需求传递到企业领导这一阶段，是管理黑箱；只有企业领导根据用户需求组织员工生产、服务这一段，处在管理职能中。在网络管理中，特别是海尔"用户付薪"的管理体系中，用户需求而且是多样化需求，可以直接通过管理职能转化为员工（创客）的决策，实现真正的一线决策。传统管理只能管理规模化的需求，而网络管理适合管理多样化的需求。海尔并购美国通用电气家电业务后，将"用户付薪"输出到美国，说明自下而上的领导不仅在中国适用，而且在国外也是普适的。这是中国对于互联网时代管理创新的贡献。

图 1－1 对领导与决策的机制进行了比较。

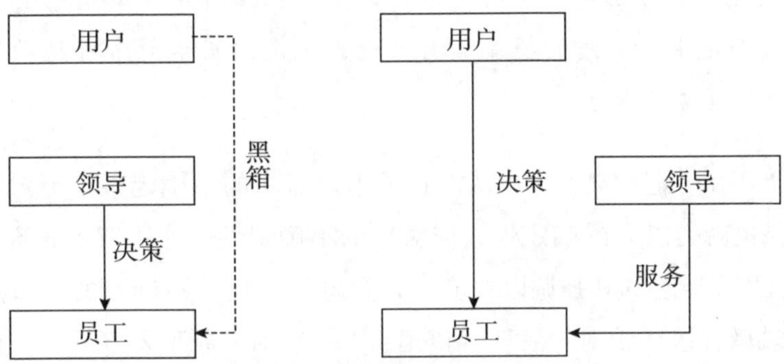


**图 1－1　领导与决策机制比较**

海尔的管理哲学属于量子论，即以不确定性为原理的管理哲学。人单合一双赢强调的是以变制变，即以创客的不确定性（创新、创造）应对、驾驭用户的不确定性（个性化）。

当用户被作为管理黑箱，当作一种确定性时，隐含的经济学前提是需求的同质化，实际上是把一切需求还原为最低的物质欲望。对于这种原子论、还原论的需求观来说，高级需求与低级需求面对的是同样的管理，服务与体验不加区分。而对海尔来说，满足高级需求就必须运用不一样的管理方法。

互联网时代需求多变（以及由此派生的高风险、不确定性）的背后，是需求升级。要区分低收入（人均收入 5000 ~ 10000 美元以下）与高收入（人均收入 5000 ~ 10000 美元以上）需求的不同特征，后者具有“需求曲线向上”的假象①。进一步说，个人可自由支配收入占总收入的 60% 以下，需求特征是理性定价，而个人可自由支配收入占总收入的 60% 以上，具有情感定价特征。后者带来需求多变涉及的管理问题，如用户乘数问题，以及配合个性化、定制需求的一线员工的决策问题（这是丰田模式的盲区）。

案例 1 -2 -1

## 用户最关心的已不只是价格②

如今，人们从服装到配饰的花销日趋上涨，单价几万元的衣服、皮包也越来越普遍。与之相伴随的，人们对贵重衣物的洗护需求也越来越大，卡萨帝纤见的空气洗恰好迎合了人们的该种需求。卡萨帝用户的追求已经不再停留于价格，而是生活品质的提高。有人说，凡是购买卡萨帝纤见的用户也一定有价值 3 万元以上的包。

管理 2. 0 在一定意义上，也认识到了用户需求的不确定性，但对策是以不变应万变，也就是以人的确定性，应对单的不确定性。这构成了管理 2. 0 与管理 3. 0 的区别。管理 3. 0 强调以变应变，意思是人也是不确定的。2018 年 5 月 22 日，张瑞敏在谈话中对笔者明确讲道：“从不确定原理角度看人，能力不确定，每个人都可以发挥。”意思是，人与单一样，也是不确定的。表现在人的能力是不确定的，人具有创新、创造的潜力，一旦发挥出来，就可以实现以变应变，“把许许多多的不可思议和不可能都在我们手中变为现实和可能”③。而

---

① 需求曲线向上，实际是存在多条不同质的需求曲线，每条需求曲线的质不变，这就是需求多样化的意思。信息化与网络经济理论，用品种 $N$ 来计量多样化的程度，因此解决了需求曲线“向上”代表的高附加值的计算问题。模型详见姜奇平《信息化与网络经济》（中国财富出版社，2016）。

② 佚名：《如果你有三万六，买名牌包还是高端洗衣机》，《海尔人报》，2018 年 1 月 31 日。

③ 文正欣：《张瑞敏谈战略与管理》，海天出版社，2011，第 222 页。

以往的管理，特别是管理2.0，是把人当作确定的，是由学历、情商、能力这些因素确定的，“把人才压住了”。张瑞敏还讲了人的不确定性的另一层意思，这就是核心竞争力也是一种确定性。张瑞敏说：“核心竞争力，成败都是它。变成不变的，核心竞争力，一旦形成，照着去做，不动了，就死了。（不确定性说的）动态，是指根据外部变化，改变核心竞争力。动态是指更新核心竞争力，这就难了。时代要求以变制变，（对核心竞争力来说）时代一变就完了，要改就难了，因为是要改整个机制。如全面质量管理、年功序列工资。他都升成部长了，再让他改就难了。”意思是，要以用户为中心，按用户的需求，变化出自己的竞争力，并且把改变核心竞争力，当作一种竞争力。是不是竞争力由用户说了算，不能由自己来固定、固化。

由用户不确定性和需求多样化派生出的一个管理问题，是区分服务管理与体验管理。服务可以标准化，而体验却是个性化的。管理复杂性是由体验带来的新问题。

这涉及如何理解“顾客是上帝”，并从管理上加以区分。网络管理将需求区分为顾客与用户（典型如海尔分别确定顾客的管理与用户的管理），其中，顾客是从标准服务角度界定的，以成交或不成交为会计开始计量绩效的尺度；而用户则是从体验角度界定的，以满意或不满意为衡量管理绩效的尺度。

案例1－2－2

## 用户为什么肯多花2000元[①]

正月初六，一对年逾花甲的夫妻走进商店想为新家选购空调。直销员周玉梅在与客户沟通中了解到，虽然夫妻二人嘴上说想选一款经济实惠的空调，但实际上价格已经不是他们选购空调的首要因素。随着年纪增大，夫妻二人担心空调带来的温变会造成不适，他们购买的首要因素其实是舒适度。周玉梅根据客户需要，向客户推荐了一款卡萨帝的挂机。

---

① 崔春玲：《花甲用户：与其省钱，不如过好一辈子》，《海尔人报》，2018年2月28日。

因为原计划的空调购买预算是每台4000元左右，听到卡萨帝这款云鼎系列空调价格要上浮近2000元时，阿姨略有迟疑。而自从退休后，叔叔在选购产品时早已不再将价格作为首要因素，能让阿姨用着舒服才是他现在最关心的。于是，当周玉梅介绍完卡萨帝这款空调的功能后，叔叔当即决定购买。

在这个案例中，表现在舒适感上的体验需求比产品和服务需求价值高出1/3。

现有的管理理论，只能支撑以成交或不成交为计量点的核算会计、管理会计，但无法支撑以满意或不满意为起点计量的战略会计。网络管理则引入了NPS（净推荐值）方法，将体验变为可计量从而可管理。这是仅把多样性问题理解为员工年龄、性别、种族和民族等方面的差异（如罗宾斯《管理学》）所没有意识到，也解决不了的问题。

案例1-2-3

## 讲故事成了收获用户的种子[①]

2016年12月的一天，微店主孙芝叶看到朋友圈里的顺逛微店主们纷纷分享了一组融合中国人心中经典著作《西游记》动漫形象的海报。除了这些动漫海报，还有一些用户故事也被大量分享，其中最触动孙芝叶的是一则关于家里老人洗澡难的故事。因为自己家里老人也遇到了相同的问题，这个故事引起了孙芝叶共鸣，她主动加入传播。后续，她陆陆续续地收到十几位微信好友的咨询。

这其实是一次产品故事传播。海尔洗衣机“摆硬币”事件后，顺逛已然成为用户小微争先抢入的“传播产品故事”的社交平台。看中顺逛“强交互”的特性，热水器粉丝运营小微深挖净水洗的用户痛点，挖掘他们的用户故事，这些根据真实痛点改编而成的Haier漫画海报、用户故事迅速在顺逛微店主中传播。

---

① 孙学伟：《当〈西游记〉遇上了净水洗》，《海尔人报》，2017年1月11日。

这次活动的最终交互量达到了300万次。结果产品首发第一天就卖出500台，相当于过去一个月的销售量。

在这个案例中，传播产品故事成为俘获消费者人心的“资本”投入。投入一个故事作为“资本”，实现300万次交互的“收入”，收获了30倍销量的“利息”。

案例1-2-4

## 让客户直达用户[①]

“过去酒商卖酒一直到达不了用户。”在酒知道组织的交流会上，有酒商负责人直言，过去利润流失在层层代理中，他们不知道自己的终端用户是谁，用户有怎样的消费习惯。他认为智能酒柜能直接获悉用户需求和反馈，打通信息流和信任，有助于提高红酒销售效率。目前已有11家酒商带着产品、市场团队、客户关系等资源抢入，成为酒知道的战略合伙人。

在这个案例中，通过交互系统，区分出了无名无姓的顾客与有名有姓的用户。让客户（在海尔术语中，客户特指商业用户）直达用户。

案例1-2-5

## 体验要看这三个指标[②]

作为流动服务站的样板小微，南昌地区最近率先将流动服务站扩展到二级市场。二级市场流动服务站的初步建设刚刚完成，全国一级市场流动服务站已经开始全面复制。

长久以来，订单和收入都来自服务商，导致服务兵一直围着服务商转。

---

① 佚名：《酒知道“暗香涌动”，资源方“闻香而来”》，《海尔人报》，2018年2月28日。

② 刘翠翠、孙坤：《服务兵的中心不是服务商而是用户》，《海尔人报》，2018年1月24日。

流动服务站模式让服务兵从以服务商为中心转为以用户为中心。订单来自服务App，用户用手机下单，服务兵在线抢单；评价和薪酬来自用户，薪酬由海尔根据用户满意度直接发放给服务兵，满意度越高收入越高。

服务兵创业小微主孙坤将12个仓库式服务网点整合成三家大的服务商合伙人公司。公司为流动服务站和服务兵提供基本支持，对赌用户评价系数，最终的评价系数越高，合伙人公司老板的分享也就越多。

作为当地最大的合伙人公司老板，张才尝到了流动服务站的甜头，但孙坤拦下了他大规模复制的想法。因为流动服务站的目标是为用户提供最佳服务，只有星级达标并且能以用户为中心的服务兵才能抢入流动服务站。

用户口碑平台锁定以流动服务站撬动产品服务到社区管家的转型引爆。以“样板小微、样板店、样板站”三个服务样板切入的全面复制方案，分别通过对赌用户满意度、评价系数、增值分享，驱动服务兵、服务商、小微主三类人的创业。在未来，孙坤将把三个合伙人公司进一步整合成海尔服务创业小微，每一个流动服务站和服务兵都将成为海尔平台上的创业单元。

在这个案例中，有别于服务的体验测度超出了会计成交测度的范围。

由用户不确定性和需求多样化派生的又一管理问题，是消费资本化问题，第一次把需求从商品提高到资本高度加以认识和管理。

传统管理仅在商品层面考虑消费，只有交易特征（商品只是等价交换），没有增值特征（资本会生息）。消费者只是顾客，不是用户。网络管理面对管理复杂性，从需求多样化入手来思考问题，把多样化问题理解为资本问题，即物联网条件下生态圈中消费增值（生息）问题。

典型如张瑞敏提出的用户乘数理论，系统提出了用户价值倍增的管理方法。将需求多样化问题、管理复杂性问题，当作增值问题加以管理，这是海尔管理的独特之处。

# 第二章　海尔模式是物联网时代的模式

## 内容提要

海尔模式是物联网时代的管理模式。这一模式的脉络由八个环节环环相扣地构成。

1. 海尔的宗旨是人的价值第一，完全颠覆西方的股东第一。

2. 宗旨反映在商业模式上，海尔模式是攸关各方都增值的，传统模式（如电商）不能增值。

3. 增值来自体验，而不是产品。

4. 创造体验价值的组织也要变，从串联到并联。

5. 并联的主体一定是小微而不是科层。

6. 小微的驱动不是传统的管控而是三权让渡的自驱动。

7. 自驱动就需要用户付薪。

8. 用户付薪的薪也不再是传统财务报表中的成本，而是共赢增值表的生态收入、生态价值，是有边际效益递增的。

海尔模式是物联网时代的模式。这里的物联网对应的是生态圈。如张瑞敏所说："物联网时代的企业必须变成生态圈，物联网时代的组织必须变成自组织，物联网时代的管理必须变成人单合一模式。"① 因此说海尔模式是物联网时代的模式，犹如说海尔模式是生态圈时代的模式。

海尔探索的物联网模式或者物联网生态圈模式，是相对于传统电商平台

① 张瑞敏：《新年只是一个数字，新我才能迎接新的太阳!》，《海尔人报》，2018 年 1 月 3 日。

或社交平台的，这是两种完全不同的发展道路，海尔内部称之为“换道超车”，就是要从传统产品经济的模式和互联网电商模式的“道”，换到物联网生态圈模式的“道”。其本质不同体现为海尔物联网生态圈模式具有传统电商所不具备的三个生态特质。

第一个生态特质是生态圈的共创共赢。物联网的本质和互联网一样是与用户零距离，但传统电商只有流量顾客，没有用户，自然也就谈不上零距离。海尔则是把传统的组织以人单合一模式颠覆成攸关各方利益最大化的共创共赢生态圈，用户也是生态圈中共创共赢的重要一方。

第二个生态特质是社群生态的触点网络，物联网的另一大特点和互联网一样是分布式，海尔搭建的触点网络包括10万个城市社区的乐家驿站、10万个农村水站、10万个车小微，每一个触点网络都有海尔小管家和大家有温度的交互，持续迭代出用户最佳体验。

第三个生态特质是生态收入的即时价值。海尔物联网生态圈能够实现用户即时需求瞬间变成满足个性化最佳体验的即时价值，作为硬件的电器变成网器连接用户，给用户提供的不再仅仅是产品价值，而是通过网器传递的服务方案，服务方案带来的价值是生态收入，硬件的价格是有限的、固定的，但生态收入是源源不断的。

## 2.1 海尔的宗旨：人的价值第一

海尔始终坚持“人的价值第一”的核心价值观，始终坚持共创共赢的创造价值①和传递价值体系。体现在管理人的问题上，就是要最大限度发挥人的潜力。

回顾海尔发展历史可以发现，坚持“人的价值第一”是贯穿始终的一条主线。其渊源可追溯到20世纪80年代，别的企业注重的是可检测的质量，海尔追求的是人的价值，让每一个人都有质量意识。当时海尔在每一台冰箱背后都贴一个“质量跟单”，这个看似不经意的举动意义却很深远，它符合了

① 传统企业只注重人能创造的利润和收入，却忽视了人所能创造的价值。

全面质量管理的两个重要原则，“顾客第一”和“下道工序是用户”。20 世纪 90 年代，海尔成为美国哈佛大学第一个中国企业案例。哈佛大学的负责人告诉张瑞敏，选海尔的案例不是因为海尔多有名，而是因为海尔文化对人的价值的重视。90 年代末，海尔到美国建厂，别的企业认为代工就行了，而海尔的目的是创一个名牌，所以一定要找高手下棋。现在，海尔兼并了很多国际企业，采取沙拉式文化融合，包括国际上把 COSMO（海尔自主研发的支持大规模定制的互联网架构软件）定为国际标准，都体现了“人的价值第一”的一脉相承。

张瑞敏与笔者谈到中国经验的时候，提出了一个卓越见解。他说：“核心是，人的价值第一，把它们（日式管理、美式管理）全冲开了。通用公司是股东第一，员工很难找到自己的用户是谁；日本企业做得也很死。海尔将人的价值第一放在前面，强调每个人独立的价值。大企业哪儿有平等。德国也一样，只是线性管理，很规范，但缺乏创造变化。辉腾的失败就是例子。”意思是，西方管理关于人的价值，表面上讲平等，但 CEO 和员工是不平等的。讲的人的价值，只是 CEO 的价值，不是员工的价值（也不是用户的价值）。而海尔说的人的价值，包括了用户、员工这些草根的价值，因此在管理的普世价值上，冲破了西方的基准线，比西方管理对人的价值更加重视。张瑞敏还说过：“海尔的企业文化，最核心的部分体现为对两部分人的尊重，对员工的尊重，对顾客的尊重。”这与西方讲人的价值——重精英轻草根形成鲜明对比。

关于这一点，笔者深有同感，所以对张瑞敏讲，美国的大众创新观（如费尔普斯的《大繁荣》）是小乘，只能度少数人，因为把风投作为成就的条件之一，这样一来，小管家就成不了企业家（因为不可能得到风投）；而海尔是大乘，可以度所有人，让所有人成为企业家。张瑞敏赞同笔者说的大乘的观点。还说“海尔的小管家也是企业家”。人的价值第一，富于中国特色。同是强调人本、民本，与西方强调个人主义价值不同，中国传统文化有强调草根价值的一面。

关于股东价值，张瑞敏在第三次哈佛讲堂上的演讲中指出：人员理念应该从“股东第一”变为“员工第一”。股东只能分享利益，从来不能创造价值。员工第一，指员工和用户的价值合一，员工能够创造出用户价值，股东价值也就得以实现了。所以，股东价值只是一个结果，却不能成为宗旨。

2016 年 12 月 7 日，张瑞敏在“世界智能制造合作发展高峰论坛”上，对企业管理模式变革过程进行了一个回顾，指出：传统的管理模式，发展了差不多一百年的时间，主要有三个代表人物：第一位就是科学管理之父泰勒，第二位是组织理论之父马克斯·韦伯，德国人，第三位是法国人，法约尔，提出了一般管理的理论。如今的互联网时代消除了距离，这是它最大的影响，同时也是对我们最大的挑战，而经典的三种管理模式明显不适用了。

科学管理理论，最富代表性的应用在于流水线。最早得益的就是福特汽车，福特汽车因为用了流水线，而把当时在美国卖 4000 美元一辆的汽车变成了 500 美元，大大降低了成本。最低的时候，只有 300 多美元。但是现在，流水线满足不了用户个性化的需求，这流水线生产模式也一定会被大规模定制所颠覆。

组织理论，也叫官僚制，是一个金字塔结构的管理架构，强调中心，可以保证公司上层意志的有效传达。但如今互联网时代带来的趋势是去中心化和去中介化。

一般管理理论，就是分立出各个职能管理部门，然而现在互联网时代的企业更强调自发能动性，是自组织而不是他组织，所以也会被取代。

其实传统管理理论的基础是国富论，国富论强调分工，从而催生出了传统管理理论。詹姆斯·卡斯的《有限与无限的游戏》，出版至今经久不衰，里面有一句话说：“世界上的游戏一共有两种，一种叫有限的游戏，另一种叫无限的游戏。有限的游戏意味着游戏的参与者在界限内游戏，而无限的游戏就意味着参与者与界限游戏”。在互联网时代，我们就是在与界限游戏，与传统管理的界限游戏，我们发现所有的边界都在不断衍生。

管理学的演进与实践的演进是同步的，只是理论往往滞后实践一步。管理学演进的一条总的线索，就是对“人是什么”这个斯芬克斯之谜进行解答的深化。按照张瑞敏的“企业即人”，企业管理学，即人的管理学。张瑞敏在《海尔精神常青》中指出：“从某种意义上说，企业就是人。”“企业说到底，就是人。”

从对“人”认识最大的范式区别划分，海尔模式及所在的管理 3.0，属于一大类；管理1.0、管理2.0二者虽有区别甚至是对立关系，但同属一大类。这两大类的根本区别，在于核心范式相反。管理1.0、管理2.0背后人的范式是理性范式，形成于启蒙运动，在方法论上属于简单性系统理论；管理3.0背后人的范式是意义范式（例如，海尔提出“生活X.0”就是把美好生活作为终身用户的意义所在），形成于互联网时代，在方法论上属于相反的复杂性系统理论。

如果从简单性系统理论与复杂性系统理论相反这一视角观察管理学的演进过程，在海尔模式成熟前，管理学其实一直处在简单性这个总范式的笼罩下。直到张瑞敏出现，人类管理思想才出现了根本性的范式转变。从这个意义上讲，张瑞敏相当于管理学中的哥白尼。

管理学历史上流派众多，但对人性的定位，无非理性（管理1.0）和有限理性（管理2.0）两种，二者相比于管理3.0其实是一回事，都在理性这个大的简单性范式之下。管理学的社会人假说，实际也没有突破理性范式，也是以理性为基调，只不过变成了社会理性。

管理学中的行为人假设，比社会人假说更接近范式突破。但正如奥地利学派经济学将行为与理性并称，其实只不过是苏格兰式理性与大陆理性之间的内部区别一样，行为仍以理性为基调，这一点影响到管理学对行为的研究，很难突破最后范式边界。而海尔突破了，当海尔用有温度与没有温度对行为进行大的分类时，无意中迈过了人类自我认识的一大极限。更重要的是，海尔不是说说而已，而是径直把没有温度的收入都列入战略损益表中损的一方，只将有温度的收入列入益的一方。理性是没有温度的，凡理性收入均计入损的一方！这就等于正式宣告范式转变后价值观标准的改变。全人类从把人的理性理解为“人是目的”的定义，到把温度（比喻意义）理解为“人是目的”的定义，这是人类自17—18世纪以来的又一次思想解放。把“人是目的”从理性价值这个台阶，提升到目的意义这个台阶。

海尔管理学是人的管理学，对人的重新发现是海尔管理学的核心。管理3.0在“人是目的”的答案超越管理1.0之处在于，管理1.0把“人是目的”，偷换为“人是手段”。这不仅是拿员工当手段，而且把老板也当作了（社会实现理性）手段；管理3.0超越管理2.0之处在于，管理2.0虽然开始强调发挥人的潜力，但发挥的只是企业上层的潜力，而对下层实行的愚民政策，逼迫员工把老板的目标当作自己的人生目的，而且要信以为真。相当于让企业老板代表人的目的，把员工当作实现“人是目的”的手段。管理3.0真正的革命性在于，第一次把人的解放范围扩大到了员工，甚至用户。这昭示出一个真理：双赢是“人是目的”的真正所在，被以往管理1.0、管理2.0彻底忽视的员工与（因为个性化而成为少数的）用户，都有作为人之为人的独特价值，需要系统挖掘出来，让员工无障碍地自我实现到企业家的程度，让用户无障碍地自我成就到实现美好生活的程度。

### 2.1.1 唯用户是从

唯用户是从，是人的价值第一在用户身上的体现。用户价值主张是创造用户最佳体验。

唯用户是从，是海尔模式中最有针对性的原则。按说，供求是平衡的，为用户创造价值与创造创客的价值是完全一致的，为什么要把“唯用户是从”单独提出来呢？这是因为，管理学的框架先天不足，只有供给端，没有需求端。为此，要把唯用户是从，理解为要在管理中建立一套“唯用户是从”的完整体系，而不只是一个口号。

《不可消失的门店》作者、美国沃顿商学院教授大卫·贝尔是零售领域的专家，他提出了一项新的理论——B-O-S-S模式。“B”代表“绑定”，“O”代表“达人”，两个“S”分别代表“实体展厅”和“科学”。四个字母组合在一起形成的单词“Boss”在英语中的意思是“老板”，寓指真正的老板是用户。

海尔对此理论实践得更为彻底，不仅是把用户当成老板，还实现了用户付薪，真正让用户成为老板。除此之外，海尔在物联网时代的探索也在很大程度上超越了大卫·贝尔教授的“B-O-S-S模式”①。

在绑定这一层，贝尔教授强调的是情感联系，而海尔所做的实践，不仅有情感交流，而且有用户全流程参与。例如，COSMO平台就是用户全流程参

---

① 佚名：《海尔：彻底超越传统电商的物联网新范式》，《海尔人报》，2018年2月7日。

与体验的工业互联网平台。在这个平台上，用户可以实现需求提出、创意交互、参与设计、个性化定制以及全流程订单的查看；在触点网络方面，海尔搭建的日日顺乐家和水站平台，提供的不是冷冰冰的服务，而是通过海尔小管家，实现和用户的零距离交互，提供有温度的服务。

在达人这一层面，海尔实现的不仅是达人分享，而且搭建了用户交互的社群，如智慧烤箱小微就吸引了众多关注美食的达人，共同搭建了“烤圈”。在这个圈子里，用户不仅可以交互、分享，而且能实现体验的迭代。

物联网时代，每个人都在追求自己的美好生活，而每个人对于美好生活的定义又是不同的。大数据可以预测用户的喜好却无法实现个性化需求的获取，这也是为什么海尔注重的是用户的小数据，只有个性化的小数据才具有价值，才能有针对性地为用户提供定制化的美好生活。

“生活 X. 0：定制物联网时代的美好生活”，对于海尔来说，这不仅是一个口号和方向，更是海尔正在实践的每一步的缩影。也正因此，海尔彻底超越了传统以交易为主的电商。

大多数企业都会说类似“用户至上”这样的口号，区别就看管理体系中有没有落实这句话的结构。一般企业表现为，用户需求是什么，老板说了算。老板错了怎么办？不管他，执行就是。而在海尔的管理体系中，这一原则的要点在于，唯用户是从，赋予一线员工（创客）实质性的决策权。因为一线员工（创客）不是通过上级授权的方式，而是援引这一原则，在与单的直接关系中，做出关于单的决策。

唯用户是从是海尔模式与日式管理包括丰田模式区分开的最主要界标。二者完全相反。

日式管理与美式管理相比，以文化见长，但在继承日本优秀文化传统的同时，也继承了其不适应网络时代的另一面，即张瑞敏概括的“唯尊是从”。它是源于日本幕府文化中以下级主动放弃决策权的形式忠诚于上级，以换取上级对下级的安全（如不被开除）承诺的历史传统。这一文化直接违背了德鲁克管理的最高原则。

传统管理没有在动力系统上形成闭环。用户付薪这个动力源，处于企业管理之外，动力系统只管领导给员工提供动力，没有解决谁给领导提供动力问题。闭环应该是“用户—领导” + “领导—员工”（“—”这个符号代表作用关系）。现在只有后半截，没有前半截。是开着口的，所以称没有闭环。

张瑞敏指出：“既然管理没有领导了，那领导是谁呢？领导就是用户，所有人都听用户的。过去是员工听领导的，现在是员工听用户的，领导听员工的，其实这就叫管理无领导。”

案例2－1－1

## 从听领导的，到听用户的①

在美国，人们没有晒衣服的习惯，烘干机是常用的衣服速干工具，但是很多人发现，上班前扔进洗衣机洗涤的衣服，等晚上回家后再进行烘干处理时，衣服会有霉味。针对这个问题，美国通用家电（以下简称GEA）洗衣机小微上线了手机App，可以在外远程操控洗衣机，在下班回家的路上按下按钮，到家时衣服刚好洗完。这是GEA团队新想出的点子。

2017年，GEA洗衣机小微向市场投放了新产品，GEA职业经理人皮特和团队成员加强了对用户需求的调研和挖掘。例如，给用户提供了几款可根据衣物数量和干净程度智能投放洗涤剂的洗衣机，洗涤剂的储存盒最大容量可达75盎司（1盎司=28.3495克），与美国市场销售的标准规格的洗涤剂包装容量相同，为终端用户提供了便利。

这款洗衣机还有另一个独特的功能：有一个预处理水站。开机后，带有洗涤剂的水将自动流入洗衣机滚筒，用户可以对衣物上的污渍进行预处理。

皮特说：“我们会进行市场调研，也经常到用户家里去看用户到底是如何洗衣服的。一旦了解了他们的需求，我们就可以为终端用户开发更高质量的产品和解决方案。”

在同事看来，皮特有了个明显的变化，以前他常说要向领导汇报什么，而现在他更常说用户可能会喜欢什么。

---

① 周西，等：《人单合一下的GEA洗衣机小微三大变化》，《海尔人报》，2018年2月7日。

案例 2－1－2

## 员工听用户，变出领导力[①]

姜文忠回到家乡郑州，在海尔平台上创业，很快取得单人单月百万销售额的成绩。姜文忠对此总结得极为朴实："以用户为中心，不管用户买了哪个价位、型号的产品，都要用心服务。"

每当成交新用户，姜文忠做的第一件事就是添加对方微信好友。他目前有微信好友 1700 多人，其中添加用户 1427 人，用户占有率 79.2%，在郑州永乐排名前三。加微信好友有许多好处：方便联系用户，更及时详细地了解送货安装信息；定期沟通用户冰箱使用情况，还可以及时联系用户做入户调研。姜文忠一般利用下班时间，到用户家走访调研，指导他们如何摆放食材和操作使用冰箱功能。当家庭场景下的使用痛点得以解决，用户通常给予姜文忠很高的评价，主动发个朋友圈以表感谢和对海尔品牌的支持。

在这个案例中，姜文忠的领导力来自客户，从客户身上汲取力量。他实现了从面向顾客的员工到面向用户的"领导"的转型。

唯用户是从，还有一句潜台词，就是如果用户需要什么，自己说不出来，算还是不算。这就是所谓的创造用户价值。我们后面再谈。

张瑞敏总结改造三洋的经验时，曾说："我们先研究了三洋失败的原因，按照人员素质，他们比我们高；按照研发能力，他们也不低；按照市场经验，他们做了很多年，经验非常丰富，那么为什么会亏损？其实很简单，在于文化。日本是典型的东亚文化，是儒家文化的延伸，重要的体现就是唯尊是从，只要是领导说的话，底下员工一定照办，即使不睡觉也会把它干出来。但干出来的是不是市场要的，未必。"

"海尔并购之后就改为'唯用户是从'。先从合同入手，过去的合同是员工和公司签了之后，只要员工服从公司的指挥就行。现在我们是让员工和市

---

① 吴学财：《社群生态挖金矿，单人单店过百万》，《海尔人报》，2018 年 4 月 25 日。

场签合同，能不能获得高薪就看他能不能把这个市场的用户做起来。一开始他们都很抵触，我们做了很多工作。另外，对于日本企业的团队精神，我们通过把内部变成一个个的小团队，每个团队独立自主经营；同时把营销、研发、制造合到一起，变成一个并联的平台。结果我们八个月就使其停止了亏损，在日本也引起了非常大的轰动。所以这类并购关键在于解决文化问题，如果不解决，1+1不一定大于2，可能是负的。”①

日本管理文化中唯尊是从、大团队精神这两点，是包括丰田、索尼在内的多数日本企业的共性特征。而从复杂性角度分析，这两点都具有缺乏全员响应灵活性的问题。唯尊是从与复杂性管理的矛盾在于，复杂性组织要求组织的中心与节点都要灵活反应，而唯尊是从会导致组织中心响应，而组织节点不响应，因此具有机械性组织的典型缺点；大团队精神与复杂性管理的矛盾在于，复杂性组织要求组织的中心网络（如指挥中心网络）与节点网络（小团队，如自主经营体）都要灵活反应，但大团队精神会导致中心网络响应性好，而节点网络反应性差。而互联网本质上就是节点网络之间关联形成的“网际网络”，大团队精神在保持自身优点的同时，需要进一步改进为小团队共同体（即复杂性网络中的小世界网络），才更适应互联网时代的管理要求。

相反，中国组织和员工自下而上的灵活性，中国组织和员工的小团队、小网络特点，在经过两化融合的再造，克服了农业社会的缺点，一旦同互联网的整体协同机制结合，就有可能转化为管理优势。这是管理学家由于理论滞后于实践容易忽略，而企业从实践出发提高实战能力需要加以独立判断的。

在实践中，张瑞敏通过取消年功制、改大为小，成功改造三洋白电，使三洋白电从排名落后一跃成为日本第一。这说明，海尔经验有助于中国企业扬长避短，通过将自上而下的简单机械组织，改造为自下而上的复杂生命组织，实现了适应复杂性环境的管理变革。

还有一点需要指出，我们没有把自主经营当作一个独立的原则，是因为自主经营的本意其实就是唯用户是从，并不是说部门自作主张经营，而是部

① 来自2013年10月潘东燕的《海外创牌的心路历程——张首席接受〈中欧商业评论〉专访》一文。

门必须唯用户是从来经营。

这一点，张瑞敏在2009年“沃顿全球校友论坛”上讲得非常明白：“每个部门都要面对自己的客户，我们把它们叫作‘自主经营体’。”自主的反义是官僚主义。2009年海尔全面实行自主经营体管理模式，就是为了治疗“大企业病”。

之所以叫自主，可以用第三代系统论来解释，说的是将用户与员工当成一个闭环，才能自动循环运转起来，而无须再给一个外力才能启动。

### 2.1.2　带领每一位创客成为创业家

张瑞敏在《中外管理》杂志上发表的《让每个人成为自己的CEO》中说：“我认为，每个企业CEO的成功，不在于企业为社会制造了多少产品，而是制造了多少‘CEO’，是否打造了一个让每位员工实现自身价值、让企业实现永续经营的平台!”

海尔人区分卓越与引领的区别为：“‘卓越’更侧重于企业家个人的优秀；而‘引领’却是带领每一位创客都能成为卓越的创业家。”①

我们把这概括为企业创造企业家的原则。这里的企业家特指员工、创客、小微主。

海尔模式把企业的使命归结为创造创客，创造企业家。企业不仅可以创造价值，而且可以创造企业家。意思是，不仅可以把企业家变为创造、创新之人，而且可以把普通的员工，变成具有企业家本质的人。管理学不仅像小乘那样，能度少数精英，而且可以像大乘那样，普度众生。这是有史以来，管理学对人性的最深入的洞察与发挥。

笔者曾请教张瑞敏这一思想的由来，张瑞敏说：“这与企业目标有关系。原来的目标是成为白色家电最大企业，现在是要提供整体解决方案，为此要与用户交互，建立生态系统。找一个仅仅是执行的人肯定不行，要由人自己主动创造，成为创造者。生态在变化，怎么创造？靠多边市场。解决为什么要创造的问题，需要每个人变成企业家。科层制没法成就企业家，因为员工只是大机器上的齿轮和螺丝，要一步步让员工创立小企业。把大企业变小。

---

①《海尔人报》编辑部：《只有引领才能生存》，《海尔人报》，2018年1月17日。

原来做白电，大也只是人员增加而已。现在洗衣机变成衣联网，要提供全程服务，把服装等也吸引进来了，企业裂变，拆成一个个的小企业，员工、创客、小微主得自己想办法生存，就像当年红色割据一样。老一辈人跟我讲，他们当年红色割据时，发展得最快。周围都是敌人，必须自己作决定。”笔者提到国民党将军白崇禧在回忆录里说，四野的队伍被分割成班了，仍然还有战略行动力，就好像人人都是CEO一样。张瑞敏说：“四野实行的是一点两面三三制，把敌人冲乱了。其实对我们启发最大的是三三制，一个班分成三个战斗小组，互为犄角。我们做小微，就是把班再往下分。一下使人活起来，不是班长也可以是头。”在这一点上，海尔与阿米巴明显不同。阿米巴分权到自主管理班组，没解决班组以下的自主管理问题，领导是裁判。海尔细分到了小微，一个班可以分成三个小微，用户是裁判。创造企业家这一原则，体现在海尔管理的始终。

在管理的领导环节，或者说动力环节，管理3.0认为，企业的使命是创造企业家，即把员工变为特定意义上的创造价值的人。这决定了管理3.0对个体行为基础的理解，不同于管理1.0、管理2.0。张瑞敏在接受《中外管理》杂志采访时说：“如果让每个人直接面对市场，也就是每一个人都像老板一样，都像经营者，自己来经营他自己，来发挥他最大的创造力。我们称这个为SBU，即经营自己、经营市场。”此后，SBU又发展成创客、小微主。

海尔模式领导理论研究人的行为的出发点，不是利用员工，而是创造企业家。特指把员工创造为具有企业家（CEO）能力的创客（小微主），要把员工的企业家潜力激发出来。管理3.0的重点不是由企业领导来领导员工，而是由用户来“领导”员工，而由企业领导为这种“领导”关系提供服务，这个过程是用户领导员工与企业领导的人单关系合一过程。

在管理的组织环节，海尔平台的第一种战略功能，是服务于“企业的使命是创造企业家”这一目标。这一目标也可以表述为企业的目标是创造创客。海尔以此为主题，第三次登上哈佛大学案例的讲堂。

海尔所有的实体平台都有一个战略性的功能，就是成为创新、创业平台。过去在惠普等公司，企业内创业是作为主营业务的后备，是被鼓励的。而海尔是把创新、创业本身，当作了主营的增值业务。这首先是由海尔的核心价值观决定的。双赢的精髓在于创新、创造价值，落在人身上，自然就是创造一批创新、创造之人，与管理 2.0 不同，这些人是最一线的员工。这就把员工变成了真正的企业家，从而最大限度发挥了人的潜力。通用模式再发挥人的潜力，也只是发挥经理以上人的潜力，而无法把员工身上潜在的企业家潜力调动出来。这个力度显然大得超过了德鲁克所提出的“人人都是 CEO”的尺度，变成“人人都是企业家”了。从这个角度说，海尔让平台承担创新、创业功能，有其内在必然性。

在管理的计划与控制环节，海尔的预酬与人单酬制度都体现了创客价值。这种价值在员工身上体现了企业家的价值，员工的报酬不再是雇佣制的工资，如果按创客和小微主的行为模式去做，可以直接获得企业家报酬。当然，这与一般人说的老板稍有区别，企业老板无论是否创造价值，都有产权保障的利润作为报酬，而创客的企业家报酬只是当期的企业家报酬，创客当的是临时企业家，当然这已是一个了不起的创新，因为管理 1.0、管理 2.0 并不能给普通人这种机会。如果创客持续通过业绩表现出创新创造的能力与价值，其也可以连续得到企业老板这一级别的报酬，直至直接转变身份，变为小微主，正式成为创业企业家。

海尔除了在整个管理体系设计中体现创造企业家这一使命，还身体力行，打造专门的创业平台。2014 年，海尔成立海创汇，依托海尔生态产业资源及开放的社会资源接口，孵化创客，实现创新与创业、孵化与投资结合。海创汇为创客提供包括投资（创客金融）、供应链（创客渠道）、工厂（创客工厂）、技术（创客服务）和学院（创客学院）在内的一站式孵化服务。

创造企业家体现了人的价值第一的精神。

第一，通过最大限度发挥人的潜力，体现公平，“给人以公平感”①。使人产生趋向高级目标的内在行为动力。用德鲁克的话说就是“体现个人尊严和机会平等”。管理 1.0、管理 2.0（特别是丰田模式、京瓷模式）相对而言的不公平在于，给领导、高管的机会多，而员工、用户的潜力发挥不出来。海尔模式的公平体现在给所有人实现自我的机会。特别是通过激发员工动能，

① 文正欣：《张瑞敏谈战略与管理》，海天出版社，2011，第 97 页。

实现自我驱动。张瑞敏曾感慨西方企业，“大企业哪儿有平等”，所以他开创了在大企业中实现平等的先例。“海尔通过平等用人的机制告诉每一位员工，他们中的每一个人都是人才，都能在工作中超越自己、更新自己。海尔的每一步发展，都是全体员工创造性劳动的结果，而这结果又反过来使员工们产生无比的自豪感和优越感，激励着他们进一步去发挥自己更大的创造力。企业因此永远有活力。”①

第二，通过系统闭环实现自驱动意义上的自治。海尔模式与众不同之处在于，将用户需求内生于企业，从而获得系统循环自驱动的闭环。形成用户驱动创客，创客驱动领导的“永动机”动力循环系统，与传统的领导驱动员工，员工驱动顾客自上而下的动力系统形成互补，从而解决了企业自我驱动的问题。

案例 2 –1 –3

## 张黎明：享受做海尔创客的感觉②

近日，洗涤平台小微张黎明和她的团队再获佳绩，洗衣机在电商渠道的份额超30%，以绝对优势占据各品牌首位。张黎明说：“在海尔做创客给我充分实现自身价值的平台，我很享受这种感觉。”

从2005 年毕业至今，张黎明已经加入海尔 13 年。从最开始的传统渠道销售，到 2012 年接触电商营销，再到 2017 年成为海尔洗衣机的电商接口人，张黎明都积极把握每一次创造价值、体现价值的机会。张黎明说：“我是一名海尔创客，同时也是一个母亲，我希望成为让女儿骄傲的创客。”

在张黎明看来，如果想要在工作中有所突破，除了基本的工作能力和团队协作外，还要学会享受工作，享受自身价值在每项工作中的体现。只有这样，才能更好地在工作中发挥自身的主观能动性。

正是抱着这样的想法，2017 年，张黎明大胆提出了举办线上线下产品联

① 文正欣：《张瑞敏谈战略与管理》，海天出版社，2011，第 108 页。

② 佚名：《张黎明：享受做海尔创客的感觉》，《海尔人报》，2018 年 3 月 7 日。

动发布会的建议，改变以往仅凭语言、画面或视频同电商渠道进行线上交互的方式，以提升洗衣机在电商渠道的份额。后来，各电商渠道负责人正是在2017年举办的两场线上线下联动发布会上，真实地体验了海尔的各类产品，愿意为海尔的高端品牌提供好的渠道占位。张黎明成功撬动了电商平台的展位格局，获得了更多同用户进行交互的机会。现在，海尔洗衣机不仅在各电商渠道占据份额优势，用户好评率也稳步提升。

现在，张黎明在经营电商渠道的同时，又将工作重点聚焦用户研究，包括当下正在进行的空气洗体验，张黎明也在思考如何让用户在电商渠道可以有直观的感受，以实现电商渠道的进一步突破。快乐工作、享受工作的张黎明相信，2018年她的团队还将继续前进再创佳绩。

案例2－1－4

## 以门店CEO心态经营自己的事业①

姜文忠是一名制冷产品直销员，从事海尔产品销售多年。两年前，他从深圳回到老家郑州发展，选择在海尔平台创业，加入郑州永乐南阳路店，做起了用户交互。

2018年3月，姜文忠总共销售130万元的冰箱冷柜，份额达48%，门店首位度是4.2，达成单人、单月百万元销售额的成绩。

高端小区入户调研为姜文忠带来了顾客满意度的提升，也让姜文忠发掘到了老用户这座“金矿”。让用户感受到五星级服务，同时通过这些用户，推荐更多的亲朋邻居主动到店，就像滚雪球一样，老用户带来新用户。截至目前，高端用户已经为姜文忠带来30套高端产品的成交、25万元销售额的实现。

姜文忠自豪地说：“在郑州，高端市场几乎被卡萨帝垄断。”在全国，有成千上万的直销员都在转型，他们像姜文忠一样，正在以门店CEO心态经营着自己的事业。

---

① 吴学财：《社群生态挖金矿，单人单店过百万》，《海尔人报》，2018年4月25日。

还是姜文忠这个案例，他做销售员工与在平台创业发生的最大改变是，开始主动经营用户，把老用户发掘为金矿，从采矿变成了炼金。唯用户是从与创造企业家，是人的价值第一的一体两面。

## 2.2 攸关各方增值的商业模式：人单合一双赢模式

海尔管理的总原则是人单合一双赢，这是一个攸关各方增值的商业模式，强调通过供求各方的增值体现人的价值。

人的价值第一具有特定含义。张瑞敏在哈佛讲堂曾解释道："古希腊哲学家亚里士多德有一句名言，人的幸福是可以自由地发挥出自己最大的能力。人单合一就是让每一个人充分发挥自己的能力，实现自己的价值。"

人单合一最初是为保持现金流（企业的"空气"）与利润（企业的"血液"）的平衡，而"解决速度与精准统一的问题"，是在生存实践中提出来的。2005 年张瑞敏提出："人单合一，直销直发，实现净现金值为正值的高增长。"随着海尔的发展，人单合一一步一步发展为海尔的管理之道。早在 2005 年 12 月，张瑞敏就提道，"人单合一就是要解决内部管理与外部市场拓展两张皮的问题。""人单合一就是在以外部市场目标为中心来强化内部的管理。"就其现实针对性来说，人单合一体现着用户第一的精神。因为人单合一与否，唯一的判断标准就是是否符合用户需求。

人单合一反映了互联网经济的本质特征。

张瑞敏指出，工业时代的管理，如泰勒制，是建立在分工基础上的。分工就是生产者与消费者的分离；而网络时代的管理，是建立在合工基础上。笔者理解的合工实质是生产者与消费者的融合。

合工的概念来自原美国麻省理工学院教授迈克·哈默和詹姆斯·钱皮。合工理论（Theory of the Combine of Labor）是管理学的一个新的理论前提，它向传统的分工理论提出了挑战。笔者把合工称为融合是因在 1997 年出版的《21 世纪网络生存术》中提出，互联网将分工创造财富，变为融合创造财富。把前者称为迂回经济，后者称为直接经济。

同是分工的对立概念，哈默和钱皮的合工原意是指流程，笔者指的是产消融合，更接近张瑞敏说的人单合一。笔者以为流程再造只是操作层面的概念，而张瑞敏是从战略上来认识合工的，对哈默和钱皮的原概念有所升华，所以笔者更愿把张瑞敏说的合工，直接理解为人单合一。

互联网经济带来产消逆转，用户主导成为新的方向。

互联网时代生产者与消费者的关系，除了融合之外，还有第二重意义——方向。经济过程的起始方向，不是从生产者向消费者，而是从消费者向生产者。这是张瑞敏的独特思想。它与产消逆转是一个意思。

张瑞敏指出："传统市场，企业广告决定用户的选择，但网络化市场已转为用户的选择可以决定企业的生死。"网络化战略首先建立在对互联网市场的理解上："在网上，信息不对称的主动权到了用户手里，用户说选谁的就选谁的，企业成被动的，所以企业要跟上用户点鼠标的速度。"

为了适应产消逆转，张瑞敏提出两个主导的转变："在外部，用户主导企业，从一对一，到一对多，再到多对多。在内部，员工主导企业，因为用户的个性化需求一定要靠员工去满足。"其中，员工主导企业，是一个非常大胆而有魄力的管理创新。它完全超越了日本企业管理经验。笔者对张瑞敏说，海尔模式具有普世价值。张瑞敏说改造三洋就改造在这一点上。只此一点就发挥了奇效，说明海尔模式不只是中国的，也可以是世界的。

人单合一是海尔管理的均衡原则。均衡是经济学之道。它直接的含义就是供给与需求相等。人代表供给，即企业、员工一方构成的组织系统；单代表需求，即订单、客户一方构成的市场环境。供大于求、供不应求都是对人单合一的背离。合一要求零库存。海尔赋予它的新内涵包括快速与精准。

每个企业都追求让供给与需求匹配，例如，零库存就是要求供求平衡，从这个意义上说，任何企业都在追求人单合一，那么海尔的人单合一有什么不同呢？

在管理学史上，海尔的人单合一原则第一次建立起供给与需求对称的管理均衡论。相比之下，现有所有管理学都还是假定需求不变下的供给论，多数企业的管理经验还是以供给为中心的管理经验。

管理学是基于企业微观实践发展起来的，一直没有自己全面的均衡理论。这一点只要对典型的管理学与经济学教科书进行比较就可以发现，管理学讨论的主题，基本只是相当于经济学中的供给理论部分，如收入、利润和成本等；而经济学中的另一半即需求论，如效用、（消费者）预算、需求曲线等，不见于管理学的领导、计划、组织和控制的主模块中。一般企业只是泛泛而谈以用户为中心，但并没有形成系统的需求论。

海尔的人单合一不同，海尔用自己系统的需求理论，填补了管理学和管理经验的空白。其中，要求区分顾客与用户，提出用户乘数理论，都是管理学的重大突破。比较海尔人单合一需求论与标准经济学需求论，海尔既有一般管理学的共性，又有自己与众不同的创新。

人单合一中关于单的理论，是管理的需求理论。海尔人单合一原则实质是内生需求的管理均衡原则。

从企业追求供求相等角度看，人单合一是每个企业的“经验”，那在什么意义上是海尔独特的经验呢？与经济学做一个简单对比就可以看出，经济学在均衡框架下，有内容对等丰富的需求理论和供给理论，管理学也追求人单合一，但却只有供给理论，没有与供给理论对称的需求理论。而海尔的人单合一，包含丰富的需求理论内涵，如对需求本质的理解、对顾客和用户的区分、用户乘数理论等。因此，与所有企业的供求相等相比，海尔人单合一带有以用户为中心追求供求相等的特殊含义。其改变在于，相当于把用户需求当作管理的内生变量。

标准经济学在需求的定义中不承认马斯洛的需求理论，把高级需求一律还原为低级需求（同质化的物质欲望），管理学一般都承认马斯洛的需求理论，将需求区分为生存、发展与自我实现需求。海尔的顾客需求对应的主要是生存，用户需求对应的是发展需求，终身用户需求对应的主要是自我实现需求（如体验需求）。在这方面，海尔管理需求论中的均衡主张，比较接近张伯伦的垄断竞争均衡理论，其顾客需求对应无差异需求曲线（DD 曲线），而用户需求对应差异化需求曲线（dd 曲线）。由此可以判定，一般企业说的人单合一，对应的是新古典主义均衡（以 P = MC 为均衡价格），如传统中国制造。而海尔说的人单合一，在承认一般均衡结论的同时，重点将垄断竞争均衡（以 P = AC 为均衡价格）作为新常态。这是海尔人单合一原则的重要特征。

与管理 1.0 比较，法约尔 14 条管理原则的第 1 条是分工原则。分工强调供给与需求的分离，而海尔强调的是分工的另一面，供给与需求分离后，还要“不忘初心”，让供给与需求合一。

法约尔把分工作为管理第一原则，与人单合一相比，没有提及分工将供给与需求分离后，二者是否要合一这一根本问题。隐含了企业以自我为中心，供给自动创造需求的非现实假定。这种假定成立的前提应是供不应求。但在现实中不是这样。在管理实务中，相当于在说，不用问需求从哪里来，企业家自会知道，或市场上有数不过来的需求，而一旦市场从供不应求转向供大于求，没有对如何获得需求、创造用户价值作出交代，就成为法约尔分工原则的硬伤。

此外，即使供给与需求匹配上了，但中间距离过大，也不能说合一。为此，张瑞敏提出了“三个零”的标准，即零距离、零库存、零逾期。

此外，海尔的需求论中包含消费资本论，表现在用户乘数理论中。一般管理学及经济学说的生产是可以增值的（在资本形态中），但消费是不可以增值的（只能存在于交易形态）。而海尔用户乘数理论认为消费也是可以增值的。这就相当于把消费的地位，从商品层面提高到资本层面。对应货币乘数，就相当于把消费从 M1 层面提高到 M2 层面。这是解开海尔财务报表中收入的定义与欧美会计理论不同其中奥秘的关键所在。这也是美国会计专家从海尔人单合一财务报表中没有解读出来的东西。这一理论在经济学中都属于极少数派，诺贝尔奖获得者贝克尔的《口味的经济学分析》中将消费视为资本的理论，可以与之相映成趣。这可以解释，为什么张瑞敏还给人单合一设立了一个更高标准“三个 A”。他说：“‘三个 A’，具体说就是我们给自己定的三个考核指标都达到最优化的 A 等级，也就是我们所说的价值链。”意思是在价值链上攀升到高附加值的位置。

我们再与管理 2.0 进行比较。丰田模式的原则 1 是长期理念原则，它体现的精英决策的特点，与人单合一正好相反。意思是企业家考虑长期理念，而草根和员工只会考虑眼前和短期利益。人单合一由于把重心放在需求上，与需求最贴近的一线员工、创客就成为拥有长期理念的一线 CEO。而为终身用户服务，决定了创客必须具有长远视野，不同于短期承包经营。

海尔模式与丰田模式在这里的第一个区别是，丰田模式认为尊者是圣贤，而海尔模式认为人人是圣贤。这相当于佛教中小乘与大乘的区别。丰田模式与通用模式只能度少数人，发挥少数上层精英的潜力；而海尔模式度多数人，可以发挥全体员工的潜力。

与丰田模式的第二个管理原则不同在于，丰田模式的管理均衡是典型的供给均衡（生产均衡），类似凯恩斯经济学外生需求的资本均衡，其原则 4 就是其生产均衡原则。而海尔的人单合一，是生产与消费合一的均衡。把消费置于生产之前。因此，丰田模式的均衡原则是企业以自我为中心（尽管口头上承认用户至上），但均衡点却不一定真正由需求决定。反映到管理实务中，如果因个性化等原因，需求的变化超过了决策和流程的能力，丰田模式仅要求在企业内部流程可控水平响应需求。如果单的数量过小，就断然拒绝响应，不必管用户的心理体验好还是不好。也就是领导没有做出需求反应，员工不得自作主张进行细微响应，否则流程就可能不均衡（代表资本不能达到均衡）。而海尔人单合一原则却要求为了达到生产与消费两个水平的均衡，可以"将在外，君命有所不受"。

同是谈流程，张瑞敏讲的与丰田讲的，从一开始就有所不同。丰田的流程再造完全是针对生产（企业）本身的，而张瑞敏讲的流程是关于消费与生产（单与人）结合的。例如，张瑞敏在提及"用流程再造来保证观念创新"时曾说："第一个就是设计订单；第二个是直发产品；第三个是回收货款。这个从头到尾衔接起来的闭环过程，就是'人单合一'。"这个定义，显然不是流程再造的标准定义，其中把"设计订单"置于首位，也显示出海尔模式与丰田模式的不同，隐含着用户需要什么，就设计什么。而丰田在原则中则加上了"数量限制"，只响应大单，不响应小单。

与同为管理 3.0 的其他原则比较，较为接近的是拉洛兹父子的战略原则 5，"力争永远保持行业整体水平优势"，说的是可持续竞争优势与战略伙伴关系。它与人单合一原则不在同一个高度平面上，但在有一点上相通，它们都隐含着人单合一里面一层特定的含义。这就是下面将要解析的双赢。双赢式均衡与零和式均衡的最大区别，就是前者利润可持续，后者是利润不可持续，算总账是零利润的——只存在会计利润，不存在经济利润。

在此我们得出结论，海尔的人单合一是一种特定含义的管理均衡论，从中不是导向传统中国制造式的均衡，而是中国创造式的均衡，要通向全局有可持续利润的均衡（P = AC）。这一原则的重大意义在于，它对经济学本身提出了挑战，隐含了传统帕累托最优只是同质化条件下的最优，只能通向零和博弈的零利润，而海尔的人单合一实现的是内生创新，把供给方面的创新、需求方面的个性化作为常态后的帕累托最优。

人单合一，对其他企业来说，管理是人的系统，用来完成人单合一的任务。对于海尔来说，具有比供求相等更多的意义。

第一，对海尔来说，管理是订单的系统与人的系统结合，来实现人单合一。人单合一不仅是目标，而且是手段。其中，单第一次被纳入管理系统，成为 VRM，即 Vendor Relationship Management（卖方关系管理）。它相当于为企业设立的一个“立法”系统。

第二，对海尔来说，人单合一是将职能转化为功能的中枢。而对其他企业来说，人单合一并没有这样的管理结构含义。要学习人单合一，需要在领导、计划、组织和控制诸多环节，加入从订单到人重新定义这个内容。

第三，对海尔来说，人单合一具有价值论的含义，最终指向成就人。表现在海尔对传统电子商务的批评上，传统电子商务通过没有温度的交易，也可以实现交易意义上的人单合一（供求均衡），但这不是海尔要的人单合一，因为它只是经济在物的层面上的循环流转，而忽略了在创新、创造意义上成就人的内涵。

双赢是价值原则中的增值原则，指在为用户创造附加价值中创造企业和创客自身附加价值。增值在基本面上特指边际成本之上的均衡价值。

双赢内生了创新思想。表明企业创造价值的本质。如果只有人单合一，供求均衡，但不创造价值，这种均衡被熊彼特称为经济的循环流转，特指新古典均衡，它的结果是零利润，零利润指零经济利润，在全局不创造附加价值。创新理论则强调，企业从旧的人单合一走向新的人单合一，并非只是实现人与单之间的循环流转，而是要带来新创造的价值。

双赢在物联网生态圈语境下还有更丰富的含义，它是指来自供需双方各个利益攸关方的共创多赢。共创多赢的关键在于通过拓展终身用户的增值空间，拓展资源合作的生态空间，扩大差异化的价值空间，使各方都能从增值中获得生态价值。它针对的是相反操作，即电子商务交易平台上各方打价格战，从差异化倒退为无差异化，使价值空间缩小为零利润。

案例 2－2－1

## 人单合一靠差异化变不可能为可能①

对于病人陆振声和汤云昌来说，如果不是来到永慈康复医院，可能他们至今还在依靠呼吸机维持呼吸，而且要经受肺部感染、多重耐药菌感染的痛苦。永慈重症小微从病患需求角度出发，在重症小微基础上寻求精细化发展换道超车，成立“脱呼吸机中心”，目前已经帮助十几位长期依赖呼吸机的病人成功脱离了呼吸机。

陆振声被颈椎病困扰十余年，2017 年 10 月在上海一家三甲医院进行了手术，术后大出血，发生神经高位损伤，导致高位颈椎截瘫，需要呼吸机维持呼吸。

重症小微从病人需求出发，医疗、护理、康复治疗师通力合作，24 小时严格实施呼吸道清理和治疗，及时进行呼吸功能训练，杜绝了交叉感染。入院两周，陆振声病情出现好转。转入永慈医院之前，家属已做好了无脱机可能的准备，1 个月的时间，永慈医院重症小微将不可能变为可能，陆振声的呼吸、吞咽功能在脱离呼吸机后逐步恢复，意味着他回家时间越来越近。

同样患有高位颈椎截瘫的汤云昌（高处坠落），抢救之后在一家三甲医院连续住院，呼吸功能逐渐下降，陷入无法撤离呼吸机的困境。2018 年初转入永慈重症康复病房，如今汤云昌脱离呼吸机半个多月，整体恢复状况日益好转。

为什么三甲医院无法实现的脱呼吸机梦想在永慈成为现实？重症小微主张绍明介绍，在医患合一机制驱动下，小微针对重症患者脱离呼吸机的渴求，借助于平台型医院，链接了最专业的技术和护理体系及服务，打造“脱呼吸机中心”，病人的恢复情况和整个治疗、监测、护理全流程并联，让每一个环

① 杨情：《两个重症病人的脱呼吸机梦》，《海尔人报》，2018 年 4 月 18 日。

节的人都主动负责，才能针对各大医院对于反复感染、处理不当、无法脱机的情况做出差异化竞争。

在这个案例中，人单合一具体表现在医患合一上。原来的模式下，三甲医院并不能以患者为中心进行差异化服务，而改变模式后，小微围绕患者进行全流程并联，使差异化的解决方案成为可能。

案例 2-2-2

## 高端批发价高于低端市场价①

乐家围绕乐家诚品生态品牌的打造，超越传统电商，为高端用户提供高品质服务。

平台主齐云山决定通过人单合一模式驱动种植户，先升级后端评价体系，让用户评价直接传到基地，通过用户与基地联合来实现基地自优化、自升级，达到用户评价体系下的生态圈共创共赢。在未来，用户可以全流程溯源每一颗果子的产地、种植户、母株，实时对种植户进行评价，不能满足用户需求的种植户将被动态优化掉，而用户评价好、能持续满足用户需求的种植户，将获得更大的用户价值。在产品包装方面，乐家并联了 20 多家资源方和用户进行交互，交互出了用户最喜欢的包装。

为了保证新品“不知火”（丑橘）的口碑，乐家诚品小微在用户的参与下制定了全流程用户体验标准，从商品选择到物流体验，从交互关怀到包装设计，小微从用户体验需求、“不知火”对应的标准、并联节点以及并联支持体系等角度都制定了明确的标准，并使对赌生态圈各资源严格按照此标准来执行。

在四川省乐山市偷牛山橘橙基地的山头上，乐家诚品成都团队的小管家们吃了近 100 个“不知火”，发现果子越大越没味。结合糖度仪等科技手段评测和小管家们的感官体验，最终将橘橙选择标准定为直径 80～90mm、外皮花斑小于 10%、口感酸甜适中。在这个标准下，小管家们从两座山头里精选出

① 孙兆国：《乐家诚品是高端品牌更是生态品牌》，《海尔人报》，2018 年 4 月 18 日。

了不到70箱果子。从十多个果子中精挑出一个乐家诚品的果子，虽然出成率低了很多，但是偷牛山橘橙基地的负责人却很支持。因为能为城市用户带去高质量产品，创造更高的价值。

乐家诚品做生态品牌的战略以及高于无牌货市场价的批发价格，吸引了乐山五通桥产区的七大种植户抢入，而乐家诚品的粉丝们也得到了放心满意的丑橘。

在这个案例中，乐家做到了两点：一是人单合一，让种植户与用户直联互动，实现用户评价和驱动生产；二是双赢，通过高质量产品、高品质服务，拓展了生态价值空间。

案例2－2－3

## 高端产品因差异化而好卖[①]

在德国勒德尔马尔克有一家近20平方米的家电销售店，从这家店里透明的橱窗望进去，第一眼看到的就是海尔洗衣机的模特位，走进这家店，一台海尔双子洗衣机就摆在店门口最显眼的位置。

这是这家店里面售价最高的洗衣机，1899欧元，比店里的其他品牌如M品牌、Z品牌的售价要高很多。虽然价格很高，但是产品却很受欢迎。不管是双子洗衣机还是多门冰箱在店面里的销售都非常好，经常是刚刚搬出来出样，还没来得及贴POP贴（一种刺激引导消费和活跃卖场气氛的贴纸）就被预订走。

瓦格纳（化名）在多年前就购买过海尔的产品，在今年他开始了和海尔的合作。开始与海尔合作的时候，只有2台产品出样，一台冰箱、一台洗衣机，而现在出样的产品已经变成了7台。原因是瓦格纳发现海尔的产品更能满足欧洲用户的差异化需求，帮助自己吸引了更多的新用户。看到这些后，瓦格纳更加坚信要在自己的几百家客户触点内推广海尔的产品。

---

① 李云：《用户、客户、创客：欧洲创牌路上的三类人》，《海尔人报》，2018年5月2日。

## 2.3　增值源于体验，而不是产品

海尔用户主张，源自人的价值第一在单上的落实，要实现双赢、多赢，用户的价值就需要从产品价值，升级为体验价值。

海尔目标管理不同于管理1.0、管理2.0之处在于，以用户目标为组织目标。组织目标的形成，不是从领导到员工，而是从员工到领导。为此，需要建立一套用户目标内生系统。用户体验原则，就是建立这一系统的原则。

确定以客户中的个性化需求为主要定位，这是由双赢决定的。双赢要的是创造价值，而非转移价值，因此从客户方面说，具有高附加值的是用户，而非顾客，所以主要为用户创造价值。从宏观背景上看，这是由产业从制造业向服务业升级决定的，制造业相对来说，主要是满足顾客的产品需求，而服务业（包括制造业服务化）主要是满足用户的服务需求，也就是差异化需求。

案例2-3-1

### 跟着用户，升级自己①

济南当地厨电团队卖场成绩不理想，直销员一直在潜意识里把自己归为“陪跑在第一集团里的非第一”。武杰找到了拆除这一心理壁垒的门径。

他发现，用户要的不是产品，而是成套解决方案。为此，需要在卖场建橱柜、厨电一体的智慧厨房场景，激发用户身上高于顾客那一部分需求。武杰说：“不是卖产品，而是把展厅做成厨房场景，提供全套的厨电、橱柜，给用户带来美好家庭的体验，这是别家品牌做不到的，也是海尔的差异化竞争力。”

2018年2月，武杰如愿地在国美西门店布置上100平方米的智慧厨房，目前销售额已过百万元。原来看他业绩不好拒绝他的苏宁泉城路店按捺不住，

---

① 张萱、武杰：《“柜电一体”破壁垒》，《海尔人报》，2018年4月25日。

提出给武杰提供90多平方米的绝佳位置，也要上一套“柜电一体”。

武杰感慨万分，在一次次商务谈判中，其实客户始终没变，而是自己随着厨电平台在不断改变着。平台提供全套厨房场景给客户增添了亮点，更解决了用户痛点。

在这一案例中，用户还是原来的人，但不同在于，在生态圈条件下，发掘出了比产品更高的价值。

案例2-3-2

### 低端观念不转变，营销终会变促销①

“虽然这次我们的销售额翻了好几番，但是这是一次失败的营销和交互。”在展会结束后，成都统帅品牌总监王伟对小微成员说了这样的话。大家都很不服气，凭什么辛辛苦苦卖出去这么多还要挨说？

王伟给出了原因，展会的目的不是卖更多特价产品，也不是为了打折促销。目的在于从过程中了解用户的真实需求，帮经销商树立高端的品牌意识。

而在当天现场，王伟看到的是，统帅低端型号，便宜好卖的型号占比高，用户眼里看到的都是低端机，最终表现在交易上也是以低端机为主，平均单价低，展会办得越多，促销品形象也就被烙印得越深。

在之后的展会里，王伟要求团队和经销商保证高中低端的型号都要有，不能只推特价产品。最终，产品平均单价比之前提升了500元。事后，参与展会的经销商平均单价也能长期保持同比20%的提升。

从刚抢单时的士气低落，经销商没信心，到2017年收入突破3亿元。王伟的经验就是摆脱靠低价吸引人的观念，以用户为中心，提供用户真正需求的产品，也让统帅作为独立品牌被消费者接受。

这个案例体现了海尔的战略损益观，销售卖产品，是不“好”的；只有

---

① 刘禄：《低端观念不转变，营销终会变促销》，《海尔人报》，2018年1月31日。

走向高端，才是“好”的。

当然，以用户为主要定位，不意味着忽视顾客。两者是价值基础与价值提高的关系。为顾客提供产品，是服务的基础。如果产品不过关，服务化就无从谈起。比如，冰箱服务的基础是冰箱产品，冰箱质量不过关，顾客就跑了，依托冰箱开展的服务就无从谈起。顾客与用户不是两个不同的人，而是同一个人身上的不同属性。只有通过套圈，才能满足一个人身上的需求（对产品的需求），才谈得上把他发展为用户，让他为服务付费，直至为体验付费，成为终身用户。

智慧云店小微孙丹凤谈及定位于用户的网络与定位于顾客的网络时，把区别概括为以下四个。

第一，用户零距离的触点网络。根据用户需求进行交互，迅速为用户提供以家为单元的解决方案。用户零等待，每个智慧云店触点里的商品，都可以即时满足用户的需求。

第二，智慧云店是虚拟空间和实体空间充分融合的平台。既通过虚拟空间将商品以轻资产的方式传递给终端用户，同时又与实体店结合，与用户有情感交流，即时获取用户的需求。

第三，比传统电商的销售终端建设的速度快。传统电商目前也在开三四级市场的实体店等，但速度相对较慢。S 品牌自 2011 年开始建立，目前没有超过 7000 家；J 品牌也自 2015 年开始提出了实体店的建设，近 3 年的时间也是没有超过 1 万家；村淘是 A 品牌 2014 年提出的，最近也几乎没有声音。海尔有 21 年的专卖店实体店的生态圈资源，可借助智慧云店平台迅速布局到县、镇、村的触点网络，用 8 个月，布局 10 万个触点网络。

第四，比传统电商的倒逼体系强。对于获取到的用户需求，关键是是否能够将其转化为产品的竞争力。智慧云店是全流程打通的，获取到的用户需求能够即时倒逼产品的研发、供应链环节的迭代升级，从而实现用户的最佳体验，但传统的电商只是个交易的平台。①

① 孙丹凤：《我们的自信来源于送的是不是货，是解决方案》，《海尔人报》，2018 年 1 月 3 日。

用户个性化这一目标提出后，管理的主要矛盾是要解决前现代管理与现代管理的矛盾。前现代管理是小农式的管理，具有个性化定制特征，但缺乏专业化效率，比如，标准化控制不好，产品质量不过关；现代管理是科学管理，具有大规模制造特征，但缺乏多样化效率，比如，用户需求一旦转向个性化，服务成本就会急剧上升，超过因差异化而带来的收益上升的速度。如何解决这个矛盾，才是用户体验原则背后要讲的东西。

对海尔模式来说，用户个性化要求的是低成本差异化，也就是将成本领先战略与差异化战略反向嫁接在一起。波特称之为“夹在中间”，认为是不可行的。但海尔模式突破了波特的理论，通过将大规模与定制反向嫁接为大规模定制，同时克服了前现代个性化定制与现代大规模制度的缺点，又吸收了二者的优点。

如果望文生义，以为用户体验原则，就是在讲个性化定制，对那些没有打好工业化底子的企业来说，就会迅速学成小农化。这不是海尔这一原则的本意。举例来说，淘宝上面有许多个性化定制的成功案例，却无法推广。原因是这些大多由农民创造的案例，其低成本差异化不是建立在工业化基础上，成本低是由一些不可推广因素形成的，如自然原因、祖传秘技等。例如，中闽宏泰是茶叶销售冠军，但前提是老板所在的村庄有一棵全国独一无二的珍品茶树。尽管老板的销售方式大家可以学，但这棵树却是别人学不来的。相比之下，红领衬衫个性化定制的差异化成本低，是因为有批量化、标准化生产的工业化基础，这是可以学的。海尔用户个性化的情况类似红领。

案例2－3－3

## 天猫乐家对比①

2月20日大年初五，乐家青岛中心负责人杨志伟又一次来到青岛市广水路附近的“天猫小店—茗果荟萃”超市，观察店里的人气。这是天猫在青岛打造的第一家店，也是全国的样板店之一。

潜在的危机感，是促使杨志伟多次光顾“茗果荟萃”的原因。他要了解

① 任晓情：《社群进来新对手，乐家重思差异化》，《海尔人报》，2018年2月28日。

店老板王开省的想法、小店的实际收益以及周边的居民反馈。王开省加入天猫小店，主要看中的是品牌效应和背后的供应链，虽然入门门槛和投入相对较高，但是他算了笔账：授权后背靠庞大供应链，进货更便宜，且选择更多了，品牌效应也可以助他吸引更多年轻消费群体。实际表明，小店焕然一新之后，进门的人的确多了。不过更多的是好奇，来看看“天猫小店”长什么样子。

杨志伟坦言，天猫的强大供应链和品牌积累目前是乐家欠缺的，正因如此，他们才更要去换道超车走出差异化的路子。乐家帮助在平台上创业的骚站主们干的是社群交互，而非简单提供海量商品和等客上门。

“我们先去做社群，跟所辖小区的大家成为朋友，日常每天都有交流，从而了解大家想要什么，再提供他们需要的优质产品和服务。”比如，现在做的家电清洗、衣物干洗以及家政服务都是根据交互出来的社区居民需求和痛点而提供的。

为了更好地为城市社群创业者提供个性化和精准赋能平台，乐家于2月22日成立“小顺商学院—乐家创客学院”，围绕用户需求，通过平台开放和资源共享等探索城市社群生态发展。学院从专业知识、专业技能、服务能力、社群经营等方面，形成一整套赋能体系，助攸关方更精准获得所需要的能力和资源。

从这个案例可以看出交易产品和提供服务体验两种定位的不同：一个是降价竞争；另一个是差异化高附加值共赢。

高端品牌的用户体验，应该是全流程的高端体验。卡萨帝平台也正在推进全流程节点的独立与并联。张瑞敏指出：做高端品牌，就要让用户体验到从设计、研发、制造、销售以及服务的全流程的高端体验。也只有做到了全流程，才可能及时根据用户体验进行产品迭代升级，完成产品品牌到生态品牌的升级。

案例2-3-4

## 高端品牌需全流程高端体验①

截至2018年一季度，卡萨帝万元以上产品份额达35%，其中万元以上的

① 景熙：《卡萨帝：做全流程的高端品牌》，《海尔人报》，2018年5月2日。

冰箱、洗衣机、空调均居行业第一。即便在合资品牌林立的上海，也已经打败竞争品牌雄踞榜首。如今的卡萨帝已然成为高端家电的代名词。

在宁波，用户口碑平台新出现了一个特殊的小微，专门服务于卡萨帝品牌。“卡萨帝七星级服务体验中心”的门头形象，有专门的服务团队、专门的服务车（流动服务站）。毗邻的无锡小微也紧随其后对终端服务队伍进行了变革。无锡小微虽然没有将卡萨帝品牌的服务完全独立，但已经改由当地最优秀的网点和服务团队来专门承接卡萨帝服务。

无锡的小微主徐志博讲了一件事情：有一个常州客户，愿意跨界来卖卡萨帝的产品，却不愿意用海尔的安装服务。这件曾让他脸红的事，也让他认识到了差距：光有高端的产品是不够的，更要匹配高端的服务。

按照用户口碑平台的要求，只有具备成套服务能力的网点和服务工程师，才有资格得到授权。无论是宁波小微还是无锡小微，都是优中选优，才定下这个独立服务于卡萨帝品牌的团队。就拿服务工程师的选择来说，不仅要具备成套服务的能力，颜值、普通话水平、谈吐也成了衡量的标准。

为了卡萨帝七星服务标准能够更好地落地，卡萨帝服务小微主于滨对服务工程师的激励机制进行了迭代升级。服务工程师的薪酬直接与用户评价挂钩，得到用户“非常满意”评价的服务工程师每单奖励提升至50元。

截至目前，宁波卡萨帝七星级服务体验中心已独立运营一个月。团队用户评价的“非常满意”度由原来的10%提升到了30%。

用户体验原则，不是只提出一个抽象原则就足够了，而是必须跟上具体的可操作方法。这构成了用户体验原则的两个分支：一是与用户进行有温度的交互；二是体验无缝化。

案例2-3-5

**用体验说服客户**[①]

近期，海尔成为法国最大连锁渠道达尔蒂内唯一一个配有直销员的品

---

① 李云：《法国小微运营模式引领门店》，《海尔人报》，2018年4月25日。

牌。而在之前，海尔却连进入该渠道都困难重重，让达尔蒂负责人改变主意的原因便是他感受到了海尔体验交互的魅力。法国小微主奥雷利昂的演示交互让该负责人认识到，海尔确实与其他品牌不一样，能为用户带来更多的价值。

自2017年6月加入海尔以来，总部一楼的体验厅成了奥雷利昂的主战场，在和渠道合作开始之前总要先邀请对方来尝试一下海尔的体验交互模式。

小微成员赛博对此感触颇深，在以前，自己总是带着产品介绍和价格就赶往客户的公司谈生意，客户难有直观感受，效果差，也不能为海尔争取到更多出样机会。2017年底，赛博和奥雷利昂通过邀请客户来体验，额外争取到3个高端冰箱型号、2个洗衣机高端型号在渠道的出样机会。

奥雷利昂通过体验交互为法国小微争取到更多的出样机会，T门冰箱实现了在法国市场的成功发展。

这个案例说明，正如用户需要体验一关，客户也需要体验。对客户来说，最好的体验就是让他们看到成功的希望，帮助他们成功。

### 2.3.1　与用户进行有温度的交互

张瑞敏指出："海尔触点网络和电商最大的不同是有温度，例如城市社区的快递柜，如果没有触点网络，快递柜就是一个铁柜子而已，海尔的快递柜是有小管家的，是有温度的。"①

利用温度，区分开了个性化客户与非个性化客户。海尔把客户区分为客与户，即顾客与用户。二者以没有温度（因而无个性化需求）与有温度（因而有个性化需求）来划分。这是创新。

此前，即使是阿里巴巴的马云，也没有找到因小而美的管理切入点。因小而美说的是网商，"小"对应到客户，本应是需求从大批量转向小批量，从

① 来自《张瑞敏论物联网模式和生活X.0的三大因果关系》一文。

同质化转向个性化。然而，以阿里巴巴为代表的传统电子商务，存在一个基本矛盾：网商变小了，但需求却没有个性化。没有个性化的结果是，小都想变成大，都往大商城跑，打价格战。同质化价格战一旦打到生态环境恶化，假冒伪劣就会比“因大而美”的模式（比如以品牌为“大”的京东）客观上更难治理。这演变成中国电子商务因小为美（假冒多一些）还是因大为美（假冒少一些）之争。这场争论最终导致在小微准入问题上未能达成共识，可见，这已不是做生意的小问题，而直指中国乃至世界电子商务的基本矛盾。

区分顾客与用户，表面上是一件小事，却是抓住要害、撬动全局的杠杆。早在 2009 年，中国人就提前于美国人，发现电子商务不同于传统商务的一个根本规律，这就是要区分交易与交流①。前者以货币为中介，是等价交换；后者以语言为中介，是等意义交换。张瑞敏区分顾客与用户，用的是更形象的“温度”一词。企业与顾客的交换叫交易，是没有温度的，因为货币只表示价值，不表示意义（如快乐和痛苦）；而企业与用户的交换叫交互，是有温度的，因为语言（包括情感构成的话语）交换除了可以表示价值，还可以表示意义。

交互这个概念，可以理解为交与互，即交朋友与互动，比交流更为准确，对应的实际为社交。人类早期搞电子商务，只会搞交易，不会交互，不注重交流，这是用户个性化、因小而美无从实现的关键。会做生意，不会做社交。一到社交就卡壳（如阿里巴巴）；而搞社交的，不会做生意（如 Twitter、腾讯）。这是电子商务难以做出高附加值的根本原因。展望人类下一代电子商务，要让电子商务做出双赢效果（网商个性化、用户个性化）的根本转变，就是要实现从交易向交互的升级，背后基本面是无差异的制造向差异化的服务升级。而做差异化的要点，就在于从以货币为主要工具，变为以话语为主要工具。要让平台从货币为基础进行交换的平台，变为向以话语交流为基础的平台（社交平台），从而实现人类商业从产品时代向服务时代的转变。

---

① 姜奇平：《后现代经济》，中信出版社，2009。

案例2－3－6

## 交互让史记东和用户的关系升温①

四月，是春耕农忙的时节，史记东给自己定了200吨的化肥销售目标。听起来很多，但是史记东在临近几个村里的口碑都非常不错，因为口碑好，他已经收到了50多吨的化肥预订。

化肥和其余的日化产品将会通过县域中心的专车送到史记东的店里。从四月开始，在山东省内，将会陆续开通多条城村通路线，使县城同一个个农村的小管家连接起来，带来的不仅是日用商品，还有快递等。城村通解决了农村的最后一千米问题，同时，作为有温度的触点，像史记东这样的小管家将会承担起快递任务，做农村最后100米的入户配送。

传统电商所提到的与用户零距离，往往只是指线上的交易与交互。对于线下如何实现零距离，传统电商一直难有进展。作为交互的触点，小顺管家在农村能获得更多的信任，实现真正和用户零距离。

史记东每年要免费送出近2万桶水，低保户、老人、残疾人都是史记东的免费服务对象。不仅如此，在不忙的时候，史记东还会亲自把水送上门。马爱娟是村里的低保户，平均每周史记东都会送她一桶免费的水。即便消费能力低，买不起太贵的产品，但她还是会选择来史记东的店里买酱油、醋等。

隔壁村村民离水站有将近1千米的距离，非常不方便。他们主动向史记东提出要求，希望能在他们村也设立一个水站。

史记东利用水站吸引人气，自己的五金店升级成小卖部，每天销售大量的杂货用品，其中日日顺提供的日化用品、农资产品、光伏及家电产品都有着不错的销量。

在村里，史记东发展了两户村民安装光伏，通过顺逛卖出了5台家电，

① 李云：《从小顺管家看品牌社群如何实现零距离》，《海尔人报》，2018年3月28日。

还有一名村民正在考虑从他这儿购买一台50多寸的海尔彩电。刚开始史记东是拿着手机给村民推荐光伏和家电，村里老人反映看不到、不方便，后来史记东改成用电脑给村民讲解，而近期史记东要把电脑换成70多寸的显示屏挂在店里，他说这样大家才能更好地知道他在干什么，有更高的转化率。

案例2－3－7

### 高苗看出了服务与体验的区别①

2018年2月9日，社区的王女士预约了洗衣服务，这刚好是长沙岳麓区乐家骚站主高苗的云厨超市第100单洗衣业务。刚刚上线衣物洗护服务不到两个星期，这个成绩着实不错。高苗也借此成功抢入乐家驿站小微本月优秀小管家竞赛百强。

谈到社区服务，高苗有一段失败的经历。两年前做家电清洗服务。有了清洗订单，高苗给服务商打电话，服务完成后通过线下结算得到佣金，至于师傅何时上门、服务是否完成、服务质量如何，一概不知。一段时间后，用户纷纷反映体验不好，这使得高苗结束了与服务商的合作。2017年9月，云厨超市上线了乐家清洗业务，高苗格外关注创客App系统的体验。表现在系统可以对订单进程进行全面显示，用户满意度可以直观地从系统里得知。引入系统后，口碑不断提升。高苗相信乐家的理念："做社区生意就是做服务、做口碑，你把用户放在心上，用户也会对你倍加信任。希望通过我的小超市把温暖通过乐家平台带给更多的社区用户。"

这个案例中，服务是标准化的，但用户不一定满意。体验则是有温度的，用户会更加信任。

张瑞敏在2016年1月指出："互联网应该是一个生态系统，但怎样打造这个生态系统？我们要建立并联生态圈和用户圈相融合的体系。我们叫'体验的无缝化'，就是'共创共赢的生态圈'。"

---

① 孙兆国：《高苗：小超市在大平台的蜕变》，《海尔人报》，2018年2月14日。

## 2.3.2　体验无缝化

体验无缝化，从用户需求角度讲，是指为用户提供整体解决方案。为此，张瑞敏提出了“一致性经济”这个新概念，指由一个企业牵头，一次性满足用户的多种需求，而不是让用户自己去找满足每一个需求的服务提供方。

用户并不是终点，张瑞敏在用户层上加设了终身用户层。用户是指标准化服务（服务经济），终身用户指个性化服务（体验经济）。如果说，从马云时代的顾客型电子商务，转向下一代的用户型电子商务，要靠交互（社交）；那么，从下一代的用户型电子商务，转向再下一代的终身用户型电子商务，要靠什么，人们可能从来没想过，而张瑞敏给出了答案：有温度的体验。

用户会有很多需求，不可能自己去找每一个需求的提供方，能否有一个企业牵头，可以一次性满足用户的多种需求？要做到这一点需要从以下三个方面入手。

第一，必须有即时网络，也就是社群生态圈的触点网络。触点网络通过小管家提供有温度的交互，顺逛平台也是即时网络。

第二，网络必须可以了解用户的痛点，且能将用户痛点的一致性进行整合，为用户提供一致性解决方案。在物联网中，当产品变成网器时，所有家电通过网器连接起来，可以成为用户需求传感系统，感知用户体验需求，为用户提供一揽子解决方案。

第三，小微需要具备一致性能力，这个能力在观念上包含两部分：一是与战略的一致性；二是与平台的一致性。平台的一致性表现在所有小微都要在平台上运营，不游离；在实践上，就是要坚持从套圈到换道再到第二曲线的战略要求。只有换道，才能提供一致性服务。

案例2－3－8

**体验来自亲身的感受**[①]

2018年1月，全国数千家门店发起“万人共享F+”交互活动，直销员

① 徐彩肖、孙吉萍：《做用户想要的“另一半”》，《海尔人报》，2018年2月7日。

们纷纷邀请新老用户到店，共同见证食材的“封存模式”。用户亲自在食物上留下签名和日期，然后对半切开，一半放入F+520封存，另一半放入普通冰箱封存，一周后用户再到店，即可见证“奇迹”。

同一食材切开对比的创意，来源于青岛金鼎利群店的肖吉萍。2017年F+520刚上市时，孙吉萍讲解新品的控氧保鲜功能，很多用户无法理解。比起听产品介绍，用户更相信自己眼睛看到的、手触碰到的实物。为了给用户传递更有价值的信息，孙吉萍费尽了脑细胞，她买了三文鱼、香蕉等食品存入冰箱，告诉用户这些食材存放了多久还能保持新鲜，用户却摆摆手，表示难以相信。

同在一个卖场的S品牌只有产品运行展示，孙吉萍想到了把卡萨帝和竞品做对比实验。孙吉萍说：“卡萨帝的保鲜效果太好了，放很多天也看不出变化，我就把苹果切开，加速它氧化，让对比效果更明显。”从两个冰箱取出的苹果，一半已经萎缩变黑，另一半像刚切开的几乎没有氧化，用户将信将疑。为了让用户信服，她将牛油果连同超市价签对半切开，一半存入F+520，另一半存入S品牌售价2900元的冰箱中。令她欣喜的是，F+520的保鲜效果完胜竞品。之后，孙吉萍给用户介绍自家产品更有自信了。

两周前，用户刘女士原计划花2万元采购全套家电，没想到自己看中了2万元的卡萨帝冰箱，她先交了1000元订金，要再考虑一下，还在店里亲自签名切开了一个苹果，5天后再次来到店里，看到自己切开的那一半苹果被卡萨帝保存完好，而另一半已经萎缩坏掉，便毫不犹豫地交了全款。

这个案例提供了一个基础知识，交易靠抽象的钱，体验靠具体的感觉。钱不能带来感觉，感觉却能带来钱。

案例2-3-9

## 如何做村民体验[①]

2018年1月19日上午，来自河南尉氏县的小顺管家赵玉梅接过“日日顺

---

① 徐雷、赵玉梅：《我成为冠军的三个秘诀》，《海尔人报》，2018年1月24日。

健康全国首届社群运营大赛冠军”奖杯，成为本届争霸赛冠军。之所以能在全国近两万小顺管家中脱颖而出，她靠的是经营社群的活跃度和高用户价值转化：依靠平台月增收五六千元，她是如何做到的？

“诚信、用户思维和主动创业精神”，这是赵玉梅总结的成功之道。健康平台本身的“诚信”根基让她无限放大给村民朋友。“诚信第一，在我们平台买的东西我都承诺，用着感觉不好就包退包换，比如，香皂你用了一半再拿回来我也给你换。”

而用户思维就是，平台上线的新产品她都作为用户第一时间去试用，有日化、酒水、农资以及光伏。她把使用结果第一时间传播给村民，用事实说话远胜于空口打广告。在村里推广光伏之前，她先在自己家屋顶装了一套，每天晒发电量和收益，用数据打动了不少村民。村里收入最低的冯玉良都被她打动，筹钱装了一套光伏。冯玉良说，正因为自己穷，也没有孩子，所以才要安装一套光伏作为养老储备。推广两个月，村里已经安装了十几套光伏，还有十几套在谈。赵玉梅的目标是能把本村和隔壁三个村的屋顶都装上日日顺光伏，成为屋顶银行。

作为一名平台上的创客，赵玉梅也抛弃了过去经营超市等客上门的思想，而是主动寻求客户。从 0 到 1 建立了本村和邻村的村民交互社群，线下也依靠村民来水站打水、来超市买东西，以及田间地头休息的时间推广平台的产品，提高平台和产品的曝光率。

目前，日日顺健康在农村的社群有一万余个，依靠赵玉梅这样的小顺管家，日日顺健康水站小微正在平度树立样板，从触点数量和规模上套圈农村电商。

首先要说明用户定制与大规模定制的关系。在海尔的大规模定制中，定制的部门是以用户为主体完成的。这与红领衬衫模式不同。这时的用户定制是大规模定制的后一半环节。由于海尔的大规模定制是通过统分结合实现的，大规模与定制都不能独立存在，需要彼此互补相生。因此，不能看到用户定制，就以为是另一种模式。真正作为另一种模式的是个性化定制，它不是“平台 + 应用”中的一个环节，而是独立的产消合一模式。

作为战略问题的用户定制，与用户定制行为不是一回事。例如，阿里巴巴实现不了定制，虽然用户定制的个案出了不少，但难以推广成普适模式。问题就出在战略上，出在提出了因小而美的战略目标，但没有落地的战略机制。

海尔找到问题的症结所在，除了建立用户全流程参与机制外，还通过搭建用户定制平台和物联网生态圈解决这个问题。这个问题归结到理论上在于，个性化定制本来就是小农生产方式，只有搭建一个社会化平台，用平台与个性化定制对接，才能推动个性化定制从落后生产方式向先进生产方式的蜕变，实现涅槃。用户定制平台的作用，就是让用户不要再像小农一样，从头到尾、“小而全”地自己单干，而是为他们提供通用工具、资源，让他们把精力集中于真正的与众不同上。以沈方俊的新媒体小微为例，他在平台上提供从前期的用户意见分析和用户数据分析，到产品设计、名称，以及后面的推广销售在内的全套服务，成为个性化定制的全流程交互平台。这被称为 C2E 模式（Customer to Entrepreneur）。不排除沿着这条路子走下去，会形成真正的个性化定制战略模式。

案例 2-3-10

### 五朵金花，温暖如春[①]

电影《五朵金花》中的五朵金花展现了中国女性特有的魅力。近日，海尔的南通文峰店也出现了“五朵金花”。这五朵金花是直销员严国萍、陈艳、张志萍、单萍、荣芳。“五朵金花”上班着装统一，还都化着精致的淡妆，每天以最好的姿态、最美的笑容迎接每一位用户。直销员严国萍手巧，领结打得非常漂亮，就带着姐妹们打领结。张志萍说：“我们要以最佳形象面对用户，才能体现高端销售顾问的专业性，让用户更信赖。”听起来都是再简单不过的事，但是五朵金花做到了极致，每天按照空姐露出 6~8 颗牙齿，150 弧

① 吴学财：《无锡小微“五朵金花”霸气绽放》，《海尔人报》，2018 年 1 月 31 日。

度的标准练习微笑，团队推出的“微笑服务”和“自创领结打法”正在全国其他门店推行。“五朵金花”还自费优化卖场，糖果、鲜花、儿童玩具等一应俱全，用户只要进到展示厅，她们先微笑相迎，根据用户喜好，递上咖啡或茶水，让用户有宾至如归的尊享感。

体验的文章不仅体现在态度上，她们认为“用过才会卖”，做好用户体验首先要有亲身体验。为此她们家里全部自费购买了卡萨帝洗衣机、冰箱或空调。自己有了体验，推销起产品才更有底气。“五朵金花”时常拿出自家卡萨帝产品家居照片给用户看，直销员现身说法的形式，打动了许多普通家庭购买卡萨帝的产品。

“五朵金花”霸气绽放，实现门店全年业绩增幅200%，每人月平均收入达万元。无锡小微传统渠道有297家门店，目前已有30余家门店盛开出了像南通文峰店一样的“金花”，她们以“花”带“花”，如今整个苏南地区形成“金花”满园、竞相开放的局面，直接结果是这30余家门店脱颖而出，均实现高端份额占比第一。

这个案例显示了什么叫温度，交易是没有温度的，体验是有温度的。钱不能带来温暖，鲜花盛开的春天可以。随着温度从低到高，带来的价值也从低端走向高端。

案例2－3－11

## 用户需要的是一次性解决方案①

四月底，陈先生的3层别墅刚刚交付，他联系了家装公司准备开始装修。第二天，陈先生接到了胶州海尔智慧家庭集成店的体验邀请，电话里说本周海尔体验店开业，邀请陈先生来体验海尔的智慧家庭场景。本来就打算开始挑选家电的陈先生欣然接受了这次邀请。

在去体验店之前，陈先生都已经想好了应付店员推销的N种说辞。但实

① 李云：《从等客上门，到送套餐上门》，《海尔人报》，2018年5月16日。

际到店时，店员没有着急向陈先生推销产品，这令陈先生很满意。所以当店员提出想去家里看看，为陈先生配出一整套的家电方案时，陈先生也爽快地答应了。

到陈先生家后，店员通过3D云设计平台为陈先生定制出了别墅一站式全套解决方案，在听说可以提供成套服务，一次上门解决所有产品问题后，陈先生没有犹豫，当场下单，最终订了10万多元的家电套餐。

依托“送套餐上门”的新模式，开业不到一个月时间里，胶州海尔智慧家庭集成店营业额达280万元，目标完成率达200%，其中成套占比已经达到70%。

这个案例说明，用户对体验的需求在于要的是一致性体验。

## 2.4 从串联到并联

2014年诺贝尔经济学奖获得者、法国经济学家让·梯若尔的研究认为，传统时代是单边市场，互联网、物联网时代应该是双边市场或多边市场。张瑞敏在哈佛讲堂上指出：海尔人单合一的支持平台是并联的多边平台，比如海尔的大规模定制平台，企业、用户和供应商等利益攸关方并联在同一个平台上，变成一个共创共享的生态系统。这是一个多边平台。多边是以并联方式组织起来的。

由用户方面的体验无缝化，推论到企业一方，也会自然导出并联的结论。因为一家企业不可能提供所有服务，必须越出企业边界，将不同企业主体的资源并联整合到一个生态系统中来。

从企业角度讲，体验无缝化要把用户圈与生态圈合为一体。从技术角度讲，体验无缝化要通过物联网，构建用户终身需求环境，通过触点网络将增值服务加入进去，从产品、服务一步一步发展为用户终身体验。

与管理2.0比较，管理3.0在这里有一个明显的改进，不是以企业流程再造为应对用户需求的基础架构，而是以物联网生态圈为应对用户需求的基础架构。管理3.0不反对流程再造，但认为流程再造只是基础，要把这种再造，从企业内延伸到企业外的网络组织结构之中。两者是互补关系，要想实现生态圈建设，前提是二级经营体（平台）要搞好流程再造，以便随时为触点网络提供必要的支持和通用服务。

所以，体验无缝化提出了比用户个性化更高的要求，它的要点是用户圈与生态圈的结合，用户圈应致力于将用户个性化，从服务需求提升到体验需求来创造用户自我实现价值；生态圈要求搭建用户体验的无缝物联网语境环境，实现人单高水平的结合。

## 2.4.1　企业无边界

案例2－4－1

### 体验要求生态并联[①]

充电桩不只是一件事，是一串事。用户的痛点包括：有些充电桩安装需要协调物业、电力等部门，有的服务商只关注“安装”本身，却不解决其他问题，导致因协调出问题，充电桩安不上。能安装的充电桩，用户满意度也不高，因为现场操作乱，达不到5S管理标准。

要实现用户良好体验，就要把一串事、一串人联成一个生态。日日顺健康服务小微日前同武汉蔚来能源有限公司签订战略合作协议。因为与蔚来之前的好几家合作方相比，日日顺的优势在于把一串事、一串人并联在一起。

小微为用户提供的是买车之外的一切有关桩的服务。只要用户买了相应品牌的汽车，充电桩协调安装等都可以交给日日顺来解决。小微正在研发的“日日顺科技服务App”可以让用户实时了解充电桩状态和充电情况，实现一键解决问题。App上线后还计划并联乐家、健康水站等资源，为用户提供更多服务内容，将用户发展为自己的触点。

打造生态共同体要靠统一标准，就像一个圈内要讲同一种语言。小微主孙丕锋称：“充电桩安装是新兴市场，操作缺乏统一标准，所以我们利用自己

---

① 万恒超：《别人眼里的痛点，孙丕锋抢入成触点》，《海尔人报》，2018年1月24日。

的网络和服务规范等优势打入市场，今年先安装一万个触点（充电桩），并牵头出具行业标准。”

这个案例说明，体验无缝化要求服务生态化。要整合多方资源聚焦于用户体验。

体验无缝化对管理带来极大的挑战，需要组织在未来进行进一步的创新。比如，如果以小微主为提供整体解决方案的主体，主体之“小”与“整体”间的矛盾如何解决，需要进一步探索；又如，战略经营体作为网络组织主体，如何在发现市场机会、整合解决方案过程中充分发挥作用，也需要进一步探索。这种探索，还不在于拥有一两个成功经验，而在于探索可迭代、复制的模式，这将是一个长期过程。但有一点可以明确，这个生态的规律也是按单聚散，因此，手中握有单的一方，将成为生态主导者。海尔的共创共赢特色在于用户主导的合作机制。在用户主导这一前提下，可以明晰的生态化工作，主要是建立以并联为特点的生态系统，它包括企业走出边界，进入生态圈；企业以平台方式为生态圈提供支持；企业要为平台开放对接外部资源接口三个方面。

关于企业与网络组织的关系，笔者曾当面请教张瑞敏。一般企业做的是企业转型，是把一种企业转型为另一种企业，而笔者觉得海尔做的不是企业转型，而是转型企业，是在把企业转型为一种不是企业的组织。对此，张瑞敏明确地说，海尔的选择是“消灭企业，让企业退出历史舞台，变为网络化组织”。他补充说，“网络组织与企业的最大不同，在于网络提供的是解决方案，不是产品。网络组织的收入是生态收入。”而且，他认为互联网经济跟传统经济完全不同在于：“不是一次性付费，而是多次付费，对企业来讲就是多次收费。”[①] 当然，这里的多次收费，从生态角度讲，是生态合作伙伴以并联方式，通过开发增值业务来实现的。

企业无边界原则，其实是组织借力原则。人们一看张瑞敏说企业无边界，光看无边界了，没有看是什么无边界，以为在说组织无边界，其实不是。组

① 文正欣：《张瑞敏谈战略与管理》，海天出版社，2011，第237页。

织是有边界的，共用资源、共享利益就是组织的边界，组织之内是利益共同体，资源共同体；组织之外是则不是。企业无边界意思是说，企业与企业之间要打破边界，围绕共同利益相互借力。

网络替代是平台、生态、社群管理原则的总称。替代是指，以网络替代市场和企业，作为配置资源的第三种组织形式。对应的理念不再是企业转型，而是转型企业；不再是企业信息化，而是信息化企业。

在前述案例中我们看到，以充电桩为触点的体验服务，涉及不止一个企业主体，任何企业都难以包打天下。在这种情况下要解决问题，必须跨出企业边界，到企业外去整合资源。无论是蔚来公司要“走出去”，还是日日顺健康服务小微要“请进来”，前提都是企业无边界。企业没了边界，生态才有了着落。

## 2.4.2　企业平台化

平台组织是以并联方式实现共创共赢的组织基础，平台的功能是向小微和自主经营体分摊固定成本，使之产生双赢所需要的报酬递增效果。平台作为重资产的一方面，小微和自主经营体作为轻资产的一方面，创造出一种低成本差异化的增值效果，为海尔的战略实施提供组织保障。

企业平台化的前提，就是企业无边界。因为平台的作用就是跨拥有权（跨老板）分享资源。如果还固守现代企业制度所划企业边界，资源使用的效率将大为降低。因为现代企业制度要求以拥有权划分企业边界，强调专用性资本只能给自家使用，不能分享给别人（否则就会让人搭便车）。但如果资源只是在当期合作，没有必要买断产权，如果非用并购、合资才能合作的话，资源使用的交易费用就会过高，造成彼此资源闲置。如果用传统产权术语表述借力，实际是指围绕资源当期使用达成合约，规定双方责权利关系。刘鹤曾称之为“临时契约”①。在海尔，这种合约称为“对赌”。对赌是一种重要的平台并联机制。

企业平台化是在围绕借力进行制度创新。创新之后，企业功能一分为二，

---

①　姜奇平：《后现代经济》，中信出版社，2009。

原有企业向平台企业转变，其中的具体业务向增值企业（小微）转变，此时，平台企业向小微分享资源，还是向外部企业（别的老板）分享资源，其实已没有太大区别。只不过小微是从内部衍生出来，省去了战略整合这重麻烦。如果外部企业甚至竞争对手认可双赢战略，则整合起来就没有什么障碍了。

在案例 2－4－1 中，日日顺小微正在成为生态主导者，是因为他正在做具有整合功能的开放平台，“日日顺科技服务 App”除了可以直接提供服务，还可以并联乐家、健康水站等资源，将来利用生态合作化解可能发生在基础服务层次的竞争。

案例 2－4－2

## 乐家平台吸引小微之处何在①

李毅是乐家驿站小微新冒出的优秀小管家，作为小区便利店店长，她亲眼见证了小区居民需求的不断更新迭代，也越来越清晰地看到社区服务的重要性。2017 年 8 月，她加入乐家平台，通过平台系统每天为小区居民收发快递近三百件，极大方便了小区居民，也给小店带来了更多客流。周边很多居民随着来往增多跟她熟悉了起来，从质疑到主动加微信缴费，她尝到了做交互的甜头，建立了本小区和周边几个小区的社群。

当然，乐家驿站不只是一个快件收发系统，“平台上提供各类服务项目，才是吸引我加盟的关键，因为可以为社区居民提供产品和服务，增加我的收入”。

2017 年 9 月，家电清洗项目上线，她第一时间在小区交流群里分享了消息，出于对她的信任，一批十几个订单就这么上门了。随着业务和口碑提升，李毅的便民服务范围已从周边两个小区，向周围所在的七个小区辐射，越来越多的用户知晓这个无所不能的便民服务站。

2017 年 12 月，李毅抢单成为这个区域的合伙人，并和平台对赌了家电清洗订单，平台对于该区域的订单都指定专门的服务商进行服务，派专人进行

① 孙兆国：《新疆抢出“万能姐”》，《海尔人报》，2018 年 1 月 31 日。

跟踪，保证服务和口碑。乐家为她带来的增收占到了小店总收入的一半以上。

乐家驿站小微主方雪鹏介绍，像李毅这样的小管家正在全国范围抢出。乐家会根据分类驱动、用户评价等机制使得驿站自驱动、自升级，业绩好的驿站可以优先抢得区域资源，成为区域合伙人。

### 2.4.3　组织生态化与接口化

生态组织是以 App 为核心的分布式网络结构组织方式。对内部与外部资源采取即用即取的方式，这是借力的主要实现通道。由此通过分享资源实现双赢。这里的双赢对于生态来说，实际是共创共赢。组织生态化表现为，一花独放不是春，百花齐放春满园。

案例 2-4-3

**平台主怎么看生态领导力**[①]

争相引爆背后的机制是平台主和三个自平台的单。而平台主们也都认识到了这一点，李华刚虽然获得了“CEO 大奖”，但他认为自己只是套圈的引爆，还没有换道，要得换道的奖。另一位平台主梁海山提出，他更希望曹春华和孙京岩得这个奖，不是因为数不行，而是因为作为平台主的单就是让自己的小微、自己平台上的利益攸关方都群星闪耀。

生态机制很像领导的原理，领导力不在于一花独放，而体现在春色满园上。首先要考虑的是生态中的平台方，是否有“让自己的小微、自己平台上的利益攸关方都群星闪耀”的意识。

接口化是生态化的具体实现途径。

接口（API）就相当于从瓶子中吸水的吸水管。借力是说，每个企业（将来还包括自然人），没必要每创设一个项目，都要重复添置重资产，如整

① 《海尔人报》编辑部：《平台主的单就是让利益攸关方群星闪耀》，《海尔人报》，2018 年 1 月 10 日。

个工业化时期人们通行的做法那样，而应是到一个叫平台的公共池中，随用随取，用后即弃（不再拥有）。

这就要求要在结构中设计平台与应用间的接口体系。

组织的生态化，主要是指通过接口体系，让主体与主体之间相互借力，包括互为平台，互相借用资源。这种利益关系，既不是自利，也不是利他，而是互利。互利就是相互借力。

与海尔的组织生态化相反，丰田模式完全强调不依赖于合作伙伴。丰田模式第一条原则下的二级原则就明言："以依赖自我与责任感来决定自己命运。"甚至还说："丰田总是选择依赖自我和'让我们自己来'，而不是依赖外面的合作伙伴。"[①] 由于不强调生态合作，当然接口化对于丰田来说就无从谈起了。

案例2－4－4

## 张洪春的接口分身术[②]

2018年4月27日，张洪春在西海岸新区见证了他亲身参与交互设计的世界首台卡萨帝风动能油烟机的下线。

张洪春是中国建筑学会室内设计分会理事，又是一名顺逛微店主，张洪春对用户需求有着很高的敏感度。"油烟倒灌、外观设计、空气质量是我在设计厨房装修时考虑到的用户最为关心的问题。"张洪春说。许多高层住宅用户反映做饭高峰期存在油烟倒灌的问题，用户对油烟机有不同的痛点。比如下型机容易碰头，塔型机不易嵌入橱柜，侧吸机则吸力不足。另外，有常出差的用户反映厨房长期不用，空气不良，希望得到改善。

以前，虽然掌握用户的痛点，但张洪春却无法通过设计方案来进行解决。但如今成为微店主的张洪春在顺逛社区上反馈用户的痛点，卡萨帝厨电小微第一时间针对这些用户诉求形成了解决方案。

---

① 杰弗瑞·莱克：《丰田模式：精益制造的14项管理原则》，机械工业出版社，2017，第84页。

② 景熙：《风动能烟机：用户体验驱动出的世界之首》，《海尔人报》，2018年5月2日。

这个案例的亮点在于，以前，虽然掌握用户的痛点，但张洪春却无法一一由自己亲自设计方案解决，现在一并联，就有小微第一时间出面解决。看来，并联成了出路。有了接口，就好比孙悟空找到了吹汗毛这个“并联”无数孙悟空的途径。

## 2.5　并联的主体是小微

既然要并联，那么小微就成了关键。因为并联就是平台去并联小微。小微是并联的主体，其机制如何，决定着并联的成败。

创客小微化与人人都是 CEO，既有联系，又有区别。创客化与小微化是人人都是 CEO 原则在组织方式上的一个映射。如果说，人人都是 CEO 在计划功能中体现为一种底层决策原则，而在组织功能中，则体现为员工与组织关系的改变。

以往的组织原则是建立在雇佣制基础上的，员工作为个体，可以超水平发挥，把作为企业家、创新能手的潜力发挥出来。但作为一个群体，这样做受三个组织条件的限制，使之成为小概率事件：一是员工在雇佣制下，报酬只是工资，没有分成机会，这意味着，他一旦以创新方式创造价值，不可能从制度上取得与企业家对应的回报；二是员工在雇佣制下，没有独立决策权力，决策时与领导不一致时，要服从领导；三是员工在雇佣制下，不承担风险和责任，失败时首先追究的是领导责任，对员工追责顶多限于对应工资的责任（开除），但追究不到员工的领导责任。员工没有领导的责任（比如用人的责任），就不会有当 CEO 的义务。

员工创客化与创客小微化，就是要在组织原则上解决员工的责权利与 CEO 的责权利不对等、不对称的问题。通过给一级自主经营体完全的决策权、用人权和分配权，使雇佣制中的员工转变为合伙制中的创客或小微（二者区别在于是否为独立法人）。

这时的员工，无论在产权（企业拥有权）意义上是不是主体（法人），在企业资源使用权上都已成为独立主体，标志就是在资产使用上拥有了独立的责权利。员工需要与立约的对方（二级自主经营体），建立使用权上的责权利契约。网络组织（战略自主经营体）在此的作用，是统一合约双方的战略（如双赢），实质上是在统一双方的利益。如果不统一，就不再是同一个利益共同体。就不是网络组织①，不再是同一个单位，而变成网络本身了。

案例2－5－1

**并联小小微②**

香梨引爆了，下一个产品卖什么？乐家正从内部架构调整和外部开放引入等方面着手解决。钟辉介绍，对内将拆细小微。之前的产品体验、寻源团队隶属于乐家驿站小微，下一步将拆细成独立的自挣自花的小微，与乐家驿站等小微并联对赌，共同对“乐家诚品”的引爆负责。

新抢入平台的优选产品负责人是优食管家创始人李文宪，他正在着手对全国各地的优选产品进行筛选和排期，将“乐家诚品”做有序排期。同时，乐家正在寻找更多差异化增值市场新机会。

将小微拆成并联的小小微，这相当于将应用变成了可派生增值应用的平台。这种细胞分裂，实际是一种产权“分形”过程。进一步的看点在“并联对赌”，实质是在进行责权利的制度基因的迭代复制。为此，要在明确并联主体时，深化制度设计到让渡三权这个动力机制上来。

## 2.6 让渡三权驱动小微

### 2.6.1 体现个人尊严和机会平等

人人都是CEO的想法来自德鲁克，其要旨是体现个人尊严和机会平等。德鲁克曾说：“21世纪的企业应是每一名员工都是自己的CEO，也就是说应

① 我们定义网络组织为具有共同资源使用利益，并以此为利益边界的利益共同体。

② 任晓情：《钟辉：最大的差是开放的差》，《海尔人报》，2018年2月14日。

自主做出决策。”

海尔模式将这里说的决策权，扩大到用人权、分配权一并交给了小微。企业与员工的关系，已从上下级关系变成了平等的伙伴关系。当创客进一步变为小微这样的独立法人时，这种关系的实质就进一步显现出来。原来的企业与员工关系，变成了法人间关系，让渡三权使小微成为独立的主体。

人人都是CEO，这是海尔模式与丰田模式相反的原则。对比管理2.0，丰田模式的第九条原则是“培养深谙公司理念的领袖，使他们能教导其他员工”。把员工看得很低。领导与员工的关系，是领袖与群众的关系。第十条原则是“培养与发展杰出人才与团队”，也把员工的位置看得很低，是受教育、受培养的对象。而人人都是CEO颠倒了这种关系。

管理学界少有人知道一件事：对于世人尊崇的丰田经验（日式管理），德鲁克评价并不高。原因用德鲁克自己的解释就是，丰田未能有效地落实“目标管理与自我控制”，以体现个人尊严和机会平等[①]。张瑞敏用最通俗的话解释，就是日式管理“唯尊是从”，没有做到“唯用户是从”[②]。

日式管理强调“唯尊是从”，首先是领导为尊，其次是下属服从。典型如稻盛和夫，把领导作为“受下属尊敬的人”，并等于“使人服从的人”[③]。稻盛和夫总结“领导者的十项职责”，都是为了成为“受尊敬的领导者”。而管理3.0正好相反，要求“唯用户是从”。认为领导之尊不是官本位赋予的，领导如果偏离了用户，也没有尊严可言。员工可以不从，而以用户为尊。日式管理的致命弱点在于，完全回避了当领导犯错的时候，员工还要不要“尊”的问题，这实际是要求下属无条件服从，不管领导对错与否。

张瑞敏发现日本管理文化与中国管理文化的行为模式上存在相反之处。他说：“日本企业的文化是东亚文化，其核心是‘唯尊是从’，谁是尊者、谁

① 德鲁克：《已经发生的未来》，东方出版社，2009，第12页。

② 张瑞敏：《永不过时的德鲁克思想》（http://blog.vsharing.com/xiaoguo_sz/A1712934.html）。

③ 皆木和义：《图解稻盛和夫经营之道》，南方出版社，2015，第43页。

是领导就听谁的，这种文化造成员工无条件服从，好比是在找一个错误问题的正确答案，因为领导告诉你的并不一定是用户要的。所以，我们把‘唯尊是从’改为‘唯用户是从’，员工一定要按照用户的需求去做。”

海尔人人都是CEO，可以将每一位员工都管理成企业家，在价值观上的意义就完全不同了。海尔说的创客，就是说员工不仅可以作为劳动力这种意义上的机械人，拿对应机械劳动的工资，而且可以参股，拿对应股东的分红，还可以创新，创造出体现创新的高附加值。创新体现了人在社会性方面的灵性。这是复杂性系统的独有特征。在德鲁克见识过的各种管理中，真正可以把底层人的潜力激发到企业家程度的，只有海尔一家。即使在德鲁克盛赞的通用中，激发的也只是高级管理人员作为自主人（创新、创造之人）的潜力，而达不到将普通人身上的企业家潜力发挥出来的程度。

人们常常区分不开海尔的“人人都是CEO”与阿米巴模式，一些管理学者也将二者等同起来。对此，张瑞敏指出，两者的一个重要区别在于权力是由谁赋予的。阿米巴模式的权力是老板授予的。员工虽然有了一定的决策权，但仍在“授权”——上层授予下层权力这个范围。而海尔模式的权力是用户直接赋予员工的，不是上层对于下层的“授权”。用户付薪就体现了用户赋权。

授权的本质是员工以下代上决策，仍然强调权力的合法性来自上层。只不过把上层的权力，交给下层执行而已。权力的性质还是自上而下的。

表现在领导理念上，稻盛和夫认为，“经营者需要身先士卒，发挥表率作用”，自上而下地“为企业获取发展的原动力”①。领导的“率先垂范”，“是公司发展的原动力”②。仍表现出自上而下的特点。而海尔模式强调原动力应来自用户和创客，权力的合法性是自下而上生成的。

当然，如果只是这样说，有些人仍会认为这只不过是说法上的改变。毕竟，自下而上决策这个事实，在阿米巴模式与海尔模式中仍然是一样的。为

---

① 稻盛和夫：《创造高收益》，东方出版社，2010，第6页。

② 皆木和义：《图解稻盛和夫经营之道》，南方出版社，2015，第59页。

此，我们必须深入两种模式背后的理论中去，找到它们理论上的区别。

管理学的批判理论，为辨析海尔模式与阿米巴模式提供了清晰的理论依据。批判理论反映了管理学中的后现代观念，对工业化形成的管理理念进行了彻底的批判。在《理解管理：一种批判性的导论》[①] 中，瑞典的企业管理教授马茨·阿尔维森与英国管理学教授休·维尔莫特用“解放”这个范式来解释不同管理范式之间的实质区别。解放，相当于德鲁克话语体系中人的潜能释放这样的核心概念。解放或人的能力释放，都是针对企业存在的意义而言的。

解放指向的是意义，把人的实现作为企业存在的目的；与解放形成对照的，是将企业存在的目的指向价值（如稻盛和夫说的“创造高收益”），创造价值是实现意义的手段。管理 1.0、管理 2.0 聚焦的根本范式不是意义，而是价值。这表现在认为管理者的角色是“确保组织生存或发展或利益”和“满足股东或顾客（以及在一定程度上）工人的直接需要”[②]。把企业管理只是当作一种功利性的行为，认为“解放充其量只是个人合法追求的、工作以外的私事：解放并非管理的问题，无须为管理负责”[③]。

阿米巴的授权，正是在这一背景下产生的。授权优先考虑的事情是：“以‘充实’的方式满足更高层次的需要（例如自我价值实现），提升工作满意度，从而提高生产力——重新设计物质性的和象征性的工作条件”[④]。认为如果满足了这些条件，员工就被“解放”了。

在“探寻企业存在的意义”时，稻盛和夫仍然自上而下思考问题。认为企业经营者提供“更高层次的远大目标和大义名分”，让下面的员工充分消化理解并加以实施。在这里，“要我干”与“我要干”只能自上而下地取得统一，是让下面统一到上面的目的、意义，以此作为企业存在的意义。在实践中，阿米巴模式还包含有这样的意思，员工尽可以自主地为企业着想而发挥

---

① 马茨·阿尔维森、休·维尔莫特：《理解管理：一种批判性的导论》，中央编译出版社，2012。

② 同上书，第 232 页。

③ 同上书，第 232 页。

④ 同上书，第 232 页。

主观能动性，但是“攸关一家企业生死存亡的重要决策”，比如定价，“最终应该由企业的经营者来进行判断”①。而海尔模式正好相反，定价权也是由创客员工来确定的。

海尔“人人都是CEO”，在人人具有定价权这种表象背后，体现的理念可以用批判理论理解的“解放”来加以解释。对于海尔模式来说，企业存在的意义不在生存、不在发展，而在人的自我价值实现，即人的“解放”。而人的“解放”，要求将用户与员工两个方面的潜力最大限度地发掘出来。海尔并不认为“更高层次的远大目标和大义名分”应该自上而下赋予，而认为应自下而上涌现生成。这是德鲁克理解的企业的真正使命。他用“目标管理”与“自我控制”来表示。这里的目标与控制，都是指自我价值实现。德鲁克对日式管理评价不高，主要是反对日式管理自上而下确立目标并自上而下控制。

这里实质性的理论上的区别在于对管理主体的认识。管理1.0根本就没有把雇员当作主体，他们只是老板的工具（最好发自内心认同老板，具有清教徒文化特质）。管理2.0虽然把雇员当作主体，但认为是有待“提升”的主体，如果主体有待提升，他就仍然是被动的。管理2.0，包括稻盛和夫的管理，有一个与管理3.0非常不一样的地方，在于对培训的强调。其背后的理论是：“解放”就是为雇员提供培训和职位，从而使他们不断提升以到达“更高的需要层次”。批判理论一针见血地指出：在这里，“‘授权’则被视为是一个由进步、开明的管理者赋予雇员的、实质上被动的过程”②。这一下打中了稻盛和夫管理的要害。海尔模式正相反，对人的看法，有点像王阳明说的“致良知”。认为不存在上对下的拔高问题，每一个在下者在良知上的水平都不比在上者低。海尔不强调培训，而强调让每一个一线员工，在与用户实际互动时发掘良知。与王阳明还不同，这里的良知不光是人身上的，而且是人与单共同具有的。不是不搞培训，而是培训对致良知来说只是外在辅助。人必须在接触单的过程中悟，而很难通过培训脱离一线、脱离单地来悟。

---

① 稻盛和夫：《创造高收益》，东方出版社，2010，第11页。

② 马茨·阿尔维森、休·维尔莫特：《理解管理：一种批判性的导论》，中央编译出版社，2012，第233页。

同理，海尔也不太强调领导身先士卒，身先士卒首先把人分出了高低贵贱，似乎领导觉悟高而群众觉悟低，非要以上带下。海尔的逻辑相反，应该是士卒身先于领导。至于领导，按单聚散的机制决定了其本身就要使出吃奶的劲儿，才能竞争上岗，领导要做的主要是整合资源，形成合力，而不是去当士卒。

可以说，海尔模式与阿米巴模式是两种完全对立的模式。概括其中的分歧，二者相反就相反在对人的高低位置与权力关系的判断上。在这点上，海尔模式与批判理论是完全一致的。“对批判理论来说，解放并不是赐予员工的一份礼物，甚至恰恰相反，它是一个遭遇和克服不必要的社会局限和心理局限的必经的痛苦过程”[①]。授权被认为是一种恩赐，而人人都是CEO强调的是“增加自主选择的机会”。海尔不认为这是一种恩赐，因为这等于把一件痛苦的事情交给了员工，即让他摆脱对于领导的依赖（包括对领导率先垂范的依赖），而转向直接与用户这个“最终的老板”见面并听命于他们。

以全面质量管理为例，表面上理解的似乎与德鲁克一样，认为“在管理和劳动中存在着巨大的待释放的能量……这些能量使工作中的人们得以解放，并且使他们成为更加真正的自我并且更具创造性”。但正如批判理论指出的，“这些主张的根本问题是：它们将解放和创造假定为管理者施予雇员的礼物，但解放和创造却不可避免地是个人和集体努力战胜各种形式的依赖的结果”。用德鲁克思想来说，就是自我设定目标，自我加以控制。如果离开了这种自主性，授权就成了“一种新的控制方式”，即把雇员从身体的苦力中解放出来，却要为别人确定的企业价值和目标倾力奉献。这相当于让管理者确定什么才是员工“真正的自我”，以及什么算“更有创造性”[②]。实际是管理者为员工“洗脑”，让员工把管理者的意志心甘情愿地变成自己的意志，以自我价值实现的形式，去实现别人的价值。传统管理学在价值主张上的根本问题在于，强调将员工的目的统一到企业的目的上来，却没有指出企业目的合法性

---

① 马茨·阿尔维森、休·维尔莫特：《理解管理：一种批判性的导论》，中央编译出版社，2012，第233页。

② 同上书，第143页。

的来源，以及获得这种合法性的正当途径。当面对“正确的要执行，错误的要不要执行”这样的问题时，传统管理学就会陷入危机，因为它没有质疑与改进老板（当老板犯错误时）的安排，等于变相设定了老板的权力决定了他的正确，老板具有天然的合法性。

海尔模式相当于在批判这一点：谁能保证领导不会犯错误？如果领导是错的，员工有没有根据市场需求实际而加以纠正的机会呢？在日式管理与整个管理2.0的逻辑下，这种机会是没有的。这就是问题所在。它假定了所有领导人都像稻盛和夫那样，处在比员工高明的状态。这经常也是事实，但网络风云变幻是常态，它会越来越使这样的事实变得不再可靠。海尔模式的想法是，与其让最后听到炮响的老板决定一切，还不如让员工与老板共同为用户负责比较可靠一些。而当二者不一致时，员工为用户负责，比盲从老板要更加靠谱。反观阿米巴模式背后的逻辑，从稻盛和夫“领导者的10项职责”可以看出，中心就是“使人服从的人”高高在上，像大家长那样对待下边的人。稻盛和夫的主张是要求领导者成为圣人，然后让员工以朝圣心态，以企业的自我为自我，无条件服从。而海尔模式相反，强调的是要创造一切财富和幸福，全靠自己。可以说，张瑞敏在强调人的主体选择上，深得德鲁克的精髓。这才是发挥人的潜能的真实意思。

有人可能会疑惑，人人都是CEO是一条什么原则？既像领导原则，也像组织原则。其实，它是贯穿计划、领导、组织和控制四大功能的全面的原则。

对于管理的计划功能来说，人人都是CEO是决定第一竞争力目标方向的原则，也是一线参与决策的原则；对于管理的领导功能来说，人人都是CEO是激励原则的重要组成部分，激励员工，为员工提供成为企业家的动力；对于管理的组织功能来说，人人都是CEO是员工创客化的主要根据；对于管理的控制功能来说，人人都是CEO既决定战略损益中战略增益的方向，也是人单酬中决定员工不是按工资结算，而是按小微主分成的主要依据。

### 2.6.2 员工创客化

员工创客化是人人都是CEO原则的推论，是海尔模式管理的核心原则之一。人人都是CEO在员工身上体现着海尔的核心价值观，表现为让平凡的人做出不平凡的事。

海尔从 SBU（战略业务单元），一直到创客、小微，一步一步都在探索让员工取得独立性而焕发创造精神的路。这种制度的初始思路来自以变制变，来自改变生产方式从大规模生产向大规模定制转变，以实现以变制变。张瑞敏讲："大批量生产变成了大规模定制。但是，如果没有每个员工的 SBU，也就是说如果没有以人作为经营单位的话，你没法满足这种定制的关系。"

从以变制变中推导出创客化的逻辑，见于张瑞敏在 2003 年 3 月接受《经济观察报》记者采访时说的："信息化是瞬息万变的，企业也要作瞬息万变的决策，企业要想做出瞬息万变的决策，只能以每一个人作为一个单位、一个主体。" SBU 是迈出的第一步，独立核算；小微是第二步，独立法人。

张瑞敏阐述了创客驱动机制的原理说①：

创建新的生态领域是果，创客所有制的驱动力是因。创建新的生态领域是在现有领域发展到一定程度之后的第二曲线，创客所有制的驱动力体现为生死时速、试金石和自驱力。

生死时速是必要条件，试金石是充分条件。进入任何一个新的领域，首先要锁定生死时速，意味着必须要做差异化，体现为二维点阵的纵横匹配，横轴就是传统的产品收入，一般企业都是做这个，海尔一定要做纵轴，纵轴是用户需求和体验的迭代。做纵轴的前提是横轴一定要"套圈"，在套圈的基础上再"换道"。套圈仍是产品收入的竞争，而换道则是生态收入的突破。

对换道的检验是共赢增值表的试金石，共赢增值表以用户乘数为基础，主要体现纵轴的生态收入。这就和生活 X.0 相对应了，不仅是产品收入和产品价值，而是生态收入和生态价值。2017 年，海尔洗衣机和酒柜的小微已经实现较大的生态收入，再进一步，发展的目标就是安德森在《免费》中说的那样，硬件免费，收益来自软件和服务方案，这就倒逼生态圈要做得非常大。

自驱力体现为创造一个新的平台，标志是能否做到第二曲线超过第一曲线。这对创客的考验是挑战你的自驱力，如果不能使第二曲线超过第一曲线，说明挑战自我的自驱力还不够。创客所有制的驱动力值得每个人思考，并不

---

① 来自《张瑞敏论物联网模式和生活 X.0 的三大因果关系》一文。

断挑战自我，战胜自我。

从合约角度看，以“员工创客化”为定位的小微机制是一种合伙制。海尔将小微称为“动态合伙人”。在海尔组织架构中，平台主（平台企业主体）、小微主（增值应用企业主体）和创客（员工）之间，不是领导与被领导关系，而是合伙人关系。其中，把员工改变为创客，就是把他从被领导者、受雇者，变为合伙人。

张瑞敏指出，员工要从被雇用者转变成动态合伙人，薪酬分配是其中的关键。他说：“企业不再给员工薪酬，一定要从创造的用户价值当中得到，得不到你就离开。”

海尔为此建立了创客薪酬平台，创客的薪酬由用户说了算。张瑞敏解释创客薪酬的付法：一种叫“超利分享”，超过的利润可以分享；另一种就是加入一定的股份，按照股份来分配。

传统管理学，包括管理1.0、管理2.0，在企业内部关系上，都在支配权名下，以雇佣制为前提分配劳资关系。在这一制度下，员工不具备成为CEO的产权基础，因为其不可能得到资本的回报。员工持股、持有期权，都是在支配权上把资本当作激励员工的手段。所谓现代企业制度，也只是在雇佣制前提下讨论企业拥有者与经理人之间的关系。但是，管理3.0的产权，本质上是一种合伙制。与雇佣制的最大区别在于，劳资都可以获得资本收入，员工可以在产权制度保护下合理分红。其产权根据在于，员工是以创造经济利润的行为，体现出人力资本，而非仅仅是劳动力的价值，这为双赢奠定了产权保障。

案例2-6-1

## 谢强从打工者变为创客①

谢强在河南洛阳做了三年多司机，订单安稳、结算快，如果不是感受到改革的冲击，他可能就这么过下去了。

① 冯蓉：《从四星到五星，车小微司机谢强的升级之路》，《海尔人报》，2018年2月7日。

日日顺快线司机端上线，将订单都直接派给了司机端，不再通过服务商转派司机。为了奖励司机多干活儿、干好活儿，根据星级区分抢单权。作为四星级师傅，谢强眼睁睁看着旁边一名五星级司机手机端上的订单一个接一个，自己却没有。

星级高的人有优先抢单权，服务商给结算的佣金比例也高。谢强和洛阳分中心经理王利民、网单经理马晓路一起算了一笔账。如果订单优先通知，他就可以根据自己的实际情况安排最好、最近的送装路线，省下来的时间就可以多赚一些钱。另外，佣金比例高了，每单赚的钱就多，平均一个月下来能多赚一两千元。于是，他开始想办法达成五星级标准。

如何得到用户的五星好评数，他为此苦思冥想。有一天逛超市，恰逢超市搞促销，推销员拿着很多小包装的礼品向他推广产品，这让他灵机一动。他顺手买了一批清洗剂，每次送装产品，在用户验收期间，征得用户意见后他都会拿着清洗剂给用户清洗一下冰箱、油烟机等的外部污渍，作为自己的一点小心意。服务保证速度和质量，又额外送了服务，用户都给他点起了赞。

很快，他的送装数量以及用户好评都上来了。2017 年 10 月，谢强成为五星级车小微司机。"不是在装货，就是在去送货的路上。"他这么形容自己的工作。因为所得不再是之前定工定量，他从打工者变成了创客，所以愿意主动抢单去送更多的货，为更多用户服务并获取用户好评，从而实现自己的价值。

现在，谢强每个月的收入都在一万元左右。在工作量、收入和用户评价等各个维度的本地区排名，也从之前的十名之外升到了前三名。但是他有更大的目标：送装能赚的钱总是限于自己的体力，他希望能扩展更多生态收入。现在已有不少用户经常向他打听家电的选购常识并让他进行一些推荐。他决心做好自己的顺逛微店，争取让生态收入大于送装收入。

### 2.6.3　第一竞争力目标：高人与高单

在让渡三权的条件下，平台企业与小微之间，统一于共同的战略目标。这个目标驱动小微向高人抢高单的方向提升自身。

举高单（第一竞争力目标原则）是由双赢原则决定的（广义）目标管理

原则。目标管理理论是由德鲁克根据目标设置理论提出来的目标激励方案。目标管理的一大特点在于其管理过程实现自我控制。作为管理原则的目标管理，不仅是一种控制，而且贯穿计划的始终。它既包括目标设定，也包括目标控制。

举高单是指目标设定要以第一竞争力目标为原则，高单的内涵是由双赢决定的。由于双赢将均衡价格确定在 P = AC，而不是 P = MC。这决定了，理论上说，P = AC 属于高单，而 P = MC 属于低单。

高单之所以高，是因为把用户需求提高到差异化、个性化的高度使然；低单之所以低，是因为把用户当作同质化的一群顾客。

高单之所以高（AC 高于 MC），在于差异化，在于比完全竞争水平更贴近客户的个别需求。AC 与 MC 之差，也可认为是客户心理满足（意义体验）与理智（理性计算）之差，这是 NPS 的本质及之所以产生的关键。

高单并非价格 P 越高越好。价格超过 AC，即使利润更高，也不能称之为高单，因为它超过了人单合一（本质上是均衡）的限度，落入了不良利润的第二个条件："不良利润还来自从客户身上榨取价值，而不是为客户创造价值"①，即意义体验上是"好"的，但价值上是"不好"的。因为表面上的良好体验可能来自虚假宣传，或一时打动客户但不符合客户冷静后的经济人理性的算计。

这说明，第一竞争力目标值不一定是最大值。如果行业存在恶意竞争，出现坏利润，哪怕这个值再高，也不能认为是第一竞争力。第一竞争力是以用户利益为约束条件的，损害用户利益而获得的股东最大化目标，不是海尔追求的价值。

人单合一与否是相对于目标而言的。如果不合一，意味着预实之间存在差距。其中预所指目标，就是举高单的目标。

具体来说，差有四种形式决定员工报酬：第一种情况，达成的目标低于行业平均水平，只获得基本薪酬，员工必须限期升级，否则可能出局；第二

① 弗雷德·赖克哈尔德：《终极问题——创造好利润，促进真成长》，商务印书馆，2008，第 4 页。

种情况，达成的目标位于行业平均水平，对应薪酬为行业水平的90%，员工须制订改进计划；第三种情况，目标的竞争力略高于行业平均水平，对应薪酬为行业领先水平；第四种情况是零差，即目标的竞争力在行业内属于第一竞争力，对应行业第一竞争力水平的薪酬。

## 2.6.4　自我控制

自我控制是第三代系统论的原则，强调人的目的会自我调节，作为实现目标手段的行为。从目标控制高度看自我控制，这里的目标是指目的。管理1.0中的企业目的与企业目标往往是对立的，管理2.0中的组织目的与企业目标往往也是错位的。而管理3.0说的目标控制有宽窄两义，狭义的目标控制是指控制功能，重在结果与目标一致性的校正；而广义的目标控制要求对目的与目标是否一致进行校正控制，这就贯穿到包括计划、领导、组织、控制的全部环节中了。自我控制作为原则，主要是指后一种控制，即用组织目的来控制企业目标。

海尔的控制原则与德鲁克说的一致，强调自我控制、自运转。复杂性系统管理的特征就是自运转，它不同于简单性系统的外部强制和他律。

### 2.6.4.1　战略损益

战略损益原则是从双赢原则推论出来的。如果没有双赢原则，就不会有战略损益，或者确定损和益的标准就会不同。

海尔战略损益，不仅指一套报表，而且是一种管理原则。战略损益表只是其战略思想的实践。战略损益原则的根本内容在于，要保证企业的目标一致于组织的目的。

这样提出问题，就等于指出了待解决的问题：在海尔模式看来，许多企业确定的企业目标，可能只是领导者的主观目的，刚开始时可能与客观目的（即用户需求）是一致的。但由于企业以不变应万变，待到客观目的发生变化时，仍用主观目的作为目标，标尺就错了，拿这样的目标来控制企业，都是在高效率地达成人单不合一，非常专业化地令自己走向死亡。这才是导致企业失败的根本原因。德鲁克对此也有同样的认识。

在网络时代，目标控制还多了一层含义。组织是指网络组织，网络组织的目的与企业组织的目的（乃至派生的目标）可能一致，也可能不一致。这就变成了一个非常现实的生态问题。举例来说，两个企业之间可能有利益，但无法合作，无法相互借力。这可能不是由于有什么法律障碍，而是文化不同。一个不相信双赢，只相信零和博弈的合作者，很难说服他与海尔合作，因为他可能一见有机会用价格战“杀死”竞争者，就毫不犹豫地扑上去了。这时，海尔拉住他说，将军赶路不打路边小兔，赶紧换道引领。对方可能根本不听，因为他与海尔对于什么是战略上的损、什么是战略上的益，理解是相反的。这类管理问题，就是典型的目标控制问题。

解决这样的问题，需要在计划、领导、组织和控制四项功能上，与对方达成战略一致。许多并购失败，就是因为对方与自己带出的队伍不一样，在这四个方面，不能习惯成自然地达成一致。这就构成真正意义上的跨文化冲突（跨文化在此不是指跨种族，而是指跨核心价值观）。

在领导理念上，海尔战略损益原则的含义是要以双赢作为员工、用户两大行为主体的行为动力，作为利益攸关方的利益所在；要通过群体沟通，将目标聚焦在双赢之上。

丰田模式强调的是领导的自我成就，“名留青史”（“拟定坚定的目标，名留青史”[①]），为此，不惜以赚钱方面的损失，也要成就企业家名声。与美国企业不同，丰田从来不强调股东利益最大化，但牺牲股东的意图还是在于企业家“名留青史”。海尔虽然也不强调股东价值优先，只是把股东作为利益攸关方的一方，但不是为了成就企业领导，而是为了成就用户与员工。

在计划理念上，丰田与海尔都十分注重战略，为了长期目标，肯牺牲眼前利益。而两者的不同在于战略本身不同。丰田的战略是大规模而不是大规模定制，海尔的战略是大规模定制。

海尔战略损益原则这方面的含义是，要把第一竞争力目标作为战略目标，所有资源应有取有舍，围绕换道实现引领做文章，相对而言，套圈只是基础，

① 杰弗瑞·莱克：《丰田模式：精益制造的 14 项管理原则》，机械工业出版社，2017，第 88 页。

一旦套圈，要赶紧换道，不要把大部分资源耗费在成本竞争上。

丰田模式更强调利润从成本中来，而成本从流程再造中来，丰田以单件流控制来降低规模化生产的成本作为主要的赢利方式。但单件流一定要保证这个单一品种的需求量足够大。丰田与海尔的原则相反在其不强调差异化小单，不管这种小单有多么高的价值。丰田模式第 4 条原则“使工作负荷平均（生产均衡化）”下的子原则说“按单定制，但同时也均衡化”①。看似与此矛盾，实际是这条原则与看上去的意思正好相反。丰田公司一位副总裁自己就说：“丰田的生产方式并不是‘按单定制’制度，而是‘按单调整’（change to order）制度”②。区别其实就在于单的大小，对大单变化是要响应的。而且，丰田即使应对大单变化，节奏也很慢。要求“几个月之前就拟订”计划，这是官僚化的典型症状。与海尔的预案周期“161”（一周 + 六周 + 一周③）以周为单位不在一个节奏上。可见所能响应的变化是有限的。丰田人自己解释是“必须对到底可以允许多少改变加以控制”，对响应改变，“会有一定的限制数量”④。换句话说，单太小，变化太快，恕不应变。这是以不变应万变的一种变体。

而海尔不惜牺牲套圈方面的速度，也要保证换道成功。强调“以变制变”，因此变化越快、越个性化，反而海尔的优势越大。丰田模式在这里与海尔模式的关系，就是官僚化与反官僚主义的区别。2016 年以来，丰田的官僚化已发展到无视用户大单变化的程度。以汉兰达为例，丰田的这款 SUV 在七座车市场具有明显优势，市场需求很大。丰田早就在美国和本土推出这款汉兰达的七座混合动力版车，但在长达 3 年时间内不向中国市场引进。明明可以引爆市场，却不去做，原因无他，无视中国用户而已。这是丰田以自我为中心恶性膨胀的一例。

---

① 杰弗瑞·莱克：《丰田模式：精益制造的 14 项管理原则》，机械工业出版社，2017，第 130 页。

② 同上书，第 131 页。

③ 详见 3.3.3.2 节对“161”体系的介绍。

④ 杰弗瑞·莱克：《丰田模式：精益制造的 14 项管理原则》，机械工业出版社，2017，第 131 页。

在组织理念上，海尔战略损益原则的含义是，组织设计要为成就人（主要指员工与用户）而设置特别结构。这一点完全是丰田模式的盲区。丰田公司的组织结构中，没有员工创业组织与用户网络组织的任何位置，是因为丰田根本没认为员工创业是一种战略增益；不设立用户组织，除了对互联网不熟以外，主要是没有认为分散的、碎片化的用户需求有什么战略意义。

在控制理念上，海尔战略损益原则的含义是，不仅要对结果是否符合目标进行控制，还要对企业目标是否符合组织目的加以控制。

海尔的财务是典型的战略财务。如谭丽霞所指出的，“海尔的财务管理实践关键在于与集团战略、业务等相匹配”[①]。与一般战略财务有别在于，海尔战略财务中的战略是有所特指的，特指差异化战略。这里的战略不能是指成本领先战略，而只能指向差异化战略。在差异化战略会计的战略损益中，利润特指好利润，而排除了坏利润（不良利润）。用海尔集团自己的话说就是“以顾客和员工增值为损益”[②]。

而丰田模式的财务理念，强调的重心在成本控制，一方面，在提高质量方面不惜投入大量成本（由此可以提高单品价格）；另一方面，通过单品流和连续流体系造成的规模经济降低系统成本，杜绝浪费。值得注意的是，丰田模式在谈用户需求与精益生产关系时，一再提及均衡概念。但丰田说的均衡与海尔说的均衡，不在同一个点上。丰田说的均衡是同质完全竞争均衡（P = MC），而海尔人单合一背后的均衡是垄断竞争均衡（P = AC）。这导致丰田所要节约的成本中，有一部分是记在海尔战略损益的益的一方的。比如定制的成本，丰田要求将定制的收益与这种意义上的均衡平衡，实际是要跟流程再造付出的成本合算与否来平衡，由此得出结论，对响应这类改变“会有一定的限制数量”。说白了，就是看定制的规模收益（Y = PQ，P = AC）是否足以平衡追加固定成本（AC-MC）的失，这在战略目标的衡量基准上与双赢决定的损益关系正好相反。

---

① 曹仰锋：《海尔转型：人人都是 CEO》，中信出版社，2014，第 186 页。

② 同上书，第 193 页。

案例2－6－2

## 源自差异化的战略利益[①]

九龙贵和是济宁最大的一家综合店。近两年，海尔各品类的产品在九龙贵和的份额均有上升，冰洗产品的份额甚至能超过40%，打破了原来九龙贵和定下的海尔份额的限制。

九龙贵和打破自己定下的限制的根源在于两个字——利润。济宁小微主李远海还记得两年前刚到济宁时，九龙贵和对海尔在其内部的份额限制很严格，超过40%就不行。至于这么做的原因，九龙贵和的副总经理王宝华给出了答案，“这些客户的需求很简单，就是规模和利润，说得直接点，以前海尔的利润优势不明显”。但现在零售转型之后，产品“三高”策略的推进，使得单价、毛利均有提升，客户当然没理由再限制。

产品的溢价能力源于产品的高差异化：能够“空气洗”的洗衣机、“懂教育”的彩电……王宝华更加意识到用户体验的重要性，尤其是海尔在家博会上的体验式展示给了他很多启发。这点在九龙贵和的卖场里都可以看到，空气洗体验区，厨电烘焙体验，还有专门为儿童准备的游乐区……

在这个案例中，九龙贵和原来限制海尔份额，是因为无差异地打价格战没有利润；改为经营差异化的定位后，客户有了利润，共赢空间就放大了。战略上的损益一目了然。

### 2.6.4.2　“日事日毕，日清日高”

“日事日毕，日清日高”是海尔模式的控制原则，具体的控制操作通过OEC（Overall Every Control and Clear）体系实现。在管理原则上说的“日事日毕，日清日高”，则是广义目标管理的一个原则，意在将人单合一控制到预实零差这样一个目标管理的高难境界。张瑞敏在接受《中国企业家》记者宋铁

---

① 景熙、王宝华：《海尔的“三高”让我打破份额限制》，《海尔人报》，2018年3月28日。

军采访时对这八个字的解释是："今天的事情今天一定要完成，今天完成的工作一定要比昨天有所提高，明天的目标一定要比今天有所提高。"

张瑞敏在2003年接受《企业管理》杂志采访时指出，"OEC不能否定，但要与市场联系在一起"。举的例子是不光要做标准的服务，而且要达到体验上的满意。说明这个联系在于，目标控制的目标是一个高目标，日高是这种管理区别于日常管理的地方。

"日事日毕，日清日高"解决的问题是如何在日常管理中达到双赢的战略效果。从方法角度讲，是一种专注对于目的的当下、此在的控制的复杂性系统全息解决方案，属于复杂性系统控制的范畴，解决第三代系统论的自运转问题。

对于计划功能来说，日高是举高单的原则。日高，字面理解是每一天比前一天绩效要更高。日高的总根据是双赢，这是海尔特殊的地方。

表现在海尔的控制体系中，日高针对的是持续改进，提高。如果控制只是目标与手段之间的机械循环，就会陷入熊彼特讽刺的"循环流转"之中，不会带来新的价值。双赢要创造新的价值，这决定了过程控制要定位到日高。

对于领导功能来说，日高是发挥人的潜力的指导原则。海尔的企业使命是创造企业家（让员工变为创客）。这决定了日高不只是物质产出的增加，如套圈；最终要归结到人的潜力发挥上来。这一点决定了，日清最终是清人。

对于组织功能来说，日高是动态结构原则。生命体是生生不息的，其控制与发展是一体，是追求形成有序结构与打破秩序形成更高有序结构的统一。这是第三代系统的基本特征之一。

对于控制功能来说，"日事日毕，日清日高"是结果与目标校正原则。日清，字面意思是每日对绩效进行清理反馈，即对目标与结果进行过程核查。日清包括五个层次，清果、清因、清体系、清战略、清理念。这一体系被称为"洋葱模型"，因为剥洋葱是层层深入的。最后深入清理念，就是在清人，叫作"清事塑人"。从塑人这个要求来说，这不是简单的企业目标控制，而是组织目的控制的要求。一般管理说的控制，只要完成任务就可以达到要求。但因为海尔模式有一个"企业创造企业家"的更高目标，作为网络组织的目的，光是完成任务还不够，还要看这个任务是怎么完成的，对于打造企业家这个目的是正向的还是负向的。如果完不成任务，只是能力不足，要通过提高能力来解决。在海尔的实践中，更多情况是一些经营体满足于套圈引爆，而没有在定目标时就转到换道引领上来。这时就需要战略经营体出面干预。海尔高层长年参加日清体系现场活动，就有结合创造用户价值、创造创客价值这个大方向，塑造真正的人人 CEO 主体的意图。

从某种意义上说，塑造人是自我控制的最佳方法。因为人只要对创造价值充分自觉，就会自我控制行为。

案例2－6－3

### 不是零缺陷，是零瑕疵[①]

合肥洗衣机工厂质量平台提出零瑕疵的目标。2017 年 2 月，全自动二线转型成为卡萨帝二线。

小微主王自强在工厂里举办“找茬”大赛，不管有没有重复，提出问题的员工都得到了奖品。

这也激发起员工们提高产品质量的决心，“人人都是终检员”机制开始实施，每一道工序都对最终产品负责，如果最终由质检员检查出产品问题，不但要追溯到问题工序处，没检查出问题的工序，员工也要追责。除质量改善类问题，其他问题也都要找到源头去解决。是原料问题的，就找供应商解决，换最好的零部件；是研发问题的，就将问题反馈到研发平台，让研发人员改善。

王自强将目标进行分解，细化到线体、班组和个人，打造了精益提效、质量零缺陷等五个维度的样板线体。

通过全线复制样板，一年之内卡萨帝产能翻番，不管是工厂自检还是第三方权威机构 SGS（瑞士通用公证行）检查，都是零不良的结果。

2018 年 2 月 5 日，合肥洗衣机工厂质量平台的豆明应代表卡萨帝二线，领到了集团最佳质量零缺陷线体奖，对于工厂里全体创客而言，这是对他们加强管理的肯定。

① 佚名：《王自强：不是零缺陷，是零瑕疵》，《海尔人报》，2018 年 2 月 7 日。

## 2.7 通过用户付薪实现自驱动

"我的用户我创造，我的增值我分享"，这在海尔被称为人单酬原则。人单酬不仅是控制功能，而且是贯穿于计划、领导、组织和控制整个管理体系的通用原则。我们可以从用户付酬与创造用户价值这两个角度解析这一原则。

### 2.7.1 "我的增值我分享"

海尔的"用户付薪"，准确的含义是指用户付酬（因为除了薪，即工资，还包括剩余分成）。不是说，用户只付薪水（工资），不付其他。事实上，海尔人单酬原则讲"我的用户我创造，我的增值我分享"。说明用户价值中涉及增值（从而高于工资）的部分，也是可以付给员工的。

人单酬原则与预酬一样，都是用户付酬原则的推论原则。用户付酬体现了"顾客是上帝"的意思，即用户是领导的领导，领导从他的领导（用户）那里受命，企业领导再根据他的领导（用户）发出的指令（需求信息），来领导自己的员工提供产品或服务。

用户付酬实际的意思是，用户是企业领导的领导，员工得到的酬劳在形式上是企业领导付给的，但实质上是用户付给的。因此，当用户与企业领导的指令不一致（特别是企业领导的指令不符合市场需求）时，应该优先听从用户的"领导"。

用户付酬为管理动力闭环提供了理论根据。此前，管理学讲的是老板付薪，这没有形成完整的动力闭环。因为把用户给老板付酬这一段给空过去了。这导致的恶果是，在美国、日本的许多企业里，明明已经失去了用户，员工还在跟老板讨薪；或者是员工自己没有对用户做出什么贡献，没有创造应该创造的价值，只是凭借形式上的能力，有理论上的理由可以得到薪酬。这就把创造动力来源的工作，全都推给老板，免除了员工自身的责任，员工自身的创造动力也就失去了理论依据。

海尔模式中的用户付薪，代表着一个自生系统。用户付薪是指，能为用户创造多大的价值，就能获得多大的增值分享。用户付酬，是一种激励机制，它厘清了人单之间真实的动力关系。海尔的激励机制是一个自我循环系统，保证一有用户付的酬，不管有没有领导，都可以自动进行价值的新陈代谢。而管理1.0、管理2.0却要专门设计一个老板的薪酬机制，额外找出激励来。好比一些病人离了起搏器，心脏就不跳或跳不好一样。在此需要把功能与资源区分开。

用户付酬作为一种通用原则，贯穿于领导、计划、组织和控制的各个功能环节。在领导功能中，它表现为激励原则；在计划功能中，它表现为预酬原则；在组织功能中，它表现为自组织、自驱动原则；在控制功能中，它表现为人单酬原则。这些原则不是四种不同原则，而是同一个用户付酬原则的不同角度体现。

案例2－7－1

## 一个好评，到账30[①]

2018年5月5日晚，青岛的刘女士下单了洗衣机清洗服务，不到五分钟，流动服务站长汪洋便打来电话，商量何时上门服务，最终清洗服务定在5月6日上午10点。

5月6日一早，汪洋先来到海尔售后服务网点，打开手机上的爱创客App人脸识别打卡后，一键拨号联系预约用户，补给了站上的清洗装备，开启流动服务站。路上，爱创客自动为他抢到一单。上午9点30分，刘女士通过App看到汪洋已从海尔售后网点出发向家中驶来。9点45分显示汪洋正行驶在滨海大道上，9点55分显示汪洋已进入刘女士所在的小区，9点57分显示汪洋已到达，正在上楼。

到达刘女士家中后，汪洋扫描机器上的二维码录入编码，开启工单处理流程。20分钟后清洗完成，汪洋点击App上的结单按钮，刘女士手机上同步出现了刚才的收费清单和评价界面。因为汪洋服务准时又热情，刘女士对这次服务非常满意，为汪洋点了好评。汪洋即时获得激励，显示到账30元。

---

① 刘翠翠：《新系统上线，服务全流程可见》，《海尔人报》，2018年5月9日。

在这个案例中，刘女士点一个好评，汪洋即时获得30元的奖励，这显示出用户付薪的过程。汪洋创新的增值，马上得到回报。

案例2-7-2

**用户付薪让学生变老师**①

在美国，GEA的售后服务可以被称之为“教科书”级别。当地人称负责售后的服务人员为工程师。

丹尼尔就是其中一员，当他到达用户家时，用户正在割草。用户只是指了指制冰机在屋里的位置，便放心地让丹尼尔进屋维修。在当地，家电工程师有着非常高的社会地位，他们开着专门的服务车进行流动服务，随身携带电脑进行设备检测。

而在国内，家电的售后服务人员社会地位不高，作业条件也比较差。其余竞品企业和海尔在传统售后服务方面的差距正在缩小。这一切催生了任贤全改革的想法，在2017年去美国交流学习后，任贤全就在青岛、南昌开展了流动服务站的试点工作。

而在半年之后，美国GEA售后服务团队和FPA售后服务团队来到青岛学习流动服务站模式。是什么原因在短短半年时间内，让“老师”和“学生”做了对调？在GEA，服务是流动的，工程师每天都会根据订单前往用户家进行服务。但是订单和薪酬都是来自GEA，缺乏用户评价体系。国内流动服务站将服务兵的积极性调动起来，由用户直接评价，倒逼服务兵为用户提供更好的体验。

2018年2月新上线的爱创客App，为服务兵提供移动端、PC端的多功能服务。从早上打卡到抢单，再到用户评价结算，都可以在同一平台实现。

### 2.7.2 “我的用户我创造”

“我的用户我创造”，反映了创造用户原则，是唯用户是从原则在企业中

---

① 周西，等:《人单合一下的GEA洗衣机小微三大变化》，《海尔人报》，2018年2月7日。

的体现，指导的是企业与用户为中心的关系。企业与用户的关系表现为创造用户。一个意思是说，用户没想到的需求要由创客发掘并加以满足；另一个意思是说，要帮助用户实现自我价值。相当于帮助用户成功。这种价值包括用户个性化价值（从这个意义上也可以叫用户体验原则），用户体验价值，特指差异化的高附加值。创造用户的形式，包括通过创新、创造出用户高端体验价值，主要是终身用户价值；也包括创造用户参与机会，发挥用户的创造力，在产消合一中实现自我。

管理3.0的原则比管理2.0的原则高在哪里呢？比较海尔模式与丰田模式的用户原则，可以看出一个差异。丰田谈的是顾客，而海尔谈的是用户。在海尔模式中，顾客与用户概念有实质区别（用户与终身用户也不相同）。由海尔的双赢推论出与用户的关系，具有适应（适应需要）与驾驭（创造需求）两个方面。

丰田模式14条原则，没有一条原则直接谈用户，而海尔模式把用户摆在核心位置上。丰田模式在14条原则的二级子条目中，有三次谈到用户（主要是“顾客”）。其中，原则1与原则9谈的顾客，没有实质内容。有实质内容的是丰田模式第3条原则“使用拉动式生产方式以避免生产过剩”下，其中在二级子条目谈到“由顾客拉动进行补货”。实际谈的只是适应需求，而且适应的只是顾客需求。这就与海尔模式有较大差异了。

丰田以看板制度著称。出发点是补货，而不是人。丰田原则把看板制度比喻为看汽车的燃油表，油少了，就要加油。顾客需求，就好比待加之油。看板的优点是，有利于保证生产的零库存。但用海尔的标准来看，这完全是一个没有温度的顾客交易概念。而且对于车来说，开车是目的，加油是手段，等于看板制度把顾客当作了实现生产的手段。

这还不是主要问题。主要问题在于，第一，如果用户需求不在生产范围内，“顾客至上”还是否有效？对丰田来说，显然是无效的。在丰田原则第9条提到“顾客至上”，但通篇讲的都是相反的内容，其中谈到作为“创新、领导与顾客满意的关键联结”的总经济师时，通篇不提顾客，其权利和影响力的5个来源，基本与用户本身脱节，主要来自供给方面的原因。第二，由此推论，丰田讲的需求，顶多是适应，不可能把创造用户需求，纳入管理。特别是，当用户需求多元化时，丰田模式难以应对小批量多品种的用户需求。长此下去，就会失去创造终身用户价值的机会。

案例 2-7-3

### 做深社群，创造用户[①]

2018 年 1 月 21 日，徐州金地国美店的直销班长苏长梅举办了一场聚会，39 位卡萨帝用户被邀请到店，一起分享家电小窍门、做游戏、聚餐、观影，热闹不已。这些用户都来自同一社区——九里万科城。当初，这个新建小区的用户陆续到店问询家电时，苏长梅就想要重点“打透”这个社区，将其做成一个高活跃度的社群。仅用半年时间，这个拥有 2000 多户居民的社区就给徐州小微带来了 2000 万元的销售额，而且随着交互深入，这个数字仍在扩大。

苏长梅每周都去该社区拜访用户。社区第一位用户吴女士，因新家户型特殊，选购家电时非常头疼，原计划买台小冰箱和大小两台洗衣机。苏长梅得知用户需求后，提出到家里实地察看，再提供完整的订制方案。当卡萨帝 520 冰箱和双子云裳洗衣机被完美地安置在厨房和阳台后，吴女士满意极了，热心地向周围邻居推荐起来。于是，住在吴女士家楼上的 5 户邻居都按照吴女士家的方案购买了成套产品。眼看二单元也要交房了，吴女士又邀请新邻居到自家参观了解。

徐州小微将苏长梅建社群的方式比作“一米的宽度和一万米的深度”。为支持直销员进一步做透社群，徐州小微主王文喜提出“资源”下沉到区域，即排名前 30 的门店都享受 1‰零售额的自主支配，用于发起老用户运营、拓展和异业联盟等社群活动。

区域小微可自主调配费用，制定交互方案，这使得市场响应更直接，也充分调动了直销员积极性。直销员们自费采购红酒器等礼品，带着心意到用户家“串门”，亲自指导操作，让用户感到惊喜。从促销到营销，从发布到发酵，用户口碑和黏性得到不断提升。

---

① 吴学财、苏长梅：《“打透”社区做社群》，《海尔人报》，2018 年 1 月 24 日。

综上所述，海尔模式的原则，代表了管理3.0的精髓，是对管理1.0、管理2.0系统的范式颠覆，代表着未来管理的方向。

这些管理原则，都是以用户为核心的管理原则，都是大规模定制的管理原则。海尔通过大规模定制国际标准，为人类制定了下一代生产方式的核心标准；通过这些原则，将大规模定制的生产方式转化为社会组织规则。自卢梭《社会契约论》以来，人类一种新的社会契约，从中呼之欲出。

## 2.8　用户付薪来自共赢增值的生态价值

张瑞敏曾在哈佛讲堂说过：物联网时代，企业一定要变成共创共赢的生态圈。传统时代是名牌的竞争，谁是名牌谁就赢；移动互联网时代是平台的竞争，像电商，谁的平台大谁就赢，但还没有形成生态系统；物联网时代一定是生态系统的竞争，只有利益攸关各方都得利才能持续发展。

张瑞敏曾向笔者解释共赢增值，指出："阿里巴巴也颠覆了模式，创造了一个历史，用网络从事电子商务。但本身局限是依赖流量，只是交易平台。而海尔的物联网，基础是体验。在交易平台上，各方都要增值，空间在哪里？必须创造的价值高，要有分享的空间。这就回到一开始说的'时代的变化'。我们的体会是，建立触点网络，他们难以建立触点。他们感到社群经济很好，可以更快地买卖。我们不一样，每天海尔产生的社群不得了，消失也很快，我们追求有黏度。如快递柜，有温度，不要他们的硬件，农村净水机也是这样。"笔者又问："触点是指硬件，还是像小管家这样的服务？"张瑞敏回答说："触点是指有温度，能满足个性化需求，硬件不硬件没关系。我们不做健身器材，但往社区推送很多器材。电商对器材商说到我们这儿来吧，我推得更快。器材商就走了。现在一家一家又回来了，说电商虽然快，现在看不行，因为没有个性化。光卖出器材，但区分不出用户是糖尿病还是心脏病，他们要的是解决方案，是体验升级。我们做终身用户，像陪着用户的教练一样，根据用户意见，对器材商提出改进意见，帮助他们实现个性化。而电子商务开始发展快，但100%增长一下就没了。将来，服务、体验是个趋势，电子商务光便宜、便捷就不够了。KK（凯文·凯利）跟我说，凡是大量可复制的模式，都没价值了，只有信任才有价值，只有个性化交互才有信任。”

张瑞敏在这里指出的创造用户的重要方向，平台增值的空间在通过个性化交互创造信任，必须创造的价值高，这样各方才有分享价值的空间。信任是无法被大规模复制的，人们愿意为信任付出额外的费用。这是品牌社群的价值。

共赢增值表所说的生态收入、生态价值，将“以用户为核心”最终聚焦于终身用户对于美好生活的向往之上，并以此整合生态圈中的各方资源，共同创造用户在物质需求、社会需求之上满足心理需求的高附加值，从而拓展了合作共赢的增值空间。

### 2.8.1 用户会为什么样的需求而付薪

用户会为什么样的需求而付薪？海尔“人的价值第一”体现在用户这里，是指最大限度满足用户追求美好生活的愿望。这是需要整个生态来满足的。海尔正向着产品硬件免费而生态收费的方向发展。

案例2-8-1

**厨电小微的生态目标**[①]

卡萨帝厨电小微是小微主刘晓建立的厨电平台。

卡萨帝厨电小微定位国际高端艺术厨房解决方案提供者，为追求成套风格艺术设计包括智慧互联艺术家电、艺术烹饪健康美食、清新便捷艺术厨房的用户，提供美好厨房生活全流程最佳体验及服务，通过美食烘焙社群不断交互用户，吸引整合全球一流研发技术资源，实现厨电产品及成套方案不断迭代引领，实现高端厨房生态资源平台。

卡萨帝厨电小微依托的生态资源包括顺逛、建材、家装、设计师、双微、美食课堂等社群平台，希望开发千万级的用户资源。

刘晓的目标是成为高端成套用户首选，实现12倍速增长，打造卡萨帝厨电美食生态圈，收入实现6倍增速，套单价达到3万元以上。

① 景熙：《卡萨帝厨电小微》，《海尔人报》，2018年5月16日。

案例2-8-2

### 如何让生态收入超30亿元[①]

洗涤产业平台主李洋表示，洗涤产业要实现累计生态收入超30亿元。

北京高校一名学生和其团队在一年半的时间便实现生态流水收入8000多元，成为社区洗“硬件免费，生态收费”在校园洗衣机项目中落地实践的样板。而这样的小管家在全国还有3000多人。小微也已经根据市场交互推出迭代网器，通过更好的分享洗衣体验以及以此衍生出的多元化产品，实现生态收入的跃进。

社区洗、AQUA商用洗在2018年2月更是开展并联合作，实现双方的优势互补，联合开发全球最大的物联网洗衣平台，以期为用户提供更完备的软硬件一体化解决方案。接下来的时间，社区洗还将把中国和日本的模式在美国、东南亚进行样板复制，继续深入生态收入的探索。

在这个案例中，30亿元的收入听起来很难，但目标从单一产业转到物联网时代的整个生态市场，增长的可能性就可以是无限的。

## 2.8.2　需求多样化决定供方生态化

由用户需求的综合性、复杂性，决定了提供解决方案，需要展开最广泛的生态合作，围绕用户需求整合不同主体的资源。这决定了要用生态合作的方式取代以往企业自我封闭的模式。

案例2-8-3

### 从单项目合作拓展为生态合作[②]

山东荣成市的康派斯是一家从事房车制造的企业。在一次工业互联网会

① 佚名：《生态收入30亿，洗涤平台再领先》，《海尔人报》，2018年3月14日。

② 林沁：《初尝甜头，房车要借力COSMO平台上市》，《海尔人报》，2018年4月11日。

议上听到 COSMO 平台主陈录城的演讲介绍后，康派斯主动找到 COSMO 平台咨询合作。一开始，康派斯董事长王位元希望 COSMO 平台给房车制造工厂提供改造服务，随着项目的展开，深入了解大规模定制模式运作后，康派斯决定与 COSMO 平台联手。从一开始的单项目合作变为打造物联网智慧出行解决方案平台，项目执行人官祥臻成为 COSMO 工业房车小微的小微主。

初获成效后，康派斯就想继续在 COSMO 平台上实现企业转型，改变只做房车出口，受制于渠道商压价的现状，直接面对用户需求，从依赖渠道商变为直接由用户下单，提升公司收入，最终达到公司上市的目标。

为了抓住新机会，官祥臻对房车行业进行了调研。现阶段，国内房车多用于自驾游、露营地运营，用户无论购买或是租赁，用到的都是房车空间中的场景，这个场景就可以从基于智家定制的角度出发，由用户定制。

目前，双方已经确定共同打造房车行业子平台，复制 COSMO 模块采购小微的模式，康派斯负责引入所在房车协会的上百家房车企业资源，房车小微则需要搭建平台，让房车行业版的模块采购运行起来。同时，小微还在牵头荣成当地的汽车零部件供应商、房车企业，计划建成房车产业示范园。

在这个案例中，康派斯与 COSMO 平台及小微的合作，一方面从旁路渠道商方面拓展了价值空间，另一方面从引入上百家房车企业资源，进而在平台上加入多方服务资源，创造出生态价值，使各方的价值空间得到增长，从而有望实现共赢。

案例 2 -8 -4

### 洗衣购物两不误[①]

美树原和丈夫都是日本千叶县的上班白领。繁忙的工作过后，美树原迫

① 张晨：《全新洗衣场景落地，AQUA 颠覆传统持续扩大生态圈边界》，《海尔人报》，2018 年 4 月 18 日。

切地希望能减少自己的家务负担，所以她一般都到社区的洗衣房洗衣。但是，并不是每次到店都能正好有空闲机器，等待将近一个小时的时间和美树原节省时间的初衷正好相悖。

AQUA 商用洗拥有独立的物联网平台技术支持，用户通过电脑及手机等终端，事先可以即时快捷地查询洗衣机的空置情况；洗衣结束后，AQUA 会通过短信通知用户，用户在自己有空的时候进店取衣，更省时间。

AQUA 商用洗想到了与全家便利店合作，将衣服投入洗涤后，到紧邻的全家便利店购物，在收到洗衣结束的短信后取走衣物，这样一来将完全改变上班族的洗衣体验。

全家便利店是日本大型连锁便利店之一，AQUA 商用洗占日本商用洗市场份额 75%，位居日本第一。双方的合作将为日本用户带来互补的洗衣场景体验。

AQUA 智能社区洗小微计划在 2020 年 2 月底，会增加 500 家这样的店铺，这将会成为新的城市基础设施，迎接即将到来的东京奥运会。

### 2.8.3　“三生”体系要求共创增值实现共赢

海尔提出“三生”体系，即生态圈、生态收入和生态品牌。在营销中，海尔坚持的是“三店合一”的沟通战略，线上店、线下店、微店三者有机融合。线下店所提供的就是用户的体验平台。三店合一是社群生态的具体存在形式。其中微店的结构，具有社交特点，与市场结构（包括传统电商结构）的突出不同在于，人与人的关系，不像市场中那样冷漠（用网络的语言描述就是，点与点之间的边，全部均质等长），而根据远近亲疏分成不同朋友圈。用户可以进入线下店，对产品、服务进行亲身感受，与现在电商都在争相布局的无人店相反，海尔根据用户现场的交互提供有针对性的个性化解决方案。

既然要把各方拉到一起，就必须创造足够分享的价值，使攸关方不致陷入零和博弈。为此，必须在创造增值上做文章，创造和分享生态价值、生态收入。而这个过程，不仅创造用户价值，也创造了各方的价值，使“人的价值第一”，既体现在单的上面，也体现在人的上面。

案例2-8-5

## 任松期待生态圈内攸关方利益最大化①

任松所在的金乡县聚龙商贸有限公司，是COSMO平台农业样板金乡大蒜的合作伙伴。虽然出生于1991年，但任松却有着6年创业经验，现任聚龙商贸有限公司董事长。任松从小在蒜田里长大，是个地道的金乡县人，大学入学时的自我介绍开头就是“我来自中国大蒜之乡”，周边的朋友都叫他“大蒜王子”。

聚龙商贸主要业务是金乡大蒜仓储与电商销售。其中，电商的销售是交易为主，在他看来，传统的电商平台就像是开超市，谁都可以来。从小就跟着父母种植大蒜的经历，让任松能够根据大蒜外表及品尝辣度，判别正宗的金乡大蒜，但互联网的局限性是美化了产品，到用户手中的可能只是普通大蒜，这就把金乡大蒜的品牌价值大打折扣，大量大蒜以次充好，致使任松售出的原蒜产品也与普通大蒜价格差别不大。

2017年年底，通过金乡县政府的引荐，任松接触到了COSMO平台，经过了解，他找到了COSMO平台优于传统电商模式的地方——在COSMO平台，可以通过追溯体系让用户知道大蒜产地、生长环境，甚至追溯到是谁种的，这就避免了优劣不分；标准种植方法，则能打造出金乡大蒜的品牌，提升金乡大蒜的品牌附加值。

金乡大蒜品牌附加值上来了，任松便可以提升产品价格，获取更多收益。而且，COSMO平合最大的优势在于流量：“COSMO平台还有用户和社群流量，模式完全不一样，一定可以干掉其他平台。”

目前，金乡大蒜处于平台建设阶段，聚龙商贸储存的原蒜产品刚刚上架日日顺健康平台，与日日顺乐家、顺逛和馨厨的合作也已经确立。除了要在COSMO平台上开拓销售渠道，把大量金乡大蒜通过COSMO销售出去外，任松最期待的就是希望通过1000亩蒜田的示范基地，输出科学标准的大蒜种植

① 林沁：《“90后大蒜王子”：COSMO平台帮我解决了电商的局限性》，《海尔人报》，2018年3月28日。

管理方法，从田间地头直接到用户餐桌上，减少中间各级市场的差价，颠覆传统销售模式增加收益，1000亩蒜田变成1万亩、10万亩，甚至全县的70万亩，让自己家乡的老百姓都能创收。

任松的期望，其实也是COSMO平台社会化的目标——生态圈内攸关方利益最大化。金乡大蒜样板做透的标志，就是种地的农户增收、企业创收，通过新旧动能转换给当地政府解决金乡大蒜品牌附加值提升问题，蒜农、蒜企、政府都能整体受益。

案例2－8－6

## 衣联生态圈扩展了各方增值空间[①]

如何由海尔洗衣机牵头打通从衣物到洗衣全流程，让用户主导生态圈，这是自2017年9月孙传滨抢单做衣联生态圈开始，就一直在思考和探索的问题。

孙传滨抓住各服装品牌的芯片代码不统一这一瓶颈，抢占先机。在2017年，联合中国纺织科学研究院标准化研究所、中国服装协会及服装、家纺等知名企业，将RFID（射频识别）衣物识别技术的具体代码划归服装行业和洗衣机行业都能识别的标准规范。同年10月，衣联生态圈发起全球首个衣联生态联盟，目前已有海澜之家、罗莱家纺等千余品牌汇聚到衣联生态圈，愿与海尔的智慧洗衣机、智慧衣柜等产品连接。

通过为衣服加上“芯片身份证”，实现智能衣物的数字化管理，从生产厂家到销售门店再到用户家庭的一条完整生态链，使生态圈的各方都得到增益。一是让用户享受从生产、购买、清洗，再到穿搭全流程的智能体验，在最短时间内购买到称心如意的衣服；二是让服装品牌商可以通过衣服在出厂前就由小乙物联添加的RFID芯片，收集用户信息，为用户量身定制服装，或进行优品推荐，让服装企业实现精准营销，提高用户黏度；三是在衣物洗护阶段，让搭载衣物识别技术的海尔智能洗衣机，可以为衣物精准匹配洗涤信息。

① 张萱：《抢占先机的衣联生态圈》，《海尔人报》，2018年3月28日。

2018 年第一季度，衣联生态圈实现近千万元的物联网生态收入，这是在与英氏童装、博洋家纺等 17 家中高端服装品牌签署业务合作、近千家服装厂商聚到生态圈后随之产生的结果。

## 2.9 小结：按果索因理解管理

海尔模式是人的价值第一的管理体系，是物联网时代的模式。

在本章中，我们围绕宗旨、模式、体验、并联、小微、驱动、用户付薪和生态八个具有层层递进果因关系的环节，概括了海尔模式的内在脉络。这八个环节构成一个完整闭环体系，八个环节，一个中心，这个中心就是“人的价值第一”。

海尔管理学就是“人的价值第一”的管理学。

管理是通过手段实现目的的过程。计划、领导、组织、控制都是实现目标的手段，分别解决实现目标的路径、实现目标的动力、实现目标的资源、实现目标的保障的问题。而将海尔的目标提升到人的高度，就是体现在“人的价值第一”这个命题中的人的目的。

长期以来，管理学经济人、社会人假说，将人的目的，换为“工具理性价值第一”（股东价值第一）这个目标，并充当企业目标，实际在把人的手段当作人的目的，抑制了真正的人的价值的实现，既抑制了顾客身上的用户价值的实现（对美好生活的追求），也抑制了员工身上的创客价值的实现（人人都可以成为 CEO），使管理陷入零利润下零和博弈的困境，使管理为了手段而忘记目的。海尔管理学通过“人的价值第一”解放了人，让消费者从物质欲望中解放出来，实现美好生活；让员工从雇佣制中解放出来，成为企业家；让合作伙伴从零和博弈中解放出来，结成共创共赢的命运共同体。

在海尔模式基础上总结的海尔管理学，将带来一场范式转变。

对管理学来说，管理是围绕实现目标，选择路径（计划）、提供动力（领导）、组合资源（组织）、校正行为（控制）的过程。

在本书的后面四章，我们将“宗旨、模式、体验、并联、小微、驱动、用户付薪和生态”这八个环节逻辑构成的“人的价值第一”的范式体系，贯穿在管理学计划、领导、组织、控制四大功能版块中，作为理解管理行为——选择路径（计划）、提供动力（领导）、组合资源（组织）、校正行为（控制）的逻辑脉络，帮助人们理解海尔模式背后的新管理学体系。

由八个果因环节构成的逻辑，在方法上采用的是“按果索因”法（又称“分析法”，与“综合法”相对）。

果因分析的果是指目标，其中“人的价值第一”这个宗旨，是总的目的（人的目的）；组织的具体目标（以往管理学说的企业的目标），是人的目的在管理中的具体体现，是达到目的所要实现的标志性目标和任务。

因是指条件，是要达到实现目标这个果需要解决的问题及需要具备的条件。具体来说，在选择路径上要解决什么问题，具备什么条件；在提供动力方面，要解决什么问题，具备什么条件；在排列组合资源方面，要解决什么问题，具备什么条件；在校正行为方面，要解决什么问题，具备什么条件。在以下章节分别展开。

# 第三章　计划：自下而上计划何以可能

## 内容提要

计划是决策。组织时刻面临当下选择。需求千变万化，人人都要参与决策。因此，人人都要成为CEO。

计划是战略。战略是长期选择，必须以用户需求为核心调整战略以适应时代。物联网时代需要生态战略。

计划是方案。凡事预则立，不预则废。因此，要做好预算、预案、预酬。方案要立得起来，关键是坚持人的价值第一，以高人实现高单。

按照罗宾斯从职能角度的定义，计划设定目标，确定实现这些目标的战略，并且制订方案以整合和协调各种活动。计划既关注结果（是什么），也关注手段（怎么做）①。我们把这里的设定目标明确为决策。简单说，计划就是决策、战略、方案。其中决策偏短期，要保障目标正确，要保证战略可以与具体的实际条件相结合进行权变；战略偏长期，要以原则保证决策的内在一致性，并使目标可持续操作；方案则要落实到目标管理中，协调短期与长期。

在管理3.0中，计划与战略一样，要与变化和具体实际相结合，使权变成为计划的功能（见表3－1）。

计划对应经济学中的规划，而非“计划与市场”概念中的计划，即政府干预。规划的要素包括目标、约束与优化，共同构成运筹的内容。这个意义上的计划，对管理1.0、管理2.0和管理3.0来说都存在，但侧重有所不同。

---

① 斯蒂芬·罗宾斯、玛丽·库尔特：《管理学（第13版）》，中国人民大学出版社，2017，第198页。

表 3－1　计划功能比较

| | | 管理 1.0 | 管理 2.0 | 管理 3.0 |
|---|---|---|---|---|
| 范式 | 单的前提假设 | 用户简单性 | 用户复杂性 | 用户复杂性 |
| | 人的前提假设 | 企业简单性（无员工潜力发挥） | 企业简单性（无员工潜力发挥） | 企业复杂性（员工潜力发挥） |
| | 管理框架 | 职能 | 流程（内部关系） | 功能（职能＋内外关系） |
| 效率 | | 专业化效率 | 需求的多样化效率供给的专业化效率 | 多样化效率 |
| 价值区间 | | P＝MC（报酬不变、递减） | P＝AC（规模经济） | P＝AC（范围经济） |
| 功能 | | 安排资源使用进度 | 筹划质料（材料、资源） | 筹划质料因（资源及其接口） |
| 特征 | | 以成本节约为导向 | 以流程成本符合均衡为导向，要求零库存 | 以高单为导向 |
| 决策 | | 上级决策 | 自上而下决策 | 人人都是 CEO，自下而上决策 |
| 战略 | | 大规模 | 大规模 | 大规模定制，个性化 |
| 方案 | | 预算、预案 | 预算、预案 | 预算、预案、预酬 |

管理 1.0、管理 2.0 的计划，都是简单性范围的规划，即自上而下集中权力的规划；而管理 3.0 的计划，是一种复杂性的规划，是自下而上权力分布式配置的自组织规划，是资源的自适应的生态式配置。

## 3.1　决策：人人都是 CEO

人人都是自己的 CEO，包含着重要的决策原则。海尔模式的决策模式有别于日本模式（包括阿米巴模式）中的授权决策模式之处在于，员工的决策权，与用人权、分配权一样，都不是通过自上而下授权实现的，而是由用户付薪的自驱动机制实现的，本质是代用户来决策。

在 2.6.1 中提到的人人都是 CEO，是一个贯穿于计划、领导、组织和控制四大功能的全面的原则，谈的是人的价值。这里谈到的人人都是 CEO 则是狭义的，只是计划中的一个子集，即决策功能上的特点。

决策主要是指当下的方向选择，与之相对的战略则是指长期的决策。

X 效率理论提出"决策的基本单位不是企业而是个人"，只有做到这样，每一个人才有积极性。但 X 效率理论却并没有提出如何实现的解决方案。人单合一模式却从根本上解决了这个问题，因为海尔真正做到了每一个人都是创客，每一个人都是决策者。

### 3.1.1　由用户决策

决策（Decision）是指在两个及以上备选方案中进行当下选择。战略也是在选择，但选择的是路径，是行为的长期模式，而不是当下选择（方案）。

决策过程一般分为八个步骤：一是明确问题；二是明确决策标准；三是为标准分配权重；四是开发备选方案；五是分析备选方案；六是选择备选方案；七是执行备选方案；八是评估决策效果。

计划、领导、组织、控制中都存在决策问题，将狭义的决策划入计划功能，在于把重点放在"方案"二字上。

表 3-2 系统比较了管理 3.0 与管理 1.0、管理 2.0 在决策方面的差异所在。

**表 3-2　　计划功能比较分表：决策**

| | | 管理 1.0 | 管理 2.0 | 管理 3.0 |
|---|---|---|---|---|
| 范式 | 单的前提假设 | 用户简单性 | 用户复杂性 | 用户复杂性 |
| | 人的前提假设 | 企业简单性（无员工潜力发挥） | 企业简单性（无员工潜力发挥） | 企业复杂性（员工潜力发挥） |
| | 管理框架 | 职能 | 流程（内部关系） | 功能（职能 + 内外关系） |
| 决策主体 | | 领导 | 领导 + 授权 | 人人都是 CEO |
| 授权顺序 | | 无 | 自上而下 | 自下而上 |

决策的定义本身，并没有明言谁在决策。实际隐含的意思是由 CEO 来决策。海尔管理与管理 1.0、管理 2.0 最大的不同，在于海尔主张人人都是 CEO，这意味着人人都可以参与决策。

人人都是 CEO，不等于每一位员工都可以凭主观意志发号施令，因为还有一条原则制约着员工：自以为非，以用户为是。之所以让员工进行决策，是因为员工靠用户更近，能更直接地接受用户这位“领导”的当面指示与点拨。如果员工自以为是，违逆用户，他的决策权马上就会被剥夺。

将决策权前置，放在能听见“炮响”的人手里，这是实现“以变制变”的关键。因为以变制变最怕的是计划赶不上变化，如果把计划中的决策权贴到变化上，人单合一就可以在以变为主的条件下顺利实现。

案例 3 -1 -1

## 让用户当家做主①

李艳花是海阳市二十里店镇潘家村的妇女主任，2017 年 5 月，经过自荐、投票，她代表村委成了村里水站的小管家。与一般意义上的小顺管家不同，除了帮村民办理水卡、给行动不便的老人送水上门，她的另一项重要工作，就是代表村委利用水站收集村民的意见和建议。

“俺家门前的路灯不亮了，快找人去看看吧。”村民潘洪波到村委大院的日日顺水站打水，顺便把这一情况反映给了村委的李艳花。李艳花认真做了记录，并给安装公司打了电话。第二天，路灯就修好了。

哪里路灯坏了，谁家白菜被鹅吃了，哪个老太太吃水困难了……李艳花都会认真做记录，几个月来，李艳花每天都能收集到打水村民反映的“社情民意”。李艳花说：“村里 500 多户，多数都已经办了水卡。水站既让村民吃上了放心水，也加强了党群联系。谁家有困难都喜欢找我拉拉呱。”

村民在聊起水站时说，商店里销售的简易处理的大桶水 18.9 升的要 5

① 万恒超：《潘家村的民意收集水站》，《海尔人报》，2018 年 4 月 4 日。

元，合0.26元一升，而水站的水7.5升要0.6元，才8分钱一升。充200元还送100元，更划算。关键的是水质好，比纯净水好喝。

在这个案例中，通过触点网络建立起了用户表达意见的稳定渠道，相当于企业的“立法”部门，充分让用户当家做主。

### 3.1.2 人人都是自己的CEO

张瑞敏认为，大公司的所有问题都集中到高层，自上而下决策，只能解决一致性问题，不能解决不确定性问题。

诺贝尔经济学奖得主哈特在《企业、合同与财务结构》中提出不完全契约理论，指出了委托代理激励机制不可能把对每个人的激励都一一和其价值对应起来。

X效率理论提出“决策的基本单位不是企业而是个人”，但如何让每一个人成为决策基本单位，却没有提出解决方案。

人单合一模式却从根本上解决了这个问题。这就是把员工变为创客、小微，使之具有相对独立的责权利，这为每一个人都成为决策者，提供了制度基础。

案例3－1－2

**掌握决策权让GEA团队自主响应市场**①

“我认为，GEA的团队在改革之后最大的变化就是决策变快，资源变多。”GEA洗衣机小微主皮特总结说。

在过去很长的一段时间内，GEA都像传统的大企业一样，每一项决策和行动都需要经过整个GEA的同意。如果要调配资源——包括人力和财务资源——皮特要和不同的部门沟通。即便在之前洗衣机小微只是一个非核心的

① 周西，等：《人单合一下的GEA洗衣机小微三大变化》，《海尔人报》，2018年2月7日。

团队，但每一项决策都需要层层审批，最终在GEA整体层面完成决策。但是在资源的使用方面却没有得到相对应的支持，每次皮特都需要花费很长的时间在内部整合资源。例如项目的申请，过去需要财务部门批准预算。现在如果这个项目是战略框架下的，就可以直接来推进。这种高效决策在美国这个快速变化的市场上尤其重要。

皮特说："今天我们可以高效协调内部资源，最终提升整个市场的竞争力。"在2017年，GEA洗衣机小微利润完成率达到600%。

这个案例显示出海尔模式与GEA原有官僚化模式的不同。小微自主决策，更加适应需求不确定性变化，提高了对市场的响应速度。

按照常规的管理学理论，决策是领导的特权，员工没有决策权，除非领导下放这种权力，进行授权时，才可以参与决策。在这一点上，管理3.0与管理2.0（更不用说管理1.0）存在原则性的分歧，甚至可以说对立。

人人都是自己的CEO，仅从决策角度理解，是指每一位员工都有方案的选择权。这种选择权可以独立于企业领导，但必须遵从用户需求。这是在强调，决策权是员工的基本权利，不存在授权一说。落到实处后，这涉及责任问题。张瑞敏在哈佛讲堂上说："在日本，我们把日本三洋的'团队第一'转向为'员工第一'。海尔兼并三洋家电的时候，它已经亏损了八年，但是这个亏损找不到任何人的责任。而员工第一实际要求的是人单合一、价值统一，谁做决策谁负责任。背后是责权利的统一。"

而对管理2.0来说，鼓励给予员工一定的决策权，但这种权力是派生权力，是从领导的权力中派生出来的，因此要经过自上而下授权这个程序，并保留收回这种授权的权力。

稻盛和夫与张瑞敏在分散权力方面的做法表面上很相像，但本质上不同。稻盛和夫的逻辑是，企业领导应该成为圣贤，员工一旦追随并服从，可以授权给他自主决策，就像阿米巴模式那样；张瑞敏的逻辑则相反，领导也可能犯错误，员工不应追随犯错；权力是用户授予的，员工从用户那里得到授权，才是权力产生的正确通道，这种授权是不能由领导收回的。可以说，树梢很像，但树根相反。

从操作上来看，X效率理论提出“决策的基本单位不是企业而是个人”，只有做到这样，每一个人才有积极性。但X效率理论却并没有提出如何实现的解决方案。人单合一模式却从根本上解决了这个问题，因为海尔真正做到了每一个人都是创客，每一个人都是决策者。办法就是竞单。

竞单过程就是权力产生的过程。表面上看，竞单成功与否，是由目标高低、现实可能与裁判决定的，但这些都是表象，实质是是否替用户当家，把最符合用户需求又切实可行的高单，交到高人的手上。

在海尔的体系里，企业领导是无权像阿米巴那样收回对员工的授权的。难道海尔的领导不怕员工犯决策错误吗？实际上，竞单也解决了这个问题。竞单的参与者不止一个人、一个方案，而是多人、多方案，竞争的过程实质是裁判代用户行使选择权的过程，也是用户把决策权交给胜出者的过程。领导如果觉得员工不如自己，自己也可以去竞单。

至于竞单之后，决策权交到员工手上之后，员工会不会决策失败，也有机制处理这一问题。在官兵互选后，如果高单完不成，海尔设立了重启官兵互选等急救措施，可以纠正“CEO”的错误。

但是有一点应注意，人人都是CEO解放的是决策，而非战略。战略并不由员工制定，而由战略自主经营体来定。竞单第一条就要求竞的是“第一竞争力目标”，这就是战略在给决策画圈。保证决策不偏离战略，眼前利益服从长远利益。

## 3.2　战略：以用户为核心

海尔的战略在不同时期有不同侧重，不变的一点是，以用户为核心，专注于如何更好地通过实现用户价值，来实现自身（包括合作者）的价值。作为战略模式，特点在于其目标具有强烈的价值导向。在任何情况下，都不偏离“人的价值第一”这一基本面。表现在对组织的产业定位、业态定位、产权定位进行中长期调整时，始终聚焦于以“单”的价值创造统领“人”的价值创造。

战略以用户为核心的一个突出表现是，海尔与众不同地提出用户乘数理论，第一次为战略提供了需求理论基础。

### 3.2.1 规划应是持续进行的应变行为

规划的战略基础是什么？战略是职能部门的一种职能行为，也是组织的日常功能。战略一般是针对短期行为而言的，生物有机体并不存在战略，是因为有机体的全局与局部、长远与眼前并不存在割裂，或者说生物不考虑全局与长远，但人尤其是管理需要考虑全局与长远。

管理1.0、管理2.0把战略当作一种职能，前提是组织不存在一种有机的关系，自我协调战略行为与眼前、局部行为。假定这种协调，背后是对系统与环境关系的适应关系的反映。企业失败的一般原因，往往在于设立企业时的环境发生变化后，企业没有及时做出“变易”反应，包括调整自身禀赋，突破旧的比较优势，建立新的竞争优势。当管理学从局限于企业内部系统变化，转向关注需求环境的变化时，就产生了管理战略的必要性。诱使企业对战略进行管理的，还有对机会的把握，获得相对于其他竞争对手的竞争优势等。管理2.0已经开始致力于把握人单关系。

当环境不确定时，以长期目标、整体利益统一行动方向的战略面临挑战。明茨伯格在《战略规划的兴衰》中批评了管理1.0对预先决定的长期规划的迷信，认为这可以导致忽视市场，而导致将客户置于第二位。认为管理者制定出一个极为详尽、自上而下的五年战略是毫无意义的[①]。

对管理3.0来说，“规划更应该是一种持续进行的应变行为”[②]。采取适应复杂性系统的战略功能架构，有助于使规划成为“持续进行的应变行为”。它是更深一层意思的战略能力，是对生产方式的适应（包括对新技术、新商业模式的适应）。这也是人单关系的变化，而且是深层的变化。管理3.0不是拿信息技术来加强工具理性，而是让人单关系适应信息生产力与人际交往方式的变化，达到三易的效果。也就是环境越不确定，环境复杂性程度越高，相对的多样化效率与效能越高，达到灵活应变的效果。当然，前提是战略价值

① 彭新武：《西方管理思想史》，机械工业出版社，2018，第151页。

② 同上书，第152页。

“不易”，即组织行为与组织目标保持动态一致，保持基业长青，而不能灵活地“偏离”企业宗旨。

管理 3. 0 把战略当作全员功能，人人都是 CEO，意味着人人的行为都具有战略性，不存在哪个局部的管理只是战术的不具有战略性这种分工，战略就体现在内部关系与外部关系之中。这同时意味着 3. 0 的战略具有多元化、分布式的特征，是与情境相关的。从网络的不同角度所解释出的战略是同一个战略，却可能具有不同的内容与界面。战略与执行是一体化的。与管理 2. 0 注重员工学习、培训不同，管理 3. 0 要求系统本身具有战略功能，而不是把战略当作可以从外部灌输进员工头脑的东西。明茨伯格提出战略形成的“草根模型”（Grass – Roots Model of Strategic Formation），这很像海尔的人人都是 CEO 的模型，认为如果战略自上而下过早确定，可能因过分简化而忽略不确定性，妨碍战略的变化。而自下而上像草根那样以涌现生成的方式形成战略，战略就不会像温室的花朵那样脆弱。战略应是可以从系统内自动生成的，存在于网络的每个节点。海尔的关差服务，像军队中的政委制度一样，都具有使节点与全网保持战略一致的功能。它使网络的每个局部，根据全局、长远的战略损益来行事。如果概括涌现生成的效率，则多样化效率就是最好的选择。佩吉认为，草根具有一个优于精英的能力，这就是他们具有稳定的多样性。战略追求稳定，如果稳定的不是环境，而是生态本身，如果生态本身构成能力，使多样性的稳定成为竞争力，则自下而上形成复杂性战略（具有多样性效率的战略）的问题就可以解决了。当然，让战略与变化协调不是绝对的。“三易”强调道是“不易”的，如果一遇风吹草动，道也变来变去，战略就不再是战略，而成机会主义了。

海尔的“161”规划，就是一种结合当前与长远的动态战略方法。是不是按照 1∶6∶1 这个节奏来把握规划并不重要，重要的是要把眼前与长远结合起来。

保持战略柔性，不是以长期战略替代短期决策，而是要实现“三易”中不变与变易之间转换的简易程度，本质上是提高范围经济性或提高多样化效率。

表 3 – 3 系统比较了管理 3. 0 与管理 1. 0、管理 2. 0 战略方面的差异所在。

表 3–3　　计划功能比较分表：战略

| | | 管理 1.0 | 管理 2.0 | 管理 3.0 |
|---|---|---|---|---|
| 范式 | 单的前提假设 | 用户简单性 | 用户复杂性 | 用户复杂性 |
| | 人的前提假设 | 企业简单性（无员工潜力发挥） | 企业简单性（无员工潜力发挥） | 企业复杂性（员工潜力发挥） |
| | 管理框架 | 职能 | 流程（内部关系） | 功能（职能+内外关系） |
| 生产方式 | | 大规模职能化制造 | 大规模流程化制造 | 大规模定制 |
| 产业背景 | | 制造业 | 制造业为主 | 制造服务化、服务业 |
| 战略类型 | | 成本领先 | 成本领先或高成本差异化 | 低成本差异化 |
| 产业定位 | | 制造 | 制造与服务 | 制造服务化、体验化 |
| 创客战略 | | 无 | 反对 | 有 |
| 战略是否顾及生态圈 | | 否 | 否 | 是 |

### 3.2.2　以用户为核心的战略

海尔历史上提出过多元化战略、品牌化战略、全球化战略、卓越运营战略、网络化战略，都是一些阶段性的目标，其中一以贯之的，用张瑞敏的解释就是：“战略还是以用户为核心。这种战略，不像 500 强企业用几百人研究的那种战略，只是告诉一个战略方向。”海尔各种战略的总的方向，都指向以用户为核心。

我们称这种总的战略管理为“时代”战略。海尔各个时期的战略，都是为了跟上时代。时代变化太大，用户变化太大，跟不上变化就会落伍。而时代变化的核心在于生产方式变革，所以，采用先进生产方式，跟上时代，更好地做到以用户为核心，才是海尔不变的战略。

在解释的时候，为了有助于大家学习，举一反三，笔者更多从生产方式这一角度总结海尔战略的意蕴。生产方式对各行各业都是普适的，希望从中看出管理3.0的变革趋势。如果只是从多元化、多角化、差异化角度理解海尔战略，那是一种经营角度。按经营角度看，打价格战（成本领先战略）与差异化战略的地位是平等的（至少在波特的《竞争战略》中不分高下）。但那只是会计看问题的角度，用这个角度把握战略，优点是实在，但缺点是控制不住大概率与基本面。张瑞敏的战略风格特点是非常大气的，善于驾驭大局面。对于战略，他实际是从生产方式角度理解的。生产方式落后的企业输给生产方式先进的企业，是大概率事件，反映的是全局上的基本面。如果生产方式落后，在战略上就失去主动。从这个意义上说，海尔向大规模定制转变，是在转变生产方式。

海尔战略转型不是像一些企业那样，价格战打到头（批零差价消失），就转向差异化；差异化到头（研发产出、解决方案投入不抵成本），又转回到价格战。而是坚持了一个战略主心骨，要以生产方式越来越先进，取得基本面上的成功，而不在意眼前一城一地的得失（还把打价格战的得，记在战略上失的一方）。总的思路是：实现从原来先提供产品再找用户，变为先创造出用户价值再形成产品或服务。一方面，通过互联网与用户建立互动平台，来挖掘用户的一切"指挥"类、"领导"类的信息，当作"上级指示"，经过大数据分析，向生产线传达，要求落实；另一方面，通过实体营销、配送、服务网络，坚决贯彻落实用户这个"领导"的指示精神，快速满足用户需求。在"快速满足用户需求"这一点上，海尔整体上呈现出行业第一竞争力。在这两方面合力作用下，使海尔集团整体上从大规模制造这种工业化的生产方式，转向大规模定制这种工业化与信息化结合的生产方式。

这时再理解张瑞敏说的"多元化经营正是能够较大程度提高并不断延伸企业能力的战略性经营活动"，就有了一层新的意思。这时的多元化，已不再仅指经营，而是在暗示生产方式。结合后来海尔实行的大规模定制战略，可以理解为，差异化不同于专业化，它通向一种更高的生产方式，因此可以将企业能力从上一个较低水平的阶段（工业化能力）提高到下一个较高水平的阶段（信息化能力）。

#### 3.2.2.1　网络化战略：让用户体验牵引生产

网络化战略是海尔战略转型的核心。海尔抓住了其中要点，即企业与网络是两种不同组织。因此企业转型，不是转向另一种企业；而是把企业转型成不是企业，而叫网络的组织。企业和网络的不同，代表着工业化生产方式与信息化生产方式的原则性区别。

海尔的网络化战略分组织与产业两个层面。组织的网络化战略，核心是三无三自（三无是：企业无边界、管理无领导、供应链无尺度；三自是：自生成、自推动、自优化），旨在实现从企业组织向网络组织的转型；产业的网络化战略是指“互联工厂与‘U+’入口”，旨在实现从产品业态向服务、体验业态的转型。它们与业务上的换道一样，都在于在新条件下更好响应用户需求。

网络化战略的目标是，使海尔成为开放平台，可以吸附众多内外资源，可以搭载创业主体和创新项目。战略的取向是从大规模制造，转向大规模定制。战略的内容是：“对内布局互联工厂，对外搭建‘U+’智慧生活平台。”

互联工厂是为转向大规模定制后的产品提供系统，通过事先交互、按需设计、按需制造、按需配送，满足用户的个性化需求。

互联工厂的前端是用户交互定制平台，在海尔称为“众创汇”。在平台上，用户可以通过多种客户端向互联工厂提交订单，实现个性化定制和众创定制。红领衬衫也可以实现大规模定制，但主要是针对变化参数较少的产品，例如，只要穷尽用户身材与衣服之间关系的所有变化，无论用户需求多么个性化，总会有一款适合的。海尔的大规模定制模式不同，重心放在了用户参与定制上。“众创汇”的定制，实现了需求、设计、制造、配送全流程可视。整个生产过程尽在用户掌握之中。有人称之为人人自造。

海尔互联工厂生产线上生产的产品，51%是客户定制的，18%是消费者直接下单定制的，产品不入库率达到69%，同时，订单交付周期缩短了50%。

这里体现出海尔模式与丰田模式的明显区别，甚至是相反之处。海尔模式把质量视角从厂商角度，转向用户角度，变为生活质量的概念。丰田模式响应需求的前提是需求数量足够大，为此才值得调整流程。丰田把主要精力放在供给方的产品质量上。但张瑞敏认为：满足用户的需求不是过去所说的质量，质量根本不是标准的高低，质量是用户定义的，现在用户定义质量就是谁能够满足个性化需求，谁的质量就高。因此，企业必须从大规模制造变成大规模定制①。

"U+"是大规模定制体系与用户结合的界面，是智慧生活的入口。如果说"众创汇"是对内的，"U+"则是对外的。对外表现在，对外部厂商敞开合作大门，广泛征集创客加入平台提供 App（应用程序，Application 的缩写）。优家 App 是接入"U+"平台的入口。目前"U+"已构建了洗护、用水、空气、美食、健康、安全、娱乐等智慧生态圈，成为全球首个以家庭为中心提供智慧生活一站式 O2O 服务的 App 体系。

"U+"对用户需求的定位是生活方式，提出了生态即服务的理念，围绕让用户享受生活，提供整体解决方案。如果用需求工程的理念加以表述，相当于，要把握需求变化的上下文，以用户生活于其中的上下文语境，来锁定用户持续的个性化需求，提供整体解决方案，将服务升级为体验。

案例3-2-1

### 小微主眼中的"U+"智慧家庭平台②

陈国伙认为，智慧生活为"U+"智慧家庭平台提供了智慧大脑。第一是网器之间的互联互通，第二是用户跟网器之间的智能交互，第三就是能够给用户提供个性化的主动服务。以前是用户操作家电、维护家电，现在是家电主动为用户服务，来伺候用户。

廖信认为，第一，"U+"颠覆了传统的冰箱，我们根据用户的习惯能够提供一些个性化的膳食方案。第二，"U+"颠覆了厨房，以前厨房里面冰箱就是冰箱，烤箱就是烤箱，但今天在"U+"的平台上，海尔的大小家电能够互联互通，给用户提供的是一个智慧厨房系统。

---

① 林志贤：《新海尔模式：制造业互联网再革命》，企业管理出版社，2017，第53页。

② 佚名：《海尔正在成为中国智慧家庭的引领者》，《海尔人报》，2018年1月10日。

案例3－2－2

## 智慧能源为互联工厂效率加马力①

乘公交车用手机一查，就知道车几分钟到站，这是智慧交通。企业经营者在线就能判断工业办公区未来一天所使用的水、电等能源数据，这就是智慧能源。

2017年9月，能源小微数据控制系统工程师王坤发现商用空调能耗曲线显示红色，报告单台能耗偏高29%。能源小微主柴纪强带领团队赶往互联工厂调研，发现商用空调这条线体使用蒸汽和电力混合加热方式，比使用天然气加热效率低。柴纪强向商空生产线提供能源方案，对原设备改造后，当月就节约能源费28万元。

柴纪强说："以前工作是现场巡检，现在是在线监控，开发区中德工业园使用分布式能源项目后实现发电、供热、制冷三联供，效率明显提升。"

2018年1月，能源小微就从工厂内部的生产工艺到外部资源改进，全国13个园区推进节能项目61个，可降能耗1200万元，还减少了安全隐患。通过对接COSMO平台，实现多园区、多工厂、多系统并联能源系统。目前能源小微已和106家用户形成智慧能源生态圈。

### 3.2.2.2 服务转型战略：从产品转向高端服务

也许在许多人看来，海尔是制造商。其实，现在的海尔更主要是服务商。这种战略转变是由"以用户为核心"这一总的战略决定的。随着消费者收入的提高，用户的核心需求正在逐渐从制造转向服务，从硬件转向软件。海尔为适应这种需求转变实行的战略转变，是硬件保本甚至免费，让收益主要来自软件和服务方案，倒逼生态圈做大。

---

① 徐亚楠、柴纪强：《智慧能源为互联工厂效率加马力》，《海尔人报》，2018年2月7日。

例如，海尔物联网生态圈构建中，作为硬件的电器，定位改变成网器，用来连接用户。此时，海尔给用户提供的不再仅仅是产品价值，而是通过网器传递的服务方案，在服务方案中实现用户即时需求，满足个性化最佳体验所带来的即时价值。

笔者曾提到，丰田的流程再造不能响应小单、碎单。张瑞敏说："丰田那种做法没办法。定制必须达到一定规模才能去做。问题在于始终盯死的是产品，每台都定制谁也做不到。开一个模具就需要三千万元。如果盯的是解决方案，满足的是不同用户的另一个服务方案，就可以做到了。大规模定制是衣联网大规模定制，不是洗衣机大规模定制。以洗衣机为基础，再上升到为个性化需求提供服务。只是改变了模块，通过重新组合，这一批满足一种需求方案，下一批满足另一种需求方案，由此上升到服务。"不仅是洗衣机，海尔所有的产品都在向服务而且是高附加值服务方向转型。

案例3-2-3

## 花钱不是为了便宜货[①]

"成套购买能便宜多少？"客户提出的这个问题让刚抢单的智慧家庭成套体验小微主的刘飞愣在了原地。这些家装、建材等领域的客户似乎并不关心成套家电能给双方带来多少增值，只关心能以多低的价格从刘飞这儿拿到家电。

曾有客户在销售中将价格便宜的家电推销给用户，低价的家电非但没有帮他们收获用户，反而遭到用户的白眼儿。用户不客气地说："我花这么多钱装修不是为了你这些便宜的家电！"

这件事让家装客户意识到成套高端家电确实有市场潜力。刘飞趁热向当地的家装龙头企业兄弟装饰提供了成套解决方案，而客户也意识到了高端成套产品的重要性。最终，刘飞成功签了100户家庭套餐。

---

① 梁礼涛、刘飞：《成套不是打折方案，是增值方案》，《海尔人报》，2018年1月24日。

有了成套产品签约的开端，刘飞和兄弟装饰商量是不是可以开一个体验中心，双方一拍即合。而对于体验中心该怎么建，两方产生了冲突，兄弟装饰希望建成家装样式，多铺管道、多建洽谈区，但是刘飞认为应该建更多的体验专柜，两方的第一次交流就因为建设方案不统一而告终。后来，刘飞邀请兄弟装饰参观海尔智慧家庭的展会，与他们分析智慧家庭能帮大家在同行业竞争中取得差异化优势，最终兄弟装饰定下以智慧家庭为核心的体验中心方案。

随着规模的扩大，更多的用户需求和用户痛点暴露了出来。家装客户在给甲户介绍产品功能、价格、黑科技时是没概念的，他们更关心冰箱放在哪儿，插座安在什么位置，他们要的是场景体验，只有成套的家电没有成套的设计，这种场景是看不见摸不着的。

刘飞通过并联设计资源，上线3D云设计，只要用户输入地址就可以搜索到用户户型，为用户设计成套家电，用户可以根据自己的需求更换家电场景。刘飞在全国范围内进行复制，到目前，已经拥有了1300多家家装等渠道的客户资源。

案例3－2－4

### 机制推动，热水器零售终端焕发新活力[①]

海尔正在进行做交易的批发商向做交互的服务商的转型。批发商已减少约2/3，而服务商增加约1/3，2018年一季度完成所有批发商转型工作。2017年10月以来，热水器产业平台持续推动市场终端转型，让热水器市场生机持续焕发。2018年2月，热水器零售额份额和零售量份额双双超过竞品，夺得第一。

2017年12月，在武汉开盘会上，现场发布取消对批发商的政策倾斜。这剂猛料刚落地，就让很多批发商产生了疑虑。因为长期从事批发工作，很多

① 方干：《机制推动，热水器零售终端焕发新活力》，《海尔人报》，2018年3月28日。

批发商已经习惯了赚取中间差价的模式，对转型观念很难接受。即使对于能接受转型观念的批发商来说，转型后如何开展零售工作、如何进行人员培训、如何进行升级和引流等都比较陌生，所以都心存顾虑。

在昆明，2个批发商多年来占据了70%的热水器自有渠道市场，将产品批发到乡镇，但服务不到位。“我下飞机前，客户还抱有顾虑。”热水器虚实营销小微主管江勇说。经过沟通交流，两个客户决定转型，走向零售服务这条路。转型后1个月，2个客户就实现了毛利率翻番增长。乡镇客户也陆续反馈：“原来月销2台低端机，现在月销5~8台高端机。”这对昆明小微热水器总监冯长新的触动很大：“要坚定不移帮客户转型，研究人员、展台、出样、营销，发展四类商圈店。”

目前，42个小微都开始转型工作，已有70%的小微品尝到转型的丰硕成果。

案例3-2-5

## 向个性化定制换道[①]

2018年，Q1星厨用户小微完成目标113%，并保持三高引领。作为转型小微，星厨小微主王健表示，当下最紧迫的不仅仅是套对手几圈，而是换道共建食联生态圈。

用户从食联生态圈购买到了来自新疆农场的哈密瓜、大草原的牛肉。安心食材到家，再到存储环节，都离不开星厨小微为用户提供的家庭场景体验。基于满足并搭建用户场景，星厨小微的z型全空间保鲜冰箱556，通过顺逛品牌社群，让用户和资源方直接参与交互。

通过交互和大数据分析，王健和团队成员将用户在生活场景中的存储习惯细分，将冰箱存储空间迭代到门体，做了更多个性化定制，更像是为用户定制的“家庭超市”，比如，针对女性用户常在冰箱门体上方存放化妆品、面膜等，常在门体下方存放茶叶、干果，在不同空间设置最适合的温度、湿度

① 张茸：《为用户定制“家庭超市”》，《海尔人报》，2018年4月11日。

进行区分，推出了迭代新品。

有了健康存储的物联网设备，还要有健康食材的实用存储标准。目前，星厨小微并联了中粮、中国农业大学等资源方，搭建食材研究院，共同研究健康食材“白皮书”，为用户提供营养食材方案。

#### 3.2.2.3 大规模定制战略：以平台激活高端定制

海尔战略在产业上的整体转移方向是制造转向制造服务化，转向服务，再升级为体验。在制造业中，制造业服务化成为这一战略的重要一环。在制造业服务化中实现大规模定制，主要依靠 COSMO 平台及大规模定制的国际标准。

笔者曾向张瑞敏请教大规模定制战略问题，他说，“大规模定制是现阶段目标，不是目的。通过这个，进到可以满足个性化需求的路子”“做大规模定制冰箱不是目的，通过硬件吸引用户，进一步提供食品服务，让用户安全、健康，才是目的”。2016 年 3 月 10 日，海尔 COSMO 平台发布。

COSMO 可以认为是智能制造的“操作系统”。这个系统从用户下单、产品设计、生产制造到物流配送的所有环节——从消费者脑中一个概念到最终送到他们手上的产品——都可以在这个系统里完成。不仅如此，这还是一个实际运行的生态操作系统。建立一个具有普适性的生态系统，在其中集成各种世界最先进的技术和应用，从而完成智能制造的中国式升级。

COSMO 是在互联工厂模式的核心基础上，帮助企业迅速复制海尔互联工厂现有的成果，帮助企业快速向大规模定制转型。凭借它，海尔正在成为一个“制造工厂的工厂”。如果说企业的最高使命是创造企业家，则工厂的最高使命则是制造工厂。

当年 SAP（企业管理解决方案）是一个类似的系统，将德国上百年来的管理经验，抽象提炼为软件语言，固化在程序中，使不同厂家在通用管理方面，实现标准化操作。如今，定制成为时代主题，但体现互联网特征的 SAP 迟迟难产。主要原因是，大规模定制这种新生产方式实践时间尚短，人们还没有条件把其中共性的规律提炼为软件形式。但海尔在这方面实现了突破。德国工程院院士库恩认为，“海尔互联工厂模式是全球工业领域的样本”。

据 COSMO 开发者介绍：COSMO 的核心是把互联网工厂这么多年探索的经验转化成软件、方案，把它放在这个平台上，把多年管理的经验、建厂的经验，把互联网上这么多年探索的经验和方法，都放到平台上对外服务，有的是软件形式，有的是咨询形式，有的可能是建工厂。这与 SAP 的形成过程是一样的。我们可以预期在海尔这样的超级平台上，将会产生真正的大规模定制规范。海尔将负责制定大规模定制的国际标准，说明这件事大有希望。

张瑞敏自己解释说："我们自己开创了一个 COSMO 体系，这个 COSMO 最大的特点就是以用户的个性化体验为中心。互联网时代变革的两个支柱，一个叫 N＝1，一个叫 R＝G。N＝1：N 就是用户市场，每一个用户市场无限大，但是它取决于你能不能满足每一个人的个性化需求。R＝G：R 就是资源，G 就是全球的，企业的资源不是靠你自己，而是要整合来自全球的资源。"①

张瑞敏还指出："现在企业生产的产品是到仓库的，如果是直接到用户，就叫互联工厂。互联工厂应该做到，这个生产线要下去的产品，它应该知道是要给谁。这是一个大规模定制化的概念，必须与用户形成互动，按照用户的需求做产品。另外，传统工厂的体系，它是一个零和博弈，单个工厂一直追求自我利益最大化，我们现在是一个生态系统，所有在上面的各方，你都可以贡献自己的力量，只要创造了价值，你就有更大的利益，这是一个可持续的系统"。②

2017 年，COSMO 平台实现交易额 3133 亿元，定制订单量达到 4116 万台，已成为全球最大的大规模定制解决方案平台。同年，COSMO 平台聚集了 3.2 亿用户和 390 万家企业，实现了跨行业、跨领域的扩展与服务，已经成为企业追求创新驱动高质量增长的典型代表。目前由海尔互联工厂复制到了电子、纺织、装备、建筑、运输、化工等 12 个行业、11 个区域和 20 个国家，服务全球 3.5 万家企业。

---

① 佚名：《海尔张瑞敏南京开讲：让员工成为创业者，"群龙无首"才是公司极致！》，《江苏商报》，2016 年 12 月 9 日。

② 同上。

需要补充说明一点，许多人把 COSMO 当作制造平台，这是误解。把 COSMO 定位于制造业大规模定制是不准确的，它是一个制造服务化平台。

案例 3-2-6

## 让各个小微更好利用平台资源①

COSMO 平台的价值在于开放共享，资源方在平台上既是平台使用者，也是平台建设者，目标都是创造全流程用户最佳体验，这也倒逼平台要开放资源，以共赢为前提，驱动小微和资源方共创。

为了加快小微社会化目标进程，COSMO 平台最近提出了创新机制——资源地图，将数据通信、横向平台能力、联盟协会等平台上的资源方进行了资源等级评定，并对这些资源方进行分红、参股的整合划分，以分享共赢为前提，激活资源方共建平台的动力，让各个小微能更好地利用平台上的资源。

这个机制也已经落到了 COSMO 平台的样板小微——农业小微上。目前，COSMO 农业小微已经完成了金乡大蒜产品的全流程可视追溯平台架构的搭建，溯源平台每个节点的核心代码正在填写，用小微主汪洪涛的比喻来说，图纸画好了，现在要做的就是打好地基盖楼，让整个平台的运作"活起来"。

金乡大蒜团队成员数量有限，要"活起来"，平台就不能是封闭的。为了保障单的引领性，引入的资源就要是一流的。通过前期交互，Y 团队抢入农业小微。Y 团队抢入胜出的原因，就是拥有溯源全流程经验，除了拥有能写代码的技术人员，还有拓展市场的商务团队。这样一来，金乡大蒜团队只需要与 Y 团队设立各个节点的接口人，就能共同推进样板落地的目标。

为了让溯源平台的建设有保障，农业小微正在与 Y 团队进行对赌协议的签署，如果小微达成对赌的目标，那么多出的部分就可以拿出来与 Y 团队分享，以共创共赢驱动资源方一起建设平台。

---

① 佚名：《他拿着资源地图引爆金乡大蒜》，《海尔人报》，2018 年 3 月 7 日。

从这个案例可以看出，COSMO 平台具有网络组织功能，将外部资源（Y 团队）与小微对接在一起。

#### 3.2.2.4　生态圈战略：由物联网扩展生态收入

生态圈战略旨在实现三个方面的生态化：一是品牌生态化，即设立生态化的目标；二是平台（小微）生态化，即为生态化提供驱动力；三是收益生态化，即获得生态化的成果。

张瑞敏指出，人单合一引爆引领的驱动体系体现为三张表：一是共赢增值表，体现的是创立物联网时代的生态品牌的目标，以产品为载体，产生生态收入和生态价值，实现边际效益递增；二是果因纵横表，即人单合一计分卡，支持第一张表，目标是实现生态圈的增值，生态圈是生态价值的基础，生态价值是生态品牌的基础；三是人单合一日清表，日清表是前两张表的基础，体现在有效性和自驱动上，即要明确引爆引领目标的切入点，并以用户付薪的驱动一以贯之。三张表推进的导向和基础支持就是用户乘数和创客所有制。

案例 3－2－7

### 差异化定制解决方案①

上班族李女士想利用业余时间学英语，她瞄准了在线教育 TutorABC 平台，在进行完英语水平测试，跟课程顾问沟通并了解对方为自己量身定制的课程之后，她决定为课程埋单，但是 8 万元的价格令她有些犹豫。课程顾问随即给她推荐了海尔消费金融联合 TutorABC 打造的零首付免息分期。她在线注册、认证、申请，5 分钟之后，显示审批合格，她的课程购买成功。

李女士使用的分期付款产品是消费金融针对 TutorABC 用户专门定制的。随着“互联网＋”在线教育模式迅猛发展，预计 2018 年在线教育市场规模将突破 3000 亿元大关。面对这个巨型蛋糕，消费金融小微也在积极寻找合适切

---

① 何子然：《邝宏：TutorABC 的定制需求只有我们能满足》，《海尔人报》，2018 年 4 月 4 日。

入点，最终选择了成立20年的国际在线教育巨头TutorABC。对方针对每个学员动态定制课程，与消费金融强调的用户价值、提供差异化解决方案不谋而合。

但双方刚开始时的对接并不顺利。场景生态小微主邝宏一开始给对方提供方案是让学员先下载支付App之后在线申请，而且跟大多数消费金融产品一样，最初提供的单笔额度也比较低，这都让TutorABC不太满意。

不能让近在眼前的用户丢掉。邝宏团队做了详细行业调研，了解到目前教育金融分期服务的审批时效以及风控准确率要求极高，这是TutorABC的最大痛点。

“痛点也是我们可以提供差异化服务的优势所在。我们不能仅仅提供现成方案让对方选择，而是要从对方痛点和需求出发来提供解决方案。”邝宏团队协同IT、风控等中后台部门经过多次研讨和评估考察，终于出具了一套更加完善的流程体系。学员整个注册、实名制、申请流程全部实现手机线上操作，无须下载App，学员申请贷款额度高达10万元，并提供6~24期的首付免息分期解决方案。在审批上，实现全智能自动化审批，达到秒批秒贷；在风控模型上，实现精准投放、客群细分、授信评估以及贷后服务完善的精细化运营。

“海尔消费金融的分期产品简单易操作，学员申请起来十分便捷。”TutorABC业务主管评价。自2018年2月与TutorABC的分期产品优化上线以来，消费金融小微已为1800多位学员提供了优质分期服务。

案例3-2-8

## 平台让金乡大蒜“一举多得”①

2017年6月10日，第一批COSMO平台金乡大蒜种植示范基地的大蒜就要收获。

为了体现物联网健康食品定制解决方案的唯一性，线上的溯源体系建设

① 林沁：《收大蒜之前，先收平台建设的果》，《海尔人报》，2018年4月18日。

要升级，在现有基础上，扩展了软件开发与通信技术能力，方便用户在顺逛、馨厨等入口下单的统一性和便捷性。除了金乡大蒜，COSMO 平台上的其他行业小微都可以套用这个溯源系统，例如，房车小微的用户有健康饮水的需求，小微主就可以与日日顺健康水站结合，为用户提供健康可追溯源头的净水服务。

对于定制增值的思考，COSMO 行业小微主汪洪涛说出了自己的理解，定制在 COSMO 平台上产生生态增值。用户在 COSMO 平台上要得到的不是金乡大蒜，而是健康的食物解决方案，所以围绕金乡大蒜，COSMO 平台定制的是健康食品的生态圈，在这个生态圈里要有原蒜产品、蒜加工品，蒜企还要有价值增值的体现。

为了驱动平台上小微主目标落地加快速度，COSMO 平台提出了加速机制，做得快有分享，做得慢则有负激励体现。像原农业小微主，因为做金乡大蒜样板的速度慢，已经被散单。与农业小微合作，打造溯源平台的 Y 团队负责人张俊谱看到机会主动抢单，已从资源商转型为在线小微主的角色。

在这个案例中，通过卖大蒜这“一举”，带来多方增值产生的“多得”。创造价值不在产品这个点，而在生态这个圈。

## 3.2.3　用户战略与需求的战略管理

### 3.2.3.1　用户乘数

张瑞敏首次提出了“用户乘数”的概念和理论，奠定了管理需求论的理论基础。这一概念借用了宏观经济学中的货币乘数和收入乘数的理念，但其逻辑又不完全一样。

货币乘数是指在基础货币基础上，通过商业银行的创造存款货币功能，产生出数倍于它的存款，即通常所说的派生存款。银行存款的漏损率影响着货币乘数的扩张能力，漏损率越高，则扩张能力越弱。

用户乘数的概念中，用户数相当于基础货币；企业与用户、用户与用户、用户与企业的有效交互，相当于商业银行通过存贷活动创造派生存款；用户交互产生的生态收入则相当于派生出的存款；社群中不参与交互的用户则相当于漏损的存款。货币乘数扩张的核心机构是与各经济体发生直接关系的商业银行、金融机构，而对于用户乘数来说，扮演这个角色的就是处于与用户交互最前端的企业市场一线，企业要像各商业银行不断创新业务、不断扩大用户规模一样，不断实现产品迭代，通过用户体验的升级驱动用户交互，减少不参与交互的用户。

用户乘数的基础条件是用户数，好的产品与服务相当于本金。用户乘数的必要条件是，用户乘数高度依赖于用户对平台体验的满足程度，体验越好，满足程度越高，用户乘数越大。用户乘数的充分条件是平台生态的丰富、物种的多样化，以及物种间互生、再生的能力。

货币乘数决定的是货币供给的扩张能力的大小，而用户乘数决定的是品牌社群的构建能力及企业生态圈的构建能力。我们需要去研究在一个社群里，用户总数是多少，有多少用户产生过交互，有多少用户购买了我们的产品，又有多少用户在购买过程中产生了交互，更重要的是，企业和用户产生了怎样的交互，企业在引导用户交互时，要传递正面的、便于理解、易于传播的话题性信息，从而达到引爆用户社群的效果。而用户乘数的优越性也体现在这里，用户的正向交互产生的倍增，不会像银行无限扩大的货币乘数那样带来信用风险，进而引发系统性风险，反而用户的不断交互，会倒逼企业通过不断迭代，来实现对用户的“偿付能力”。

案例3-2-9

### 洗涤平台小微追求用户乘数效应①

注册为青岛云裳羽衣物联科技有限公司的洗涤平台小微，采用的是用户乘数模式。平台以加载RFID芯片的衣物、可读取衣物芯片信息的智能网器，搭建全球引领的衣联网生态圈。以生态模式链接用户和资源，为用户提供衣物购、洗、护、管、穿全流程的最佳体验，为联盟内资源提供精准、高黏度的用户小数据，实现衣联生态小微的用户乘数效应。

① 佚名：《衣联生态网小微》，《海尔人报》，2018年5月9日。

洗涤平台小微的目标是，成为衣联生态行业领导者，生态收入 1 亿元，发展千万级的用户资源。

#### 3.2.3.2　对需求进行战略管理

用户乘数理论发现了用户身上具有的潜在战略价值，这极大拓展了“人是目的”的需求方定义，是人的价值第一在用户方的具体体现。但如何把用户身上这种具有资本特征的增值部分转化为双赢、多赢，就需要战略管理了。

传统管理学基本不考虑对需求进行战略管理的问题，全凭老板或 CEO 靠直觉拍脑袋决定，好一点的做一些市场调查和分析，但很少有人从战略管理角度思考这一问题。传统企业这样做还可以生存下去，是因为当时需求的变易不大，一眼望去，顾客黑压压一片，饿得像狼一样，喂什么食根本就不重要，大致分析后，就可以下需求结论。但时代不同了，顾客在用户乘数规律作用下，具有了用户属性，甚至终身用户属性，所以要从茫茫人海中，一位一位地甄别需求，这就不是小生产式的拍脑袋可以解决的，而需要用工程方式处理。

海尔的需求战略是，“发现用户需求，并快速满足”，实现“用户个性化”。这一战略的实质内容在于，不再把生产、销售、服务本身作为战略，而是把聚焦需求本身当作战略。在这种战略下，如果问海尔生产什么，海尔会回答：是“生产”用户需求的。就像一个专门拿单的“包工头”，但与包工头也不同，海尔要自己把需求从零件状态组装成整体解决方案。把用户需求“生产”出来，剩下的生产、销售、服务只不过是可以“包”给生态资源各方的体验解决方案中的各个局部。这一战略的价值点在于发掘“人的价值第一”在用户身上的体现（即体验）。相比之下，其他战略相当于只能满足人的价值第二、第三这些层次上的产品需求、服务需求，而达不到终身用户所要求的生态解决方案的强度。

海尔实战中反映出一个若隐若现的潜在需求战略框架，我们把它从实践中概括为以下几层框架：第一层是需求定义层，包括三个要素，目标、场景和面向方案的需求；第二层是核心活动层，包括协商、换道、复制；第三层是系统上下文，是生态圈，将主体、资源、技术和方案整合在一起。

在需求定义层，海尔的目标是双赢下的创造用户价值，具体体现为用户个性化。海尔的场景就是物联网，它构成需求赖以存在的上下文环境。海尔面向方案的需求，由触点网络实现，每个触点之上为小微主提供方案需求。

在核心活动层，海尔的协商是指前端的一个窗口（小微主）与平台上的支持服务进行并联，协调资源；海尔的换道是指要对用户高价值需求进行提取，作为套圈与换道的依据；复制是把小微主的成功经验快速进行复制，实现引爆引领。

在系统上下文层，海尔采用的是生态化思路，引入外部资源（厂商、开发者），把供应链圈与用户圈拉到一起，通过网络组织加以整合，最终为终身用户提供面向生活方式的、可持续的高价值整体解决方案，使用户充分体验美好生活。

海尔开创了对需求进行战略管理的先河，意义在于为“做正确的事”（不偏离用户需求），建立“正确地做事”的战略规范。

案例3－2－10

## 寓见新生活重新定义需求①

寓见新生活是金控平台针对住房租赁市场孵化的小微。2018 年 1 月 20 日，小微与上海地产签约合作。小微以成套家电切入，为用户提供全周期全场景的服务内容，上海地产第一期 2 万套租房将全部引进海尔成套家电。在与 M 品牌竞争中，新生活小微靠物联网租房生态模式已获得了入场券。

上海地产租赁公寓负责人郑经理表示，M 品牌还停留在售卖家电的传统思维模式，而海尔以服务思维代替硬件售卖，且有针对租客需求定制成套家电的能力，是别的品牌无法比拟的。

① 韩笑：《豆传营：用样板吸引攸关方蜂拥而至》，《海尔人报》，2018 年 1 月 24 日。

该项目是寓见新生活小微对成都优客逸家样板的复制，同时又更进一步：围绕用户的生活场景，租客为成套网器家电付租金后，网器作为触点与用户交互，对应烹饪、洗衣、娱乐等不同场景交互，链接馨府、衣联网、小帅等小微资源，以海尔社群生态的实力为用户提供服务。

成都优客逸家公寓副总裁董林在 2018 年 1 月 6 日的集团创新年会上明确了与小微的合作方向："生活 X.0 是为人服务的，海尔生活 X.0 所覆盖的场景，都可以在住房租赁方面实现，将来在智能家电、家居方面要加强合作。"

有了这两个样板，寓见新生活小微的小微主豆传营对于怎样让平台上的攸关方蜂拥而至的问题也有了答案：对外，攸关方看到样板的成功，会对海尔信心倍增；对内，样板的全面复制是实现引爆引领的路径。2018 年，小微的目标是实现 30 万套租房房源的市场占有，以及 10 亿元生态收入。

在这个案例中，其他企业对需求定位过低，仅是提供产品，而豆传营他们看到的是生活场景体验，提供的需求是生活 X.0 场景这项工程，因此可以让工程的攸关方蜂拥而至。

案例 3－2－11

## 轻厨小微为一个体验整合三个业态[①]

2018 年 3 月 15 日，轻厨小微 Air－Cooking 首家线下体验店在北京蓝色港湾湖畔美食街开张了。

店内有来自法、意、西当地政府背书的代表性食材，还有来自米其林星级主厨现场烹饪的异国美食。有用户在店里品尝到了一道美味牛排，觉得品质不错，随即在菜单上扫码跳转到了线上商城（AC Life 美食生活），一键买到了同样的特级牛排和调料。但该用户并没有厨师那样的烹饪技巧，所以选

① 闫晓雨：《融通三种业态，轻厨不只想做中国的"EATALY"》，《海尔人报》，2018 年 3 月 28 日。

择请店内专业厨师指导，用海尔旗下高端厨电学习烹饪。

这个场景是否令你想起美食界的宜家——Eataly？但是轻厨不仅仅想做中国的 Eataly，依托海尔的资源优势和物联网属性，轻厨将零售、餐饮和烹饪三种业态打通，给用户带来更好的体验。

这种模式就是轻厨小微正在尝试的。通过从线下店导流到线上平台，又为线上商城积累了很多客户。线下店“动手学院”多种课程，吸引用户带朋友、孩子前来，在烹饪教学的同时，还有助教来指导用户使用高端厨电。

轻厨与海创汇已建立合作关系，计划 2018 年内完成 A 轮融资。

这个案例中轻厨小微的定位，相当于需求工程的“系统上下文”层，将三个业态中定位于（局部零件）需求的企业，聚合为定位于（全局整体）需求工程的生态，从而完成对用户体验的“生产”（满足）。

## 3.3 方案：海尔的“三预”机制

海尔模式中的方案管理，体现在预案、预算、预酬之中。要通过多算，实现算赢。海尔的计划是自下而上的算赢，本质上是将用户纳入计划形成的体系中。

前面说过，广义的计划包括决策、战略和方案。方案是窄义的计划，对于海尔来说，就是“三预”：预案、预算、预酬。

按奥地利学派看法，计划是资本的使用。通过运营的筹划使资本使用的目标转化为成果。海尔进一步把资本、员工、外部资源和用户，都当作可使用的资本来看待。

海尔计划中方案管理的核心是“多算”。“多算”来自《孙子兵法》中的“多算胜，少算不胜”。这里的算，就是指管理学中的计划。算是赢的前提。在海尔，多算被诠释为“全面预算管理”，这里的预算，是预先计划，而不是会计说的预算。因为会计预算，只有算多、算少，无所谓多算、少算。预算这个意义上的计划，是指对企业未来某一特定期间的生产、市场以及其他运营活动的财务目标和经营成果进行预测、做出预案，并且确定相应报酬。它承担着管理学计划之中方案的功能。与财务预算不同，财务预算只是资金预算，而这里的预算是对资金、人员、物流、信息等所有资源的使用方案。

海尔的计划是自下而上的算赢，而非自上而下地规划赢。这改变了计划工作的基础。“三预”本质上是将用户成体系地接入组织内部，成为企业的“立法部门”，在此基础上制订供组织执行的计划。

### 3.3.1　目标管理

目标管理理论是由德鲁克根据目标设置理论提出的目标激励方案。德鲁克于1954年在其名著《管理的实践》中最先提出了“目标管理”的概念，其后又提出“目标管理和自我控制”的主张。德鲁克认为，并不是有了工作才有目标，相反，有了目标才能确定每个人的工作。

目标管理是以目标为导向，以人为中心，以成果为标准，而使组织和个人取得最佳业绩的现代管理方法。目标管理亦称“成果管理”，它是责任制的一种重要形式。

从“自主人”的假设出发，目标管理要求管理人员对下级采取信任型的管理措施。

一是管理人员不应只注意完成生产任务，而应把注意的重点放在关心人、了解人的需要上。

二是管理人员不能只注意计划、组织、指挥和控制等工作，而更应重视员工之间的关系，培养和形成员工的归属感和整体感。

三是实行奖励时，提倡集体的奖励制度重于个人奖励制度，并正面引导员工，通过竞赛去达到目标，争取集体荣誉。

四是管理人员应充分信任下属员工，经常倾听他们的意见，实行“参与管理”，让员工参加研讨工作目标和实现方法的研究与讲座，以提高他们对总目标的知情度，加强责任感，以便实行“自我控制”和“自主管理”。管理人员的任务在于发挥他们的工作潜力，并把存在于他们身上的智慧和创造力发掘出来。

目标管理的一大特点在于其管理过程实现了自我控制。从目标设定方面看，管理1.0、管理2.0目标的设定，是自上而下，由领导设定；管理3.0目标的设定，是自下而上，由用户需求决定，由员工自下而上设定。这是管理3.0的目标管理与传统目标管理不同之处。

#### 3.3.1.1 高单自生成，人单自推动，单酬自优化

管理1.0、管理2.0设定目标时，没有把员工考虑进去，而管理3.0设定目标，独有一个创客视角。所以，要调动创客的内在积极性，实现自我控制。

海尔强调“管理无领导”，则对于目标设置来说，必须有一个替代领导的机制，这就是“高单自生成，人单自推动，单酬自优化”机制。

高单自生成，是说目标不再是由领导自上而下设立、自上而下分解，而是由生态网络自生成高单。海尔探索在商业生态系统中自动生成高单。“因为进到生态网中，你和很多的相关部门都要关联起来”。由于可供调动的资源多了，来源广了，形成高单的基础就雄厚了。

人单自推动，是指通过让人与单相互匹配，实现目标的自我环闭，“不用扬鞭自奋蹄”。在实际管理中，海尔主要通过“高单竞岗”和“官兵互选”来实现。

高单竞岗，是要让目标与人进行匹配，让高单与高人进行匹配。海尔的自主经营体的体长与成员，都是通过竞争产生的。只有举高单的人才能当选经营体体长。通过竞争上岗，解决高单配低人或低单配高人这样的资源配置不合理现象。

官兵互选，其中的亮点在于兵可以选官，一旦经营体体长不能完成高单，可以启动互选机制，选出新的高人，重新竞聘上岗。实行官兵互选的目的，是为了响应用户动态体验，旧的需求下是高人，不等于在新的需求下也是高人，要求人必须适应单的变化，“不能适应就要启动官兵互选机制，实际上就是要不断地优化资源，满足用户的需求”。

单酬自优化，体现了目标管理的特色，管理3.0一改以往管理薪酬与职位挂钩的做法，将薪酬与单的完成情况挂钩，实质是与目标挂钩。这也减少了领导在评定薪酬中的主观作用，只要通过信息化系统，对预酬与结果酬相比较，就可以确定单酬。

案例3－3－1

## 朱集不用扬鞭自奋蹄[①]

2017 年 10 月，28 岁的朱集从海口抢单成为杭州洗衣机产品总监。

2016 年 9 月，朱集抢单海口洗衣机产品总监，半年时间实现市场份额翻番，又用了半年，份额达到 50%。接着，他又看上了杭州。当时杭州份额只有 18%，不到半年时间，份额提升了 7 个百分点，从被别人套圈到开始套圈别人，彻底结束了海尔在杭州长期排名非第一的历史。而朱集从到杭州的第一天，就给团队锁定翻番目标。

朱集的高单靠什么实现的？他首先从人单自驱动机制做起，锁定了各个渠道在每个阶段的引领目标和对赌机制。最初，没有人愿意主动“认下”。朱集意识到改变团队氛围的重要性，就先从一家门店切入做突破口。

2018 年 3 月，他和国美团队来到绿城兰园高档小区做交互活动，与直销员们并肩为社区居民做服务，为用户一遍遍地演示空气洗、干衣机等衣物洗护体验，两天里他洗了 600 件衣裳，团队总共卖出 15 台卡萨帝。这场交互消息不胫而走，赢得了客户国美的尊重。国美表示今后只要洗衣机团队做交互都愿抢单入驻，给予相应的资源配置。

之前，国美渠道的接口人胡晓辉觉得能做到 26% 的份额已经很不错了，对朱集定下 35% 的“小目标”表示排斥。可是如今，这位接口人主动要求抢单，“35% 的目标不再适合，我们的底线目标是 40%！”

业绩的提高，相应的人单酬也水涨船高，杭州团队的干劲更足了。

### 3.3.1.2　经营人的十步管理流程

员工自下而上设定目标，这是管理 3.0 的特征。但更为重要的是，这个目标实际是由用户设定的。而将单定位于第一竞争力目标，是网络组织的战

① 张萱：《朱集：有一种努力叫“两天洗 600 件衣裳”》，《海尔人报》，2018 年 4 月 25 日。

略要求。

确立第一竞争力目标，实际在于经营人。这体现了目标管理以人为中心的特点。“人单合一”双赢模式的核心是经营人。高单背后是高人，有高人才有高单，通过高单可以塑造高人。

海尔在经营人方面形成了自己的一套流程——经营人的十步管理流程。按照这套流程，每位海尔员工都能明确目标，通过创新的路径来不断为用户创造价值。具体来讲，经营人的流程是按照下面的步骤展开的：

（1）确认行业内第一竞争力。

（2）找出企业现有竞争力水平和第一竞争力之间的差距。

（3）找出因现有差距而存在的“市场机会”。

（4）关键点是这些“市场机会”要有“人”来抢“单”，这就是“人单合一”。

（5）“人单合一”后，要研究和探寻现行机制流程上的问题，找出现有的不能支持完成“市场机会”的关键路径。

（6）结合正确的战略目标制定出符合市场需求的内外机制。

（7）以建立自主经营体、倒三角体系以及人单酬体系来承接新的战略。

（8）为承接新战略设计出创新的路径，路径创新必须是为了实现创造全球一流的用户资源而设计，用一流的用户资源来换取全球一流的支持资源。

（9）创新路径的实施一定是通过自主经营体踏踏实实做“强黏度双面胶”客户关系来实现目标。

（10）将支持自主经营体运转的有效方法固化下来，形成机制和流程，进行全面的复制推广，最终达到“人单合一”双赢的发展目标。

案例3－3－2

## 海尔CMI的抢大目标机制

海尔市场创新部（CMI）按照全球的市场区域进行人区客论证，根据不同市场区域的细分结果制定了抢大目标机制，将市场目标分为A、B、C三级，对应的薪酬也分为三级：员工自己选目标，按目标定薪，按结果挣薪。

机制出来后，负责国内三、四级市场专卖店网络开拓的经营体就主动抢了A线目标，因为如果完成A线目标，在创造用户价值的同时，经营体的收入将比C线目标高出50%。而按照以前的组织结构和机制，只能等着上级分配指标，即使自己有能力也只能拿固定工资。还有很多类似的案例，例如由“日清四环标准”延伸出来的“四认机制”等，都是在做“人单合一”双赢过程中探索出来的，这些机制汇合在一起形成了“人单合一”双赢模式的丰富内涵。

### 3.3.2　以单为中心制订计划

方案（Plans）这个意义上的计划，通常包含实现目标所需的资源分配、时间安排和其他必要的行动。对海尔模式来说，分别由预案、预算和预酬这“三预”构成。预，在管理过程中，对应的是管理的前项（后项是指控制）。“三预”是前项管理中方案制订的主要内容。

#### 3.3.2.1　预案：承接对应需求的战略目标

预案的功能是使方案（具体措施、行动计划）承接战略目标。在海尔，前项管理（计划）中的“预案”（计划本身的前项），对应后项管理（控制）中的战略损益表（控制本身的前项）。

一般管理预案，主要考虑的是事，关注事是否有可行性。海尔模式主要考虑的是人，关注是否有高人可以执行战略。

比较一下管理1.0、管理2.0的预案程序，领导自上而下确定目标，如果企业内没有高人，就会降低目标。之所以可以降低，在于在领导看来，目标只是事务性的。而管理3.0的目标是实质性的。作为目标管理，管理3.0比其他计划形式更加强调目标。用海尔的话说，叫咬住目标。海尔集团总裁周云杰曾表示：“再难也不能改目标，不能在目标上倒退、妥协。”这是由双赢的价值观决定的，如果不把第一竞争力作为目标，企业的意义就会失去。这不是赚钱不赚钱的问题，而是原则问题。

这不是唯意志论，因为单是来自客观实际的，是用户真实意思的表示。“三预”都是以单来引领的，单就是目标。不咬住目标，意味着没有把用户需求真正纳入关系论的管理体系中来，无法为用户提供一个整体解决方案。这有别于用户本来没有需求（包括潜在需求），方案强加于人。

许多企业学到这里便学不下去，不是没有意愿，而是能力不足了。但他们又不明白是什么能力不足。通过康泰尔的案例，我们可以明晰其中玄机，即在于差异化战略执行能力不足。

案例 3-3-3

## 康泰尔为何改预案[①]

瑞典厂商康泰尔经过财务分析发现，最无利可图的业务来自总销量最大的三家公司。其中一个客户让康泰尔业务亏损，是由太大数目的小订单引起的。同样的销量下，这一客户的 SMDA（销售、营销、分销和管理费用）远高于平均水平。也就是说，多样性的增加，导致了平均成本的上升。这是一种结构性变化现象。结构性变化表现为从简单性结构向复杂性结构转变中，多样化这样一种结构性变化，导致成本性质发生平均成本上升（报酬递减）这样的变化。

康泰尔最终修改预案，通过提高小订单服务价格，让客户减少了小订单（“产品种类减少了 50%”），从而获得了更多收益。

财务分析一般把这个案例作为正面教材，但从海尔模式与管理 3.0 角度看，这是一个典型的反面教材。

从好利润的观点看，这只是在多样化效率不变条件下减少了成本（向少品种大批量方向调整），而并没有真正提高多样化效率。这相当于反向“换道”，把差异化带来的高附加值换没了，在战略上是“损”的。

康泰尔对预案进行调整，反映了典型的管理 1.0、管理 2.0 的思路。“太大数目的小订单”实际是高单（换道的收入），但由于公司差异化战略执行能力不足，导致只有大量减少这种换道收入，才保证了公司重回在规模化产品

---

① 张金昌、董永春：《管理会计分析：财务分析精细化》，经济管理出版社，2015，第 199 页。

上打价格战的“正轨”。

显然，康泰尔没有咬住第一竞争力目标，被迫调整预案，是差异化战略执行能力不足的表现。

咬住目标之后，预案的特色是用“高单”来整合“高人”。高人这个概念，又超过了企业的边界。其不是指企业内的高人，而是无论企业内、企业外，只要能完成高单的人，海尔都要尽力整合进网络组织中来。相关内容在组织一章中会具体介绍。

对预案做一个小结，海尔模式有三点与管理1.0、管理2.0不同，需要注意：第一，海尔预案不是日常工作，而是战略工作，体现在与方案匹配的目标，是由用户需求导引的战略性目标；第二，海尔令方案咬紧目标，需要差异化战略执行力作为基本功；第三，海尔的方案落实，重在选人，要超出企业视野选人。

案例3－3－4

## 王春霞咬定高端，带动商圈争第一①

南京大厂六合商圈的王春霞顺应空调产业新布局，坚定地瞄准了高端市场。不到一年的时间，王春霞成功从直销员升级为商圈长，并带动全商圈6个门店实现空调高端占比第一。

因为深知做好用户交互的重要性，每周王春霞都会带着团队至少走进2～3户高端产品用户家庭，示范跟用户线下交互的方法。比如，进门后先说是对VIP用户的回访，主动询问空调使用情况等。

空调产业根据门店的差异，如直销员人数、店之间距离、顾客购买比价习惯等综合因素将各门店划归到不同商圈。以老带新，由个体经营转化为团队作战，以形成商圈内的共同提升。目前，全国已有40个商圈实现份额第一，平台力争于2018年10月达成100个商圈第一的目标。

① 崔春玲、王春霞：《咬定高端，带动商圈争第一》，《海尔人报》，2018年1月24日。

在这个案例中，王春霞咬住目标的要点在于坚持了差异化战略这个根本。将目标的战略性转化为通过交互实现差异化的行为。

### 3.3.2.2 预算：目标和任务细化

预算是方案的细化，包括将目标管理体系中的目标和任务在执行者、时间分解等方面的细化。《管理学》理论认为，有三个因素会影响方案细化，一是层级，二是环境，三是时间①。其中的时间，包括锚定过去、现在与未来②的“滚动计划法”③。海尔模式采用的滚动计划法，称为“161”体系。

在海尔，前项管理（计划）中的“预算”（计划本身的过程计划），对应后项管理（控制）中的日清表（控制本身的过程控制）。

“161”的第一个数字1，代表过去一周；数字6，代表未来六周，第二个数字1，代表当前一周。核心思想是“挂定上周，计划未来六周，锁定本周”。

意思是，第一，自主经营体的体长（负责人）要对上周的目标和任务完成情况进行评估，将评估结果计入绩效档案，算作个人绩效成绩；第二，要预测并制定未来六周的目标和任务，可以随时根据情况变化调整；第三，要制定本周的目标和任务。其中，上周、本周的目标任务一旦确定，都不能修改。

滚动计划法是常见计划方法，并不独特。海尔采用的一些落实方法，如例会制度，罗宾斯也有所提及，还举了戴尔每周例会制度④。海尔值得学习的一个地方在于，预算与日清紧密关联。也就是说，计划的中间项与控制的中间项固定在程序中，成为日常管理程序。

预算中确定的目标与任务，要有始有终，在日清的监督、比较、纠正中，起到标的作用，以供找到差距，并弥补差距。许多企业有一种通病，预算较详细，但在控制环节掉链子，例如，领导不能坚持带头，结果使预算流于形式。

---

① 斯蒂芬·罗宾斯、玛丽·库尔特：《管理学（第13版）》，中国人民大学出版社，2017，第206页。

② 周三多：《管理学》，高等教育出版社，2000，第89页。

③ 邹东涛：《管理学》，中共中央党校出版社，2003，第59页。

④ 斯蒂芬·罗宾斯、玛丽·库尔特：《管理学（第13版）》，中国人民大学出版社，2017，第208页。

案例3－3－5

## “看到”未来市场的变化①

近日，拥有15年销售经验的直销员宋美艳，刚成为全国第四批门店CEO先锋中的一员。她不仅是核心门店的销售明星，还是大连推选的“城市名片”，当“门店CEO”项目启动时，宋美艳第一个提出质疑，荣誉与业绩早已加身，她认为转型这条路并不适合自己。

9个月后，当其他地区的门店CEO把卡萨帝520冰箱卖得如火如荼时，宋美艳有点“坐不住”了，当时这款冰箱在当地还未卖出一台。而各地不断涌现出门店CEO样板，大家清楚地看到未来市场的变化。

宋美艳通过朋友圈分享的方法，实现了套竞争对手3圈，创下单日销售12台卡萨帝520的佳绩。

在这个案例中，宋美艳并非有“161”中6的先见之明，而是各地不断涌现的实践，让她直接“看”到了未来。这也说明，预算不是自上而下算出来的，而是自下而上从实践中涌现的。

管理3.0在预算环节与管理1.0、管理2.0的实质不同，在于以下几方面。

第一，组织层级影响不同。管理1.0、管理2.0都是自上而下计划预算，往往是高层级制订战略方案，低层级制订具体业务方案。而管理3.0是自下而上进行计划预算，无论高层还是低层，都同时具有战略性和具体性。因此在低层级方案具有战略性、高层级方案具有具体性这一点上，与管理1.0、管理2.0不同。海尔的高层与低层方案也有所不同，只表现在时间上，低层的“161”是以周为单位，高层可能是以月甚至年为单位，但性质不变。

第二，应对环境不确定性方式不同。管理1.0、管理2.0因为是自上而下

① 吴学财、张营、宋美艳：《从销售精英转型CEO一天卖出18万》，《海尔人报》，2018年1月17日。

预算，上面方案涉及的环境面广点多，难以一一顾及，因此上层方案往往模糊处理；下层方案涉及的环境具体而单一，因此方案比较详细。而管理 3.0 因为是自下而上预算，因此上下方案都是详细的，上层不必通过笼统、模糊来对付环境的不确定性，环境的不确定性已分解到每个局部的方案中加以确定化了。

第三，时间周期不同。管理 1.0、管理 2.0 的计划与控制由于分属不同部门，导致二者脱节，往往计划赶不上变化。罗宾斯用“承诺概念”（Commitment Concept，实际意思是承担责任概念）[①] 描述这种情况。意为遇到变化，原来前项环节的方案与后项环节的纠正（如奖惩），责任不对称，例如，为不应承担的责任而罚。而管理 3.0 采取的不是职能制，而是按功能整合，将计划中的预算与控制中的日清两个不同功能整合在同一个流程程序中，因此可以利用日清中的纠正功能，及时调整方案。海尔以 6 周为限，化解未来不确定性。实际上有 6 次机会进行滚动调整。

案例 3-3-6

## 技术资源平台对接用户需求[②]

洗涤海外模块产品经理李华东介绍，国内团队与俄罗斯小微通过相互倒逼，不断满足了俄罗斯当地用户的需求、探索了在俄罗斯市场高端转型、创牌引领的路径。

俄罗斯小微频繁地把来自客户、用户的需求以及竞品的市场动态反馈给李华东，倒逼中国团队提供有竞争力的产品。

一款带有呼吸灯功能的洗衣机，就是这样推向了俄罗斯市场。灯的光圈可随着洗涤过程而变幻色彩。俄罗斯用户很喜欢这个卖点。除了享受酷炫体验，还可以直观了解整个洗涤过程。

---

① 斯蒂芬·罗宾斯、玛丽·库尔特：《管理学（第 13 版）》，中国人民大学出版社，2017，第 207 页。

② 李云、张萱：《生活因技术而美好，技术因交互而创造价值》，《海尔人报》，2018 年 5 月 23 日。

在这个案例中，目标和任务在滚动中不断调整，越来越精准地聚焦到用户需求。俄罗斯小微提供的关于呼吸灯的用户偏好信息，为预测并制定未来6周的目标和任务提供了依据，国内团队随即根据情况变化调整了产品，实现了滚动优化。

#### 3.3.2.3　预酬：面向人的闭环优化

预酬是传统管理方案环节中没有的，指预先核算出报酬。

在海尔，前项管理（计划）中的“预酬”（计划本身的后项），对应后项管理（控制）中的人单酬表（控制本身的后项）。

预酬是海尔模式目标管理的独创。其他企业为什么没有这个环节呢？这是因为，其他企业和传统管理在这里有一个不成文的默契：员工只是拿工资，这个工资是由行业平均水平决定的，工资高，会吸引人才，工资低，人才会被别的企业“挖”走。因此，如果有“预酬”，只是在行业里找齐平均水平。

海尔不是这样，预酬的酬，不仅包括薪（工资），还包含分成。分成就不是行业决定的，甚至不是企业决定的，而是由每个人具体的表现决定的。其理念是算赢。其中，赢有特定含义，不是指工资，而是工资之上的创造性价值，即“我的用户我创造、我的增值我分享”。

案例3－3－7

### 王春霞用预酬化消极为积极①

南京大厂六合商圈的王春霞在决定攻占商圈空调高端市场时，发现团队信心不足。很多直销员一边安于传统的销售模式，一边抱怨收入少，于是，王春霞决定从预酬入手，调动团队积极性。

王春霞每天穿梭于不同门店，帮直销员根据不同门店的优劣做对应的销售对策。王春霞就亮出了自己店里的数据，“低端机卖10套，不如高端机销售一套，敢卖高端，才能拿到更多的钱”。

---

①　崔春玲、王春霞：《咬定高端，带动商圈争第一》，《海尔人报》，2018年1月24日。

为了更好地激励团队，王春霞还拟定红包奖励制，成功售卖高端产品的直销员都会收到奖励红包。

咬住高端的单让直销员尝到了甜头，团队在六合商圈实现高端市场最高占比达60%。但这只是第一步，王春霞的目标是向六合商圈整体份额第一迈进，让团队实现更高收入。

在这个案例中，高单带来高酬，这使直销员抱怨收入少的消极因素，转化为改变现状的积极因素。而王春霞通过“三预”的计划工作，用制度合理实现了这种转变。

管理1.0、管理2.0作为简单性系统管理，核算达不到复杂性系统的强度，报酬无法做到将绩效具体有分别地分解到每一个节点。一般是按岗位、能力事先决定。这在日式管理、美式管理中，都会带来一个消极现象。例如，海尔收购日本三洋电器时，发现原来实行的是年功序列制，不管员工对业务有无贡献或贡献大小，只要忠诚于企业，工资都会照发不误。而海尔收购美国通用电气时也发现，美国人的薪酬完全是根据岗位和初始能力定一个起点，以后按年头涨，无论工作表现怎样。

这种管理都过于粗放。管理3.0的特点是，不仅要具有复杂性系统的思维，而且要到达复杂性系统的水平上，具体来说，就是可以低成本地将个人绩效按使用价值的不同，一一对应到复杂网络的每个节点上，每个节点与每个节点都不同，哪怕它们的静态能力相同，一切都要看这些能力，相对于单的贡献，有效还是无效。只有复杂性系统才能实现“我的用户我创造、我的增值我分享”，而简单性系统想做也做不到，因为区分不出“我”的用户与“他”的用户，“我”的增值与“他”的增值。

因此可以说，管理1.0、管理2.0的报酬针对的能力，可能是无效能力，而管理3.0的报酬一定是针对有效能力（相当于经济学中的有效供给）的。

管理3.0的预酬还有一个特点，就是以功能整合计划与控制的后项。计划的后项是预酬，控制的后项是人单酬，海尔采取的不是职能制，而是功能制，因此预酬与人单酬是前后紧密衔接的。

预酬为人单酬提供了可供比较的标准，而人单酬为预酬提供了控制手段。

这个手段表现在关差上。

根据海尔的规定，达成的目标低于或位于行业平均水平，员工都必须制订改进计划方案，以这种方式达成控制与计划的闭环优化。

海尔的预酬，不仅具有员工管理的意义，更具有人的管理的意义。它着眼于把员工管理成更完全意义上的人。这就是迈出从雇佣制到合伙制的那一步。

## 3.4 小结：按果索因理解计划

计划本质上是实现目标的路径选择，选择哪条路可以通向目标。决策是当下和短期性的路径选择，战略是长期和全局性的路径选择（包括各种定位选择），而方案是沿着路径到达目的地的具体走法。

（1）海尔的宗旨是人的价值第一，完全颠覆西方的股东第一。人的价值第一，这是企业目标背后的总目的。实现这一总目的，要求决策、战略和方案的方向必须正确。在方向选择上，决策要求人人都是CEO，战略要求以用户为核心，方案要求“三预”，都是为了实现人的价值第一。

（2）宗旨反映在商业模式上，海尔模式是攸关各方都增值的，传统模式如电商不能增值。

决策增值表现在激发用户决策与员工决策，创造增值；战略要求多赢而非零和；方案要体现高人与高单。

（3）增值来自体验，而不是产品。要实现增值这个果，在因上面，要解决面向体验的问题，让决策、战略和方案从产品，升级为服务和体验，从而具备转型升级条件。要回避的选项是决策的产品化，如只卖产品，不做交互；还有战略的低端化，如只追求硬件，而忽视服务和解决方案；以及方案的短期化，例如只顾套圈，不顾换道。

（4）创造体验价值的组织也要变，从串联到并联。要实现创造体验价值这个果，就需要决策并联化、战略并联化、方案并联化。因为体验是个性化的，因此需要并联。决策并联要求从自上而下决策，变为自下而上涌现生成，根据用户需求人人成为自己的CEO，从而自主选择；战略并联要求从封闭利用资源转向生态开放，在平台上并联进外部资源；方案选择要求从单一产品，转向在生态圈中整合各方资源，以提供面向一致体验的整体解决方案。

（5）并联的主体一定是小微而不是科层。决策、战略和方案选择并联，需要主体从企业内上下级关系，转向网络的合伙关系，为此，战略要向具有生态多样性的平行整合资源的方向调整，避免选择的路径是科层制下那种垂直封闭的整合方式。

（6）小微的驱动不是传统的管控而是三权让渡的自驱动。要让主体真正实现并联这个果，需要自驱动这个因起作用。要解决自驱动的问题，驱动并联的小微，要具备的条件是法人独立，让员工从企业中独立出去成为法人，责权利分离，与原企业（平台）形成分成合约（对赌）关系。通过对赌，驱动自主决策、自主用人、自主分配。在这一机制中建立长期与短期行为匹配、战略与战术匹配的路径选择方式和行为模式。

（7）自驱动就需要用户付薪。要实现自驱动的这个果，还需要用户付薪这个因。并联独立的小策与外部攸关方有了内在动力，还需要找到足以实现共赢的可持续价值来源，这就要求具备聚焦于用户这个因。因为在封闭条件下，领导付薪由于自身资源局限，仅靠企业自身，只能截取用户价值的一小部分，可以节流，但不能充分开源。为此，要开用户付薪这个源，引活水来。

（8）用户付薪的薪也不再是传统财务报表中的成本，而是共赢增值表的生态收入、生态价值，是可以有边际效益递增的。要实现用户付薪这个果，就要疏通生态价值这个因。人的价值第一体现在用户身上，在于用户身上永远具备增值潜力，可以通过用户乘数的方式释放。前提是将这种需求，从物质需求、社会需求，上升为心理需求、对美好生活的需要。而满足这种体现“人的价值第一”高度的需求，就要求供给方（企业平台、小微、生态伙伴）也必须全力以赴，将自身的“人的价值第一”的潜力调动出来。要实现从边际效益递减向递增的转变，光套圈实现的边际效益是递减的，只有换道才能实现增值。满足用户体验的方案，一定来自互联网生态合作中形成的整体解决方案，以整体解决方案满足终身用户的体验需求，最终可以实现共创共赢。

# 第四章　领导：自下而上领导何以可能

## 内容提要

领导是激励。最好的激励是自我激励，要实现人的价值第一，需要创客所有制与对赌合约提供动力机制。

领导是沟通。网络沟通就是交互，与用户交互使员工成为领导。只有与用户进行有温度的交互，通过社群网络拓展增值空间，才能引导生态圈共创共赢。

领导是服务。量子领导力表现为做仆人式领袖，成为资源接口人，为利益攸关方提供服务支持。

按照罗宾斯从职能角度的定义，领导是指影响团队来实现组织目标的过程，是领导者所做的事。领导者是指能够影响他人并拥有管理职权的人[①]。

管理的领导功能包括三个方面：激励、交互与支持。激励涉及利益动力，打造自愿这种服从力，交互涉及意义认同，打造自觉这种影响力；支持涉及资源（资本），打造自主这种服务力。领导的作用最终在于要就目标形成组织合力，使人财物服从调动。最高的领导是自我领导，凝聚各方，产生自驱力。

管理 1.0、管理 2.0 的领导职能中，都没有支持和服务这一项，而管理 3.0 非常强调领导的服务功能和资源接口功能，因此作为第三项加在了领导这一章中。

另外，管理 1.0、管理 2.0 的沟通，都仅限于与员工的沟通，而管理 3.0 增加了两个部分，一是与用户的沟通（海尔称之为交互），二是与外部合作者

---

① 史蒂芬·罗宾斯、玛丽·库尔特：《管理学（第 13 版）》，中国人民大学出版社，2017，第 464 页。

的沟通。在员工沟通部分，我们把文化列在沟通项下进行介绍。

标准管理学中关于领导的定义，是十分反常的。它不像经济学有均衡概念那样，从供给与需求两个相反方面的关系来定义概念，而是只从供给一个角度定义领导，把需求以及需求同供给的关系完全漏了。这样定义领导，会导致一个问题，企业“死到临头”，都不会知道自己是怎么“死”的。

如果从原子论视角，复原到关系论视角来定义领导，要注意人与单两个方面。既要看到企业领导决定什么，也要看到什么决定企业领导。

第二个问题也浮现出来，员工在领导定义中处于什么位置。如果从前一个定义来说，员工是被企业领导所领导者。但从后一个定义来说，员工可以是最先得知领导的领导——用户意义的人。因此，员工内在地具有企业领导所不具有的领导力因素。当然，这不是说领导还不如员工。领导与员工在面对他们共同的领导——用户时，表现出的长项是不同的。领导掌握的信息可能更加全面，可以从全局上把握用户；而员工与用户关系更直接，可以从当下与局部把握用户。

这又带来第三个问题，企业需要通过沟通来把用户这个领导的意旨搞清楚。沟通是领导自上而下的行为，还是一种平等互动？当企业领导与员工对用户需求的判断不一致时，领导力来自哪里，由谁说了算？

表4－1系统比较了管理3.0与管理1.0、管理2.0领导功能的差异所在。

**表4－1　　领导功能比较**

<table>
<tr><th colspan="2"></th><th>管理1.0</th><th>管理2.0</th><th>管理3.0</th></tr>
<tr><td rowspan="3">范式</td><td>单的前提假设</td><td>用户简单性</td><td>用户复杂性</td><td>用户复杂性</td></tr>
<tr><td>人的前提假设</td><td>企业简单性（无员工潜力发挥）</td><td>企业简单性（无员工潜力发挥）</td><td>企业复杂性（员工潜力发挥）</td></tr>
<tr><td>管理框架</td><td>职能</td><td>流程（内部关系）</td><td>功能（职能＋内外关系）</td></tr>
<tr><td colspan="2">效率</td><td>专业化效率</td><td>需求的多样化效率<br>供给的专业化效率</td><td>多样化效率</td></tr>
<tr><td colspan="2">价值区间</td><td>P＝MC（报酬不变、递减）</td><td>P＝AC（规模经济）</td><td>P＝AC（范围经济）</td></tr>
</table>

续 表

| | 管理 1.0 | 管理 2.0 | 管理 3.0 |
|---|---|---|---|
| 主体 | 企业家 | 企业家 | 创客 |
| 群体 | | 企业协调 | 自我管理 |
| 激励 | 保健 | 老板付薪 | 自我激励（用户付薪） |
| 沟通 | 广播模式 | 广播模式 | 交互 |
| 学习 | 培训 | 向领导学习 | 向单学习 |

我们将领导从职能推广为功能后，比较三代管理思想的不同。

先补充一个管理学原来缺失的视角——关系论的视角，即从人单关系（或者说人单合一关系①）角度看原有职能背后存在的反映人的价值潜力的管理要素。

管理 1.0 的领导职能只是原子论职能。管理 1.0 不仅视企业（人）为一简单性系统，而且视顾客（单）也为一简单性系统。简单性范式存在于心物二元，且只有物之一元的系统。这导致它由于范式的先天不足，在原子论的领导职能上，形成两片管理空白，一是企业家精神，二是创造用户背后所指的用户增值。这二者都是不可管理的。如果有，只能归给私域内的个人原因（如天才、非组织行为等）。

管理 2.0 已不再把领导简单视为职能，而意识到其中内在地含有流程协调问题。背景是日式管理已意识到，需求的问题已不再是顾客的问题，而是用户的问题。海尔模式区分顾客与用户，顾客代表的是简单性系统的需求（对应经济学中以“物质欲望”定义的需求），其特点是所有需求都可还原为可批量化的同质需求；用户代表的则是复杂性系统的需求（这样的定义已超出经济学定义，好在管理学天然承认需求可以包含高级需求），这种需求可能仅仅靠职能分工不足以应对，而是需要通过梳理流程，打破在静态需求下形

① 当我们把人单关系说成是人单合一关系时，这里的“合一”，不仅是指供求相等，而且具有心物一元的范式意义。意思是人与单两方面的物的因素（导致边际成本定价的同质化因素，即转移价值的因素）与人的因素（复杂性的、体现人的能动性从而导致双赢的增值的因素，所谓“创造价值”的因素）要合在一起考虑。

成和固化的职能分工，以更好响应这种复杂化的需求。

比较私人部门管理学与公共部门管理学，有一个奇异发现。公共部门管理学之上，还有一门政治学。政治学与行政学的关系，相当于哈佛理论中领导与管理的关系（在一般管理学中，领导职能已被降低为一种操作职能）。前者主方向，后者主操作。但私人部门管理学，实际没有主方向意义上的独立的领导学，来作为管理学的“政治”学。也就是说，管理学天生有一个空白，认为由用户赋予合法性这件事，不是专门之学，只需要归给老板个人发挥即可。这与中世纪政治学只推崇人治，处在同一个水平。

海尔模式实际上第一次从顶层范式上，赋予领导以领导真正的含义，也就是说，领导所决定的方向，不是主观随意的，而是由用户决定的。用户的需求与企业自身的使命，确定了所要创造的价值的内核，这才是领导力的客观来源。它不是领导的个人禀赋，而是可管理的对象。就像选举是可以管理的一样。海尔模式中竞争上岗的过程，就像一场选举。当领导力可管理时，变化就出现了。在管理 3.0 中，领导力不一定非体现在领导身上，也可以体现在员工、创客身上。这表现出管理 3.0 与管理 2.0 迥然有别之处。在管理 3.0 看来，领导不是一种固定在职位上的职能，而只是一个打造合法性的过程，是企业的“立法”功能。创造价值，能者得之，“我的用户我创造”，“我创造，自然就是我领导”。领导的对象也不是员工，而是给管理操作灌注合法性，使手段服务于真正有价值的目的。

管理 2.0 最先是从职能角度，将沟通添加为领导职能，来应对最早期的需求复杂化。由于管理 2.0 仍持心物二元假定，因此设定员工在没有外来激励下，天然是不具主观能动性的。管理 2.0 开始区分领导者与管理者（典型如哈佛的“领导—管理”二分理论）。相当于公共管理中，将政治与行政区分开。但此时的领导者，虽然已被赋予了方向使命，但缺失关系论范式，并没有把领导者如何形成关于方向的判断纳入管理，因此可以认为，管理 2.0 默认领导的头脑是一个黑箱，假定其做出的判断都正确，不像管理 3.0 那样，既要接受员工程序的检验（如让一线人员判断对不对），也需要接受用户程序的检验（如用大数据验证对不对）。沟通只是自上而下进行，是让这些脑子不转动的员工，及时理解领导的意图，将被领导者与领导者的思想统一到组织共同的目标上来。管理 2.0 在企业（人）方面的简单性系统性质表现在，沟通形式上是平等的，但内容上必须是自上而下的，只能是下边统一到上边的判断上，而不可能是上边统一到下边。

随着需求的进一步复杂多变，仅仅靠沟通已无法解决问题。沟通也只是从原子论角度提出的，是要素与要素之间的关系。管理 2.0 的领导实践，已发展出集职能与流程为一体的领导新主张。与管理 1.0 对比，最明显的变化在于把流程再造作为管理中的领导问题提出来。加里·哈默在其中起了很大推动作用。流程再造将关系模式代入了还原论中，但仍留有简单性系统的本质特征，这就是自上而下的领导结构。哈默与钱皮发现："再造从来没有自下而上地发生过"，"只有来自上层的强硬领导才能促使这些人接受再造所带来的变革"。①

从本质上说，管理 2.0 的流程再造，引入了关系模式，但仅仅是在企业内部引入了关系模式，而没有在人单关系之间引入，甚至没有在产业链、价值链水平引入。在人单关系上，流程再造仍然是以企业为中心，而非以用户为中心；仍是串联模式，而非并联模式。突出表现就是，对于像通用、IBM 这样的超大型企业来说，当单过于细碎时，流程再造基本变得无意义，如果需求达到 50 亿美元的规模，为此专门梳理一次流程还划算；但如果都是些个性化定制的单，挣的钱还不如动流程的成本，则流程再造就缺乏意义。

以此可以证明，流程再造存在一个潜台词：以用户为中心是可行的，但前提是这个用户必须以企业为中心，否则恕不奉陪。海尔将用户与终身用户分开，用户是可以用标准化服务来满足的批量用户，而终身用户每一个有每一个不同的情况，他们可以付出高溢价，但并不能保证需求量很大。从理论上说，单的区别，由心物二元还是心物一元这种最抽象的范式界定。心物二元，则必然要把用户个性化这种不随大流的"心"的因素，当作非商业因素，剔除出管理；而心物一元，决定了要把用户中随心所欲，超级"没准"的心的因素（正是它决定了创造用户价值中负责"创造"两个字的体验），当作可管理对象，纳入海尔大规模定制（大规模对应"物"即会计上的边际成本，

---

① 马茨·阿尔维森、休·维尔莫特：《理解管理：一种批判性的导论》，中央编译出版社，2012，第 139—140 页。

定制对应“心”即会计上的溢价）加以“简易”地管理。

同时提出以用户为中心，要不要以非标准的高价值用户（终身用户）为中心，就到了区分管理2.0与管理3.0的时候。

管理3.0超越流程再造，不是从管理的“行政”入手解决问题，而是先端正人单关系。拆除流程再造暗设的企业自我中心假定，将管理中领导问题的中点，移到人与单中间，如果有了德鲁克创造价值的意识（这意味着让心物二元中的心这一元先归正位），再来看看，人单关系可不可以向人这一边或向单这一边移一移，直到可以把员工创造的价值与为终身用户创造的价值对上，把这部分漏失的价值（相当于机会①）找回来。如果将双赢对上，要求不再按流程再造，而按碎片化方式重新再造企业，重塑领导功能框架，那就按照双赢的要求来做。

管理3.0在领导理念上的主要区别在于，第一次从企业自我中心，转向用户观点，将关系论的框架，系统地引入管理框架中，将以职能为中心、以流程为中心的管理，系统地矫正为以人单功能为中心的管理。

在这种管理中，转变的第一个观念就是，用户是领导的观念。用户是领导，不是说用户参与企业管理，直接领导员工，而是说，要把需求决定供给、用户决定企业的逻辑，灌注到领导理念中，把领导视为一个从单到人的价值转化过程，以及这一过程中体现转化方向的功能与能力。实质上，这移除了领导天然正确这一隐含的管理假设，从自以为是，变为自以为非，而以用户为是。

与管理2.0的领导的区别在于，管理3.0将构成领导的合法性来源的用户需求，从不可管理变为可以管理。管理3.0相当于建立了一个领导容错机制。领导犯错不要紧，只要机制足够好，可以让错误的领导随时回到正确轨道上来。这依靠的是，将人单关系纳入领导，从系统功能全面考虑，相对于2.0，等于增加了两个管理程序。一是用户方面的，二是员工方面的。

从用户方面说，如何把用户需求转变为企业的“政治正确”这种合法性资源，需要系统的管理。

① 机会在此可理解为企业家精神所要把握的对象，当然，不一定只能是由企业家来把握，也可以由创客来把握。

从员工方面说，员工也不能闲着，也要考虑领导的事。在管理3.0中，员工不是劳动力，而是创客（知本家），多出（高出）的部分（对应创造性价值的）就是构成企业合法性来源的价值，即基于用户的“政治正确”（这是过去在领导黑箱中决定的方向中，变化不定的部分）；且员工还有另一方面的“领导”功能，即在管理2.0中本应由领导自上而下激发的部分，包括由自下而上的自激励而生的创造性，特别是源于员工自身差异化禀赋，可以为企业带来差异化增值的能力。

## 4.1　激励：自我激励

海尔模式的激励机制与众不同，是一种完全的自我激励。第一次将用户引入了企业管理的动力系统，以用户付薪为动力来源；第一次将产权激励的重心，放在责权利合约上，这突破了以往管理难以实现“人的价值第一”的制度瓶颈。以“对赌”为形式的合约，将雇佣关系转变为合伙人关系，从而将制度聚焦点从股东价值第一，转向了最大限度创造用户价值和利益攸关方价值（包括创客、小微价值与生态价值）。

激励系统是一个组织的发动机系统，解决动力问题。

海尔的动力系统采用的是自驱动机制，通过放三权来实现员工自我激励，创业者（员工）可享有用人权、分配权和决策权。从内生关系视角看激励，能产生用户付酬的激励思路。而仅从顾客角度看激励，则只能认识到老板付薪，但老板能否认识和满足用户需求，从而能否发得出薪水，这一点外生于管理范围。

而且，海尔模式不是企业激励员工，而是创客自我激励，企业只是疏通用户激励的通道，实现用户付酬，从而实现自我激励。

### 4.1.1　什么是激励：将用户引入动力系统

罗宾斯没有明确给出激励的定义。根据莱斯利·W. 鲁和劳埃德·L. 拜厄斯的定义，激励（Motivation）包含三层含义：一是激励涉及刺激人的行为的活动；二是激励涉及引导人的行为至特定目标；三是激励涉及使这些行为持续下去的方法[①]。一般分析激励的方法（包括罗宾斯采用的方法）是建立需求、动机、目标之间的因果联系。可以认为是通过满足对象动机，而引导对象达到组织目标的行为。

一方面，对于管理1.0、管理2.0来说，激励一般是指员工激励，不包括企业家精神（企业家的自我激励）。但管理3.0以网络为边界，激励的对象不光是员工，而且是创客。创客是指需要高成就需求的员工，其在某种意义上不再是劳动力，而是创造价值的主体，所以可以用分成方式作为激励手段。另一方面，组织目标在管理3.0中不等于领导直接设定的目标，而应理解为迫使领导不得不如此设定目标的用户需求。当领导设置的目标与用户需求不一致时，领导的目标与组织的目标是存在矛盾的。只有当二者一致时，领导的目标才是组织真正的目标。从这个意义上说，以用户需求定义组织目标不会错误，而以领导设立组织目标可能会犯错误。在激励机制上，管理3.0更看中用背后决定组织目标的用户需求，作为激励员工的源头。把报酬认定为用户付出的肯定，而非领导付出的肯定。

表4-2系统比较了管理3.0与管理1.0、管理2.0激励方面的差异所在。

**表4-2　　　　领导功能比较分表：激励**

| | 管理1.0 | 管理2.0 | 管理3.0 |
|---|---|---|---|
| 管理范式效率特征 | 专业化有效率<br>复杂性无效率 | 专业化有效率<br>复杂性供给无效率 | 复杂性有效率 |
| 激励对象 | 员工 | 员工 | 作为创客的员工、小微主 |
| 需求 | 物质需求 | 社会需求 | 心理需求 |
| 动机 | 保健因素 | 发展 | 自我实现 |
| 目标 | 养家糊口 | 为老板赚钱，获得体面收入 | 创造自身价值 |
| 回报（强化物） | 老板付薪 | 老板付薪 | 用户付薪（分成） |
| 手段 | 物质刺激 | 领导培养提高员工 | 放三权 |

① 莱斯利·W. 鲁、劳埃德·L. 拜厄斯：《管理学：技能与应用》，北京大学出版社，2013，第282页。

在管理1.0、管理2.0中，激励是领导职能的一个重要方面，由原子论设定决定，激励是自上而下单方面进行的。管理3.0的一个主要改变，是将管理框架经过加入关系，从职能调整为功能，将激励由职能变为过程与能力。理解这种转变的前提，是先加入人单关系这个视角。从人单关系看激励，激励不再是领导将自己的意志、目标强加于员工，让员工从动机上“自觉”接受的过程，而是应将这种意志、目标进一步向前梳理，厘清它是从哪里来的，与员工动机合拍的基础如何建立。我们可以把这个过程分解为两步，第一步是前向过程，是用户激发领导（这一过程不在管理1.0、管理2.0的控制程序中）。第二步是后向过程，是领导激励员工（这是管理1.0、管理2.0的程序）。如果把这两个过程按人单对等关系理顺为一个过程，就会发现，要先激发领导，再由领导来激励员工，这不是绝对必要的。如果用户可以直接激活员工，则领导这个中间环节就可以省去。

实际上，领导对于企业来说真正不可缺少的是价值观、文化和战略，并以此统一上级与下级的认识和行动。对海尔来说，要把认识和行动统一到双赢上来。这是相对于其他传统中国制造企业统一到零利润条件下的投机上而言的。价值观与文化明确后，原有激励中的相当大比重的问题，可以通过梳理人单关系来直接实现。例如用户付薪，这与员工自定薪酬结合起来，就形成自激励的闭环。在这里，要梳理的不是企业内部流程，而是人与单之间的流程。从某种意义上来说，管理3.0进行的也可以说是一场人单流程再造。

上升到理论来看，这对应第三代系统论中的第四个特征“无输入与输出”①，指激励与激励的生成是在一个闭环中完成的，不需要系统之外额外再注入激励。河本英夫指出：“自生系统是一种可以自己对自己进行规定的系统。有机体通过反复产出自身的构成要素进行自维持。”② 这好比细胞新陈代谢是自生的，不需要额外的医疗器械帮助。至于营养，并不是激励，只是经过新陈代谢通道的过客。又好比汽车不是自生系统，其系统虽然可以自我运

① 河本英夫：《第三代系统：自生系统论》，中央编译出版社，2016，第106页。

② 同上书，第108页。

转，但部件损失时不能自己生成备用部件，因此它不是有机体。自生系统必须有自我修复功能模块，使功能自我维持。

海尔模式中的用户付薪，代表着一个自生系统。用户付的“薪”本身，只是激励物，而并不是激励机制。

海尔模式中的关差，大部分属于运营控制，但有一个功能是属于激励环节的。这就是通过关差，自动梳理出激励生成与激励兑现之间的差距，实现信息对称。在管理1.0、管理2.0中都没有这个管理程序，付出的代价是，员工明明没有迎合用户需求却不自知（也可能只是做出了努力，但没有效果），但员工并不反思自己，而去要求老板向他们兑付并不存在的业绩报酬。其中的逻辑一旦固化，形成制度，就会成为一种工业病。例如，通用公司原有的制度中，员工无论是否有功劳，只要凭借苦劳，就可以定期提高工资。这时的激励与激励源（用户需求）之间的关系，就是断的，就只有粒（只有要素自己为自己找的道理），没有波（没有市场客观效果的检验），不符合量子管理的关系论逻辑。

### 4.1.2 员工激励：创客所有制与对赌合约机制

海尔模式中的员工激励机制主要通过创客所有制实现，创客所有制在合伙人之间建立分成合约，称为“对赌”。即合约双方围绕分成比例，进行立约，规定双方责权利。

在罗宾斯的《管理学》中，“当代”员工的激励问题，主要是“理解和预测员工动机”这一主线受到的新因素的影响，包括“从严峻的经济形势下开展激励”“管理跨文化激励的挑战”“激励独特的员工队伍”“设计合适的奖励机制”等治理工作。这些问题的提出，显得一地鸡毛，治标不治本，是因为都建立在公平与效率不相容这个“本”（机制）之上，管理3.0则抓住一条变革的总线索，即公平与效率的统一这个本①，进行气魄非凡的跨所有制治理，提出了以创客所有制为代表的新产权理论。

传统管理学结构上的一个重要缺陷，是没有产权理论这一章。这是因为，

① 姜奇平：《分享经济：垄断竞争政治经济学》，清华大学出版社，2016，第419页。

传统管理学讨论的对象是企业内部组织关系，是企业领导与员工的关系。产权理论更多讨论的是企业领导与领导之间的财产归属关系，顶多包括企业领导中老板对经理的委托代理关系。而对企业领导与员工来说，产权是默认的，只有一种形式即雇佣制关系，是资本家雇佣员工。但管理3.0面对切切实实的产权创新形势，而且全是传统盲区上的问题，一是支配权与使用权分离，二是合伙制。这两点决定性地影响了产权中的激励机制，并使之发生了根本性变化。在这一背景下理解海尔的创客所有制，就具有管理学基础理论上的特别含义。

创客所有制是张瑞敏提出并付诸实践的，其理论本质在于突破了员工是劳动力这个假设，改变为人是创客（劳动者），“创客 = 劳动力 + 创造者”。劳动者与劳动力的区别在于，劳动力是简单性的人，只拿工资；劳动者是创造性的人，可以在工资之上分成（分双赢之成）。过去的逻辑是，员工不掌握资本，何谈分成。分成则意味着，把员工视为资本，这是人的解放的必然推论。人的潜力释放，表现在员工身上，就是把员工具有的内在资本潜力，彻底释放出来。企业的使命变成塑造人，具体来说，在于把员工成批地再造为企业家。这是管理学说史上从来没有听说过的事情，可以说是壮举。

案例4－1－1

### 泰勒迷上社群App，打工变创业①

首创中心（First Build）已经成为行业的样板，不少竞品也开始模仿首创中心。泰勒原本是首创中心的一名创客。在首创中心迅速发展引领行业的时候，泰勒也发现了更多的潜在需求。

在CES展上，泰勒在各个展区来回穿梭，因为他要去和用户、资源方不断地交互。之所以这样，是因为他要展示的产品就是手机里面的社群App。

这个社群App是围绕企业设计研发打造的一个创新社群生态圈。泰勒在开始的交互中发现还有更多企业有设计研发方案不引领的痛点，特别是中小

① 王琦、李云：《泰勒：发现需求，打工变创业》，《海尔人报》，2018年1月17日。

企业。而首创中心目前的发展还不能完全满足中小企业的需求。

泰勒决定通过整合大众创新资源，做出引领的技术解决方案，针对不同的企业设计研发服务，而不仅仅针对家电。

泰勒说："现在已经有七家企业向我们表露了合作意向，要在我们的平台上发布设计研发悬赏令，这是一个好的开始。"

在这个案例中，创客泰勒的社群 App 不是老板的，而是自己的。他在分享使用首创中心这个平台的固定成本基础上，开发出自己的创业产品社群 App，从打工者变为创业者。

#### 4.1.2.1 分享资源成为替代拥有权的激励源

海尔的产权激励与众不同，重心不是拥有权（Ownership）激励，而是使用权激励。

创客所有制被称为"互联网时代的'联产承包责任制'"[①]。联产承包责任制的实质是以使用权为中心的产权制度，它的重心不在拥有权的变更，而在资本使用的优化，具体体现在围绕使用权的责权利安排上。使用权在联产承包责任制中被称为"经营权"，它包括"权"（资本经营决策）——落实在决策权上的资本使用权利，"责"（资本经营责任）——对资本使用后果承担责任，"利"（资本经营所得）——落实为剩余分成权的与资本使用对应的分配权。

管理 1.0、管理 2.0 隐含的产权制度，都以拥有权为中心，管理 3.0 隐含的产权制度却是以使用权为核心。现代产权制度与联产承包责任制的区别，也主要在拥有权与使用权的不同。拥有权对于资本最关注的是买卖的权利，围绕交易来思考一切经营问题；使用权对于资本最关注的是利用的权利，一旦可能，采用外包、共享等方式，都是可以考虑的。

传统管理学，包括管理 1.0、管理 2.0 的产权基础，都是拥有权与使用权一体化，围绕拥有权设计激励机制。而网络时代的分享经济，无论是外包（外部分享使用权）与创客（内部分享使用权），都是以使用权为中心设计激

① 林志贤：《新海尔模式：制造业互联网再革命》，企业管理出版社，2017，第 123 页。

励机制。我们可以把前者称为现代产权制度（或“不现代”产权制度）；把后者称为新产权制度，它是更加现代的产权制度。二者之间，存在雇佣制与分成制的区别①。

案例 4－1－2

## 平台分成低为何不吃亏②

合伙人公司有了，服务商们也转型做了平台商，既然是平台就要承担平台应有的作用。2017 年的一场周三小微 Workshop 互动会上，孙坤向张首席汇报了合伙人公司的想法，当时张首席问了孙坤一个问题：“你这个平台，怎么能做到让服务兵蜂拥而至?”

当下行业内的售后服务青黄不接，技术好的服务兵到处找待遇高的去处，年轻一代的服务兵觉得没有职业尊严，所以提高服务兵的收入和职业尊严是关键。

通过与平台主任贤全的互动，孙坤想到了能让服务兵也做合伙人的流动服务站。所谓的流动服务站就是孙坤为服务兵定制的商务货车，服务兵需要购买车辆带车加入，为了减轻服务兵的负担，孙坤找到创客贷，给服务兵提供低利率的购车贷款，只要预付定金即可向厂家订车，还完车贷，车的归属权就是服务兵的。同时，为了让服务兵干得起劲，孙坤改变了服务兵的收入机制，以前是服务商给服务兵发工资，五五分成，现在是服务兵给服务商交二成平台费，其他收入全归服务兵。

虽然看上去服务商们拿的提成少了，但是张才自己算了笔账：首先，平台的服务兵数量从 5 个变成 60 多个，他拿到的分成并不少；其次，服务商的收入直接与用户评价挂钩，评价低收入打折，评价高则有系数加倍奖励。经过近一年的运营，张才的合伙人公司收入 600 万元，今年他的目标是 1800 万元。“现在别的服务商都说我是他们的样板，要向我学习呢。”

张才是陈钱所在江西鑫海顺星级服务站的合伙人之一，他也是从服务兵

---

① 姜奇平：《分享经济：垄断竞争政治经济学》，清华大学出版社，2016，第 351 页。

② 林沁：《从非典型服务兵看三个人的自信》，《海尔人报》，2018 年 1 月 17 日。

做起的，2013 年前后从服务商胡老板手中接手了正茂电器服务网点，做了没多久还是决定在 2015 年年底解散：“工资都发不出来，我也和师傅们说做完今年不做了。”

转机发生在遇到服务兵创业小微主孙坤后。当孙坤说起合伙人公司机制的想法后，他觉得网点合并后，房租成本、人力管理成本都可以降低，立马和孙坤提出要做第一个抢入的合伙人，并在 2016 年 5 月成立了江西鑫海顺星级服务站。

因为是服务兵起家，张才深知服务兵的不易。他租下了一个三层小楼，一层是放置货物的仓库，二层、三层是餐厅和宿舍，免费提供吃住。当张才在朋友圈发了星级服务站成立的消息后，已经辞职的服务兵们立即给张才打了电话，表示要回来继续工作，G 品牌、M 品牌等竞品的售后服务人员也纷纷前来应聘。不过张才也有自己的标准，现在合伙人公司里有 60 多个服务兵，但是只有 22 个四星级以上的服务兵才有资格做流动服务站，其他未达标的要先提升自己的服务质量。

在这个案例中，合伙制的优势在于分摊固定成本，实现报酬递增。对员工来说，分成制带来两个优势，一是收入从拿工资水平上升到像老板那样分成的水平；二是职业尊严的提高，满足了员工更高水平的需求。

从合约角度看，以“员工创客化”为定位的小微机制是一种合伙制。海尔将小微称为“动态合伙人”。在海尔组织架构中，平台主（平台企业主体）、小微主（增值应用企业主体）和创客（员工）之间，不是领导与被领导关系，而是合伙人关系。其中，把员工改变为创客，就是把员工从被领导者、受雇者，变为合伙人。

张瑞敏指出，员工要从被雇用者转变成动态合伙人，薪酬分配是其中的关键。他说：“企业不再给员工薪酬，一定要从创造的用户价值当中得到，得不到你就离开。”

海尔为此建立了创客薪酬平台，创客的薪酬由用户说了算。张瑞敏解释创客薪酬的付法，一种叫“超利分享”，超过的利润可以分享；另一种就是加入一定的股份，按照股份来分配。

#### 4.1.2.2 小微成为平台的合伙人

传统管理学，包括管理1.0、管理2.0，在企业内部关系上，都在支配权名下，以雇佣制为前提分配劳资关系。在这一制度下，员工不具备成为CEO的产权基础，因为其不可能得到资本的回报。员工持股，持有期权，都是在支配权上把资本当作激励员工的手段。所谓现代企业制度，也只是在雇佣制前提下讨论企业拥有者与经理人之间的关系。但是，管理3.0的产权，本质上是一种合伙制。与雇佣制的最大区别在于，劳资都可以获得资本收入，员工可以在产权制度保护下合理分红。其产权根据在于，员工是以创造经济利润的行为，体现出人力资本，而非仅仅是劳动力的价值，这为双赢奠定了产权保障。

在海尔，平台孵化小微一共有四种模式。

第一种模式是员工辞职，独立开公司，与平台的关系是公司对公司的关系。具体来说是平台公司+员工公司。

第二种模式是企业内部平台模式，由主体企业原来的产品延伸出来的子公司，由企业员工创办。

第三种模式是众筹孵化模式，吸引社会上的外部资源，一起筹资，成立公司。特点是，人是主体公司的，资源是外部的。

第四种模式是生态小微模式，由社会上的创客进入海尔平台，共享主体企业资源。特点是，人是外部的，平台资源是主体企业的。

作为增值应用企业，小微要去工商局登记注册，然后找外部投资（如风投）。主体企业也要共同投资，小微公司的总经理、员工或创客要跟投。风投、海尔和员工通过股权绑定在一起，共同使用海尔的用户资源或小微吸引来的外部资源，利益共享，风险共担。

案例4－1－3

### 合伙人制让交易额超传统电商10％[①]

截至2018年2月底，平度900多个百户以上的行政村，已有触点552个，

① 万巨超：《交易额超传统电商10％背后》，《海尔人报》，2018年3月7日。

其中136个已发展为网店主。整个平度月交易额超越当地农村淘宝10%还多，而触点数量更是对方的7倍。

作为套圈传统农村电商样板，健康水站靠的是机制驱动。在原有的县域合作伙伴中，抢出核心服务商，其中承接的一个单就是在触点数量和平台交易额上都超越农村电商。平度售后服务网点老板郭兴华抢入，并为此扩建了仓库，新招了人手。“原本我就考虑转型，不能单靠售后服务，现在看平台提供的健康饮水解决方案、日化、光伏等，都是针对农民需求的，农村社群的路子前景非常好，所以主动抢入。”

对于核心运营商，平台给予订单归集等政策支持，但是也相应需要运营商进行升级，以完成触点数量扩展及质量提升的目标，对于考核不达标的运营商将取消核心资格，而超越目标的，则给予正向激励。

小微主宫钦玉介绍，为了更好地运营农村触点，平台探索出镇级合伙人机制，平度辖区选出运营成绩较好的14位小顺管家，发展为镇级合伙人，同和街道振华里的陈美霞就是其中之一。她所在辖区的村民在平台产生交易，她都可以享受佣金。同时，只要运营达标，每月还可以从平台得到一定激励。为此，她的积极性空前提高，和周边村里的小顺管家整天都在群里互动，以求带动全镇的小顺管家升级。成为镇级合伙人，她估算着一年还能多赚一万元。

#### 4.1.2.3 对赌：通过合约来分成的机制

海尔的分成制，主要是主体企业与小微之间分成，主体企业是平台，小微是增值应用企业。平台为小微提供企业资源作为整个网络生态的固定成本（重资产），让小微轻资产运作。这种固定成本分摊过程，海尔称之为孵化。

哈特的“不完全契约理论”认为不可能对每一个人都建立一个契约。这是因为每一个人对应的是资源的使用，传统契约针对的是资源的拥有。同一个拥有可能对应无数的使用，无法一一立约。但在人单合一模式下，海尔的创客所有制是对所有人的，它针对的是使用资源建立临时契约。每个人的价值与其创造的用户价值，以单为单位，是“合一”的。

以单为单位的合约，称为对赌。这一合约的性质实质是平等的合伙人之间在风险与收益之间进行权衡。谁承担高风险，谁就得到高收益。高收益体现在高比例的分成中，这极大调动了创客的积极性。

案例 4 –1 –4

## 对赌机制让小微自我驱动提高目标[①]

最近，英国小微实现了近 50% 的增长，是欧洲 8 个小微中增长最快的一个，最根本的是机制变化。从 2017 年下半年开始，英国小微对赌当地的引领目标，如果目标完成得好，可以拿超额的奖金，如果离目标完成有差距，奖金也会受到影响。

在过去，这种操作几乎不可能，因为当地法律不允许，然而英国小微对机制进行创新，目的不是罚大家的钱，而是鼓励大家创造更多价值，实现超利分享。

看到英国小微在机制的驱动下发生的变化，法国小微也开始申请执行对赌超利分享的机制。

案例 4 –1 –5

## 对赌合约驱动高飞上进[②]

高飞是一名海尔家电服务管家，来上海已经很多年了，虽然工作很努力，但是收入与上海的高消费比起来还是差很多。高飞不止一次有过离开上海回老家的想法，可是出来闯荡这么多年了，就这样认输，他多少有点不甘心。

2017 年，高飞所在的服务网点开始推行流动服务站，他抱着试试看的心态率先抢入了流动服务站。为了能抢更多的单，高飞还自己学习其他产品的知识，提升自己的全套服务能力。使他如此努力的原因不是别的，就是因为

---

① 李云：《用户、客户、创客：欧洲创牌路上的三类人》，《海尔人报》，2018 年 5 月 2 日。

② 刘翠翠：《一个流动服务站就是一个流动的创业站》，《海尔人报》，2018 年 3 月 21 日。

他和网点老板的对赌分成从五五提升到了七三，而他需要付出的就是自己投资加盟流动服务站。当然每个站都是一个流动服务的小网点，流动网点归属高飞本人。

为了减轻高飞作为家电服务管家的压力，用户口碑平台并联金控平台为他们提供了低利率的创客贷。每月实际收入减去还贷的钱，还能剩下不少。为了挣更多的钱，高飞更加注重用户的评价，其服务满意度也随之提升。

### 4.1.3 激励用户：激发乘数效应

张瑞敏在《中国式管理的三个终极性难题》中说："所谓的商业模式不管怎么说就是一条，能不能创造用户价值。如果说你能够创造用户价值，能够体现用户价值，这个商业模式就是对的了。"

这里谈的创造用户价值，实现方式就是把正三角结构，改为倒三角结构，要点是速度。速度是互联网时代的"时代"性所在。之所以要改正三角结构，是因为用户需求变化速度太快，按正三角结构，层层向上汇报，等上边指示下来再响应，就来不及了。所以，要变为倒三角结构，意图是让直接接触用户的员工第一时间进行决策，以响应用户的需求。

这里的创造用户价值有所特指。海尔创造用户价值的长项，就在快速满足用户多变的需求上。速度是动量（势能），快速本身就是一种重要的服务价值，适应的是"从制造的企业转化成为服务型的企业"。那么，快速的价值何在呢？快速等于多变，多变就直接等于多品种，多品种的价值比不快、不变、单一品种的价值，高出一个 AC-MC（平均成本减边际成本）的均衡量值。这就是其基本面价值所在。这是生产方式转变背后带来的价值。张瑞敏准确指出了这种内在联系："在大规模定制时，虽然是大规模，但是要定制很多型号的产品，这对中国企业来讲是非常大的挑战。"我们用低成本差异化，来概括这种生产方式，以及与这种生产方式对应的生活方式。张瑞敏则直接引用《长尾理论》的话说："在信息化时代，每个企业应该是以低成本提供高质量产品，高质量地帮助用户找到它。"这里的高质量，都是指具有较高的质的差异性，这里的质都是由用户定义的。如张瑞敏所说，"广义的质量是达到用户要求"。

创造用户价值还有一个含义，就是用户要求一旦提高，企业也要不断提高。

“用户的要求是在不断变化，不断提高的。”“我们今天满足他们的要求了，明天他们会提出新的要求，因此我们就必须不断提高我们自己。”张瑞敏说，“简单一句话概括，满足用户不断增长的要求，使他们不断获得满意的服务。”

创造用户价值的第三个含义是创造用户，即发现、实现用户自己都没有讲出来的、潜在的、对美好生活的体验。张瑞敏要求：“提出为用户创造需求，满足用户潜在的需求。”①

用户要求不断提高，与人均收入提高有内在联系。收入越高，可自由支配收入占比越高。用户这时的需求，会沿着马斯洛理论提出的需求顺序，从低向高升级。这是传统管理理论的一个盲区，管理1.0、管理2.0理论，不会解释迪士尼、乔布斯等高体验商业的需求规律，认为这是天才的事情，管理学不管天才的事。张瑞敏的用户乘数理论，科学地指出了这种需求升级的方向与规律。

在管理实践中，用户说不出自己的高级需求、高价值需求、高附加值需求怎么办？海尔的办法是，第一，变交易为交互，通过有温度的交互，让心理需求这种不同于物质需求的需求显形。第二，让所有一线员工参与创造用户。张瑞敏指出：“所有的一线员工都可以创造用户需求，这是现在发展的一种方向。”② 第三，通过物联网，构建一个大数据条件下的用户终身需求的上下文环境，用需求工程的方式把高级需求、像资本一样可增值的需求，系统地发掘出来，并加以满足。第四，创造用户参与的条件，在产消合一中，让用户自己创造，这时用户的劳动就成为其最大的享受，这成为最高意义上的创造用户价值——把用户塑造为自我实现并乐在其中的人。

## 4.2　沟通：在交互中实现共创共赢

海尔称沟通为交互，重点从传统管理学的领导与员工沟通，转向员工与用户沟通。同是凝聚对目标的共识，传统沟通要把员工统一到领导的目标（通常是工具理性目标）上，而海尔强调“有温度的交互”，这个温度是相对

① 文正欣：《张瑞敏谈战略与管理》，海天出版社，2011，第245页。

② 同上书，第238页。

于“人的价值第一”的。一方面在温度中体现用户方的价值，另一方面体现企业（包括创客、小微与平台）与生态合作者自身的价值。

沟通是领导功能下的三大分支（激励、沟通、服务）之一。管理3.0改写了传统沟通框架。传统管理学的沟通部分，只集中于企业内部沟通（领导与员工之间的沟通）。而海尔的管理学，沟通部分扩展为合作者沟通（包括内部沟通与外部沟通）和用户沟通，即互动两大块。

表4－3系统比较了管理3.0与管理1.0、管理2.0沟通方面的差异所在。

**表4－3　　领导功能比较分表：沟通**

| | 管理1.0 | 管理2.0 | 管理3.0 |
|---|---|---|---|
| 管理范式效率特征 | 专业化有效率<br>多样化无效率 | 专业化有效率<br>多样化供给无效率 | 专业化有效率且多样化有效率 |
| 沟通的关系定位 | 无 | 无 | 人与单互动确定意义 |
| 沟通的用户定位 | 无 | 无（只表达领导认同的意义，无论正确与否） | 企业目标是用户网络的意义表达 |
| 沟通的创客定位 | 无 | 无 | 创客目标纳入组织体系 |
| 沟通的功能 | 理解命令 | 理解作为“圣贤”的领导的意旨，达到一致 | 取得各方意义认同 |
| 平台内容 | 无平台 | 对产品进行交易 | 对体验进行交互 |
| 沟通对象：员工 | 自上而下命令员工 | 自上而下与员工沟通 | 员工与领导互动 |
| 沟通对象：用户 | 无 | 与顾客交易（无温度）<br>客户关系管理（CRM） | 与用户交互（有温度）<br>创造用户终身价值 |
| 沟通对象：合作者 | 无 | 无 | 与合作者沟通（基于资源共享、利益共赢） |
| 文化的沟通作用 | 控制作用（使服从形成习惯） | 组织作用（集中化，避免一盘散沙） | 实现共同而潜在的认同，使冲突自我消弭 |

沟通的定位在于意义的理解与阐释，是领导功能的意义环节，意义涉及领导目的（即组织目标，如创造价值）背后的目的（创造价值为了什么）。

这样一看，沟通功能与沟通职能就有了明显区别。

沟通职能的出发点是领导者这个节点，领导者要使组织目标得到组织成员的理解与认同。当把沟通理解为一项职能时，它主要起到四种作用，即控制、激励、情绪表达和信息提供。围绕的核心是上情下达，下情上达。这只是人单关系这件事情的后半截，但如果把沟通理解为一种结构功能，尤其是纵贯人单关系过程的行为时，就会发现，更重要的沟通是管理学没有提及的人与单（用户）之间的互动。这种互动与交易不同，是有“温度”的沟通。沟通功能说的是，事情后半截与前半截的关联。即人单关系，因此，一方面要与员工沟通，另一方面要与用户沟通。将人与单联结在一起，围绕双赢价值达成意义认同，沟通才能真的有效。

管理1.0、管理2.0从领导角度理解沟通，当作自上而下传递信息，令下级接受。而管理3.0从用户的角度理解沟通，认为沟通中待理解的目标是用户网络的意义表达。如今，海尔的管理及沟通理念里都是交互，这就是与用户沟通，从用户那里得到什么是有意义的目标的信息。

这是管理学的一场革命，相当于法国结构主义理论家罗兰·巴特说的“作者已死”的结构功能说。“作者已死”是一种阐释理论，说的是内容生产者的文本，不再作为确定意义的根据，而内容消费者（读者）才是确定意义的根据。作品的意义不是由作者阐释，而是由读者阐释。移到管理沟通上来，产品所反映的企业目标，不应由企业领导确定，而应由用户确定。沟通的本质在于让用户成为阐释意义（企业目标）的主体，企业围绕这个意义达成共识。

管理3.0的另一个特别之处在于其沟通还有一个创客视角。其作用在企业外部沟通中明显地体现出来，表现为围绕用户一致性而展开的生态圈沟通。

### 4.2.1　生态化的双赢文化

内部沟通包含两个主要方面：一是组织沟通；二是文化沟通。

谈海尔模式的书，几乎从来不谈沟通这个主题，这是有道理的。因为，海尔从来不把管理的重点，放在内部人际关系处理意义上的“沟通”上。对于海尔来说，如果有内部沟通，主要的就是文化沟通。文化是组织自身的意义认同，是对价值之上的意义的感性共识。

文化是指组织共同拥有的价值观与态度，“这些价值观和态度塑造了他们的行为以及他们对‘什么非常重要’的观念”①。

文化是体现于感性行为中的理性，是人们凭感觉做出理智选择的能力，是通过非成文的习惯做出的与成文制度相一致的努力。对于领导来说，就是不直接通过领导明示而符合领导意图的能力，包括关于什么是适宜的判断力与执行力。对海尔来说，把创造价值作为行为默认选项，就是它的文化。当文化与理性、成文制度、明示不一致时，它是能实际决定人的行为的内因。而当员工的文化与领导的文化、公司的制度不一致时，往往导致产生高的摩擦费用。

文化如何纳入管理，是管理学的新课题。学习型组织和知识管理提供了管理文化的新的思维。管理者需要文化智能，而文化智能的问题，不光是跨文化的问题，而且是实质性的价值选择问题。管理 1.0、管理 2.0 所管理的文化，可以跨文化，却不能跨价值观，不能在人单之间进行跨文化管理。

海尔文化是人的文化，体现在其核心价值观中对人的价值的理解上。张瑞敏说：“我始终坚持认为，管理者管的不是资产，管的是人。人才是最有价值的。资产不可能自我增值，但是你又想让它增值，就得靠人。企业的‘企’字上面的‘人’去掉了，就是止步的‘止’。”

这里的人，与一般理解的人相比，多了一个增值的含义，代表着对人的一种认识，例如人的本质及其存在的意义在于创造、创新。之所以可以如此理解，是要注意这句话：“资产不可能自我增值”，这是熊彼特创新理论的典型观点。因此，说海尔文化是人的文化，是非常确切的。展开说，人的文化是指以创造、创新为意义所在的人的文化。德鲁克倡导管理发挥人的潜力，这个潜力，也是在说价值创造，但这个价值创造，不是指物质资本投入带来的经济的循环流转，而是人之为人所特有的品质，即创新和创造。因此，理解海尔文化，就要在理论范式从物质投入驱动转向创新范式这个高度来理解。张瑞敏曾明确指出：“以人为本的管理就是管理人员的创新精神。”

海尔这种创造、创新的文化，还有一个鲜明的指向性，就是以用户为中心。张瑞敏说：“海尔人不变的基因就是自以为非，永远以用户为是，以自己

---

① 罗宾斯、库尔特：《管理学（第 13 版）》，中国人民大学出版社，2017，第 100 页。

为非。”这种以用户为是，以自己为非的价值观，“是生存和发展的基本前提”“以自己的昨天为非，以自己的成功为非”，不断超越自我[①]。

双赢是对这种特定含义的人的两翼的展开：一翼是为用户创造价值（用户至上），体现为创新；另一翼是为企业创造价值，包括为企业中的创客创造价值，如创业（员工至上）为企业本身创造价值，以及为企业的外部合作者创造价值（如帮助用户赚钱），因此也称为“共赢”。这是对德鲁克管理思想的延续。德鲁克管理思想对海尔模式的影响也体现在双赢文化上。德鲁克非常强调用户，认为企业的最终目的就是创造顾客；德鲁克也非常强调员工的主动性和积极性，海尔提出员工创客化，就意在通过管理解放人。

案例 4-2-1

## 以用户满意为内部沟通基础[②]

合肥洗衣机工厂质量平台得到质量零缺陷奖，是因为小微一开始就把目标锁定为零瑕疵。

2017 年 2 月，全自动二线转型成为卡萨帝二线。起初，因为操作不熟练，一天只能生产 200 台，再加上零瑕疵的高标准，经过质检后合格率只有 50%，员工没少抱怨。

王自强细心观察这条线上的每个员工，及时与他们沟通交流在生产过程中遇到的问题，员工也会及时将问题反馈到“员工之家”微信群，问题涉及的班组长、线体长或者平台主，都要即时作出反馈，并一一解决。

更重要的是，零瑕疵来源于与用户互联。王自强要求在每个节假日，工厂创客和家人逛街游玩时，也要在市场收集直销员和用户对产品的意见。直接与用户交流。如洗衣机衔接缝隙、色差等，虽然符合国家标准和企业标准，但在用户眼中就是问题和意见。认识到帮助用户解决问题与自身直接相关，有助于达成共识。

---

① 张瑞敏：《自以为非：海尔人不变的文化基因》，《海尔人报》，2011 年 7 月 6 日。

② 佚名：《王自强：不是零缺陷，是零瑕疵》，《海尔人报》，2018 年 2 月 7 日。

在这个案例中，沟通达成共识的基础在于用户，即使国家标准通过了，用户通不过，也是白费功夫。这一点想通了，就没有什么可抱怨的了。

### 4.2.2 企业外部沟通与生态圈共赢

如今，因为生态圈的出现，产生了企业外部沟通问题。这是传统管理学没遇到过的问题。以往的企业间交往，主要是交易关系。交易没有沟通问题，主要在于沟通是理解与阐释。沟通的“单位”是意义，而交易的沟通单位是货币，货币没有需要阐释与理解的背后语义。

企业外部沟通与谈判不同，核心是双方对文化的认同。例如，如果双方认同双赢文化，就可能产生合作博弈，而如果认同的是竞争文化，可能产生的就是零和博弈，在有利益合作的地方却产生不了合作。

海尔要求根据“一致性”原则进行生态圈沟通。张瑞敏提出了“一致性经济”这个新概念。一致性具体是指：用户会有很多需求，不可能自己去找每一个需求的提供方，能否有一个企业牵头，可以一次性满足用户的多种需求？

企业、小微主与外部企业进行资源合作时，要有一个说法，才能走到一起来。合作的性质是资源的相互“借用”。不是拥有权合并（如购并），因此不能像吃休克鱼那样，派文化中心进驻对方企业。双方核心价值观相同当然更好，如果不同，就需要有一个达成合作共识的最低限度的沟通基础。这个沟通基础，就是“一致性”（准确说叫用户一致性）。

在电子政务里，一致性叫“一个窗口办公”。用户找到一个窗口，就把事情全办了，不必分头去一个部门一个部门跑。企业也是一样，用户要的是整体解决方案。至于这个方案涉及多少个厂家，这不是他们感兴趣的，用户只是出于无奈，才会一个产品一个产品地买，然后回家按自己的需求组合成一个统一的方案。

管理2.0有时也强调整体解决方案，尤其涉及大客户时，可以通过流程再造和服务化升级，为顾客提供一个具有需求一致性的解决方案。我国的软件业就是典型，排在软件业排行榜前列的公司，几乎没有一家是软件公司，都是系统集成商。但用户要的不是一个个软件，因为他们最怕的是软件之间不兼容，相互打架。单独的一个软件，性能再好，也可能因为兼容的问题而被人丢弃不用。

软件如此，产品、服务和体验也是如此。管理 3.0 与管理 2.0 的区别在于三点。第一，管理 2.0 是在企业内部完成整体解决方案，而管理 3.0 要求在企业之间形成整体解决方案，管理 2.0 借助的主要是企业内部沟通，而管理 3.0 要靠企业外部沟通。第二，管理 2.0 通过专门的流程来处理系统集成，为此往往要进行全产业链的整合，而管理 3.0 更多依靠平台。海尔称这种平台为社群生态圈的触点网络，其最大特点是有温度，因为每个触点网络都设了小管家这种机制，不仅与用户做交易（金钱交易），更主要是进行交互（情感交流），以感知用户体验的机制，来作为设计整体解决方案的依据。第三，管理 2.0 自上而下地做方案，而管理 3.0 强调小微的核心作用，自下而上做方案。小微要考虑的沟通问题包括：一要进行战略沟通，看合作者之间战略一致与否，比如有的商家想打价格战，有的想做服务，有的想做体验，需要在战略上保持一致，海尔在这方面特别强调，只有换道，才能提供一致性服务①；二要与平台保持一致，共同使用平台资源，不能变成小生产，这样就与平台企业没关系，不在同一个生态圈了。

案例 4 -2 -2

## 生态圈与传统电商在沟通上有何不同②

北京用户纪女士在馨厨冰箱上熟练地滑动着电子触摸屏上的食材信息，下单购买了一些蔬菜和鸡蛋，两小时后就收到了配送上门的新鲜食材。而不同于以往的是，纪女士发现这些食材包装上都加了二维码，她怀着好奇心扫了二维码，食材来自哪个地区、哪家供货商、种植时间、配送路线等信息都一览无余，这些溯源信息让用户更明白、更安心。

据制冷平台主吴勇介绍，安心食材小微与中国农科院达成合作，将制定首个物联网时代的安心食材溯源标准，这也成为搭建诚信食联生态圈的路径。

---

① 佚名：《加快价值经济与体验经济的演进，率先实现物联网引爆》，《海尔人报》，2018 年 1 月 24 日。

② 张萱：《食联生态圈制定溯源标准，让用户更安心》，《海尔人报》，2018 年 5 月 9 日。

当下消费者对美好生活有着热切向往，并且在衣食住行方面提出了更为明确的要求。用户在家想吃得健康安全，却时常搞不清食材种类和渠道，更不知道究竟哪个农场的产品是值得信赖的，因此干脆放弃高端需求，只看价格。一旦解决了食物溯源问题，那么从田间到用户家庭场景，其中包括生产、采摘到冷链运输等各个环节，用户是肯为更高价格的食材付钱的。

农场供应商过去存在的“投入大、成本高、不好卖”的痛点也得以解决，食联生态圈投入了大量技术和成本，导致食材价格提升，但苦于没有渠道销售，无法将价值信息传递给用户。而食联生态圈的智慧家电直联用户家庭端，有针对性地把优质食材推荐给用户，吸引各方资源抢入。

那么，食联生态圈的差异化优势在哪里？与传统电商平台不同，这里不是有供就卖，而是择其最优，为用户提供最好、最恰当的产品，线上下单，配送到家，且溯源可查。目前，安心食材小微在北京、上海、杭州三地精选了最好的汇源农庄、多利农庄等攸关方加入，面向中高端用户社群，供应优质的有机食材。

2018 年 5 月，恰逢采摘好时节，北京汇源农庄里游客们采摘着草莓，一派热闹，很多用户表示要购买几盒带回家，然而从郊区颠簸回去，草毒存放一天就坏了。而在农场里展示的海尔冰箱，通过全空间控氧保鲜技术，保证草莓存放十天新鲜如初，用户眼见为实。在这种场景下的体验交互，已成为生态圈共创合作的新模式。

在溯源标准制定和精选农庄合作的同时，安心食材小微团队联合中国营养协会，为用户提供一个深度体验式消费场景，除线上之外，也有线下营养师、健康达人与用户的交互，为食联生态圈用户提供有指导性的饮食建议。

案例 4 -2 -3

## 与客户沟通，需要比客户更了解用户①

葛志颖从抢单到在唐山空调小微做小微主的一年半里，唐山空调小微的

① 刘善峰：《翻番已成可能，空调能否破茧成蝶》，《海尔人报》，2018 年 4 月 11 日。

增幅长期居于前列，但在2018年1月，他遇到了抢单以后最大的挑战：当月累计完成率不到80%。

什么原因？葛志颖停下手头一切工作，自己给自己进行了复盘，找到了关键点：由于客户不买账，乡镇门店的增速没达到预期。

为了关差，葛志颖每天往乡镇跑。评估之后，他把玉田县石臼窝作为突破的第一个乡镇。当地有一个客户，年规模占当地的90%，但没有主推海尔，原来是对海尔空调缺乏信心。

对此，葛志颖从外围做起。他在客户门店的周边社区跑动，了解当地用户的需求，有针对性地为客户推荐了主推型号，主打能效、自清洁功能。

结果，第一次合作就一下卖出了客户平时半个月的量。“我们这里老百姓想要什么产品，你比我们还清楚。”客户开始主动要求主推海尔空调，销售增幅100%，目前年规模达到百万级。

乡镇门店的提升同步带动了连锁门店的销售，在唐山的国美渠道，海尔空调的年规模占到40%以上，稳居渠道第一位置。

唐山小微从完成率不到80%到增长80%，关键就是因为比客户更了解用户，帮助客户成功，也使自己获得了成功。

案例4-2-4

## 崔晓杰化相互抱怨为生态共赢[①]

日日顺物流无锡小微主崔晓杰抢单在日日顺物流42个区域小微中最高。崔晓杰的自信来自对生态圈共赢的心得。

崔晓杰做的是电动车物流。一次，崔晓杰在用户与服务兵的反馈中，得知电动车的包装箱破损的情况越来越严重。原来，商家为了节省成本，没有与物流沟通，就将原来的7层瓦楞纸“优化”成3层，使包装稳固性大大降低。这样的包装箱支撑不了长途搬运。

① 张萱：《怎么做透新行业样板？无锡崔晓杰有话说》，《海尔人报》，2018年3月21日。

崔晓杰并没有向商家抱怨，而是站在商家的角度来看待问题，要在短时间内想出一个既能为商家降低成本，又能提高服务质量的解决方案。经过与商家多次论证，双方达成共识，提出承包打包业务，根据不同的用户订单需求，制订不同的打包方案。在商家降低成本的同时，也增加了物流的增值业务收入。刚实行一个月，用户口碑就大大提升。

### 4.2.3 用户沟通：交互增值

与用户沟通，已成为管理3.0中头号的“领导”问题。只有与用户交互，才能知道作为“领导”的用户想要什么。

罗宾斯看待领导的视角，是典型的管理1.0、管理管理2.0的视角。这个视角在定义中，明显漏掉了一个在管理3.0看来无比重要的问题：领导的领导是谁？这个领导（指用户）如何通过沟通来“领导”企业的领导，而被领导的大小领导们，如何与用户这个大领导沟通？

用户这个“领导”的沟通方式的特殊性在于，他不会像企业领导那样把自己的意图像布置工作那样讲出来，主动进行沟通。这就存在一个打通沟通障碍的问题。

传统管理学的领导理论及其沟通理论，都没有与用户进行沟通，让用户来发挥领导作用这一节。以往的用户是不开口的，只有交易，没有交互。企业不仅不知用户的姓名，更主要是不知其想法与感受。传统管理中的客户关系管理是相反的沟通，是让客户一致于企业利益（体现于服务标准），往往令用户感到连员工的地位都不如的沟通。

与用户互动是管理3.0特有的沟通理论。海尔的做法是，把顾客交易变成用户互动，通过与用户进行交互，让交互过程变成让用户这个大领导开口，与老板、员工等他的“下属”沟通，实施领导行为的过程。

一般管理理论从企业自我本位出发，将沟通理解为组织内部的沟通和组织间的沟通，但海尔模式则用交互这个概念，替代了沟通。它主要指人与单之间的交互。

传统管理学中组织内部上下沟通，其实背后更为本质的内容，无非是使领导对于单的理解及对于人的希望，更加明白无误地让员工感知。如果员工不用领导提醒，就可以自主地完成这个过程，沟通就不会成为领导行为的重要内容。

海尔模式营造了互动这样一种更为接近管理本质的沟通，把组织内部沟通需要解决的问题，移向原有边界之外，直接通过与用户交互加以实现。

案例4－2－5

## 海尔洗衣机竖硬币的经典案例①

2016年，在“人单合一”模式的推动下，海尔与用户更加零距离。同年10月，在各大视频平台和线下，随处可见在运行的海尔洗衣机上竖硬币的活动，引发了1000多万网友的关注。

2016年，海尔官方微博的年度真实活跃用户忠实粉丝增长200%，年度传播用户资源总覆盖量超过10亿次。据微博官方舆情分析数据统计，海尔官微在同行业的官微中影响力排名第一，近1万家品牌官微扎堆在海尔微博留下评论。

案例4－2－6

## 贺伟：观念重塑用交互打造样板②

自2017年第48周开始，海尔厨电在青岛区域的份额连续实现环比增长，在第50周达到29.60%，实现青岛区域份额第一，份额超第二、三名之和。

第一的突破，是团队主动走出去找用户交流的结果。贺伟谈道：“以往我们与用户缺乏交流，团队的主观能动性不强。现在我们重塑观念，深入一线与用户交流。为了达到第一，我们在不到一个月的时间里交互了15个小区、14个菜场。虽然天很冷，但做零售就必须走出去，拼上去。”

---

① 佚名：《2016年国内最打动用户的交互》，《海尔人报》，2017年1月4日。

② 佚名：《贺伟：观念重塑用交互打造样板》，《海尔人报》，2018年1月17日。

此外，针对不同的地点、不同的人物，他们和用户的交互方式也有区别，这样是为了将防干烧等功能更好地传达给不同的用户群体。交互方式的改变，使海尔厨电在2017年实现了青岛区域份额第一的目标。其中利群金鼎2017年第50周份额达到63%，同时平均成套单价上升近2000元。

案例4-2-7

## 交互让热水器领先对手一个身位①

2018年2月，海尔电热水器的销量、销售额实现全行业第一，尤其在销售额这个指标上，海尔电热水器首次领先对手一个身位，拿下行业冠军。

这一个身位是用户交互带来的。热水器行业平台创世小微的小微主盛保敬的体会是最深的。他从数千条用户需求中，梳理出三大用户痛点，根据这三大痛点，创世小微明确了“三淘汰”战略，即淘汰大白桶、淘汰储热式、淘汰污水洗。

差异化的竞争战略明确了以后，解决痛点也要靠用户交互。为了“淘汰大白桶”，与钢板资源方拿出了60多种解决方案，最终和用户交互出7种最佳体验的方案，推出了行业首款彩色面板机型。该机型只用了不到3个月的时间就进入行业热销榜领先地位。在彩板机型热销带动下，传统热水器加热慢、水质不佳的痛点也在用户交互及一流资源开放参与下迎刃而解。海尔热水器实现高份额、高单价和高毛利“三高”的同时，把原来的国外产品逼到了大降价的地步。海尔电热水器越提价，卖得越好；对手越降价，越卖不出去。

案例4-2-8

## 半月百单，靠的是用户导向沟通②

“天逐渐暖和，家里还有一堆冬衣没来得及清洗的，可以交给我们日日

---

① 方千：《用户交互让热水器首次领先对手一个身位》，《海尔人报》，2018年3月21日。

② 孙兆国：《高苗：半月100单，靠的是用户思维》，《海尔人报》，2018年3月21日。

顺洗衣管家了！”这是高苗刚发的朋友圈信息，这条朋友圈信息让她在一个周末收到了近百件要清洗的衣服。从 2018 年 1 月底作为长沙岳麓区的样板抢入洗衣业务之后，她保持着平均半月百单的好成绩，这与她的用户沟通分不开。

业务刚推起来的时候，订单也不是这么稳定，她通过在朋友圈晒自己参加洗衣工厂看到的可视化洗衣过程，让自己相熟的朋友体验之后晒朋友圈等方式，引来最初的用户群。

一个周三，超市附近一位主管送来一身工装，询问了洗衣质量之后，没有说何时需要衣服就走了。结果周五用户就来问衣服是否洗好。表示第二天开会必须穿工装。洗衣工厂每周六休息，高苗赶紧给长沙乐家的负责人打电话。得知工装已洗好，但是周六物流也休息。

周六一大早，高苗自己开车去工厂拿回了衣服，并在开会之前送到了用户手中。用户当时特别惊喜，表示这在别家绝对做不到。在那之后，用户把办公室所有的工装都交到高苗这里来洗，还把高苗的微信推送给了亲戚好友，让高苗收获了大批稳定订单。

这次“意外”收获让高苗更加注意为用户考虑，收衣服的时候，她会事先检查衣物，跟用户沟通好并备注好特殊需求；衣服送回来时也认真检查有无瑕疵，遇到扣子松动的，她都会帮用户缝好，这样用户拿回家后往往会很感动并主动为她宣传。

现在她店里的洗衣服务几乎都不用再推广，周边用户都愿意把衣服送来。

在现有管理学中，沟通仅仅指企业内部沟通。然而对于管理 3.0 来说，由于多了一个用户模块，沟通的重心就转移到与外部的沟通上来。包括与用户的交互值，与生态圈合作伙伴的沟通。

#### 4.2.3.1　与用户进行有温度的交互

2014 年，张瑞敏提出“交互价值”的概念。交互价值是通过交互产生体验价值。交互相对的是交易，交易是商品交换，交互是语言交流。用海尔的话说，交易是没有温度的，交互是有温度的。没有温度是指理性的，有温度是有情感的。通过交易获得的用户信息是非个性化的，表现在卖方不知道买方的姓名，因此无法把这一用户与另一用户区分开。海尔把这种区分不出个性差异的用户，称为顾客。例如，套圈所指的服务对象，就是顾客。货币符号也可以表达信息，但表达的只是一般等价信息，花了100元的A用户与同样花了100元的B用户，在货币信息上是没有区别的。但交互不同，交互要通过语言交流完成[①]。语言不是一般等价物，它可以表示出与货币不同的情感信息、个性化信息、心理信息等反映异质内容的信息。而根据垄断竞争理论，差异化在人单合一状态时是专管增值的。所以交互不同于交易的本质特征，在于它可以服务于创造增值。

海尔曾提出了一个交互价值的公式："产品的交互价值 = 信息量/规模"。这里的信息量，不是指等价的货币信息量，而是指不等价的话语信息量。通过交流，获得的将一位用户与另一位用户区别开的个性化信息越多，销售和服务的针对性就越强，可以辨识与区分开的群体规模就越小，越可以实现小批量多品种。比如，规模是10人，信息量是10条，平均1人1条信息，如果信息量是100条，平均1人就有10条信息。对了解1位用户来说，有10条有效信息，肯定比只有1条有效信息更加有利于了解这位用户与其他用户的不同，更加贴近这位用户的需求，这意味着比别的企业更加了解这个人肯为什么多出钱，更能提供有针对性的差异化的服务。

当人人都是领导时，沟通问题就变成了领导（员工）与领导（用户）之间的沟通，而上级则退居幕后。

案例4-2-9

## 沈方俊和他的C2E[②]

沈方俊如今是海尔新媒体小微主——海尔平台的创业者。他所带领的新

---

① 在专业的语言学中，将语言推广为话语，包括体态语言（如手势）、行为语言（如不吭声、表演）、情感语言（如哭、笑）等各种可以表达意义的行为。

② 来自2016年10月21日中华网的《海尔商业模式启示：把互联网思维注入工厂，加速平台化》一文。

媒体团队，除了负责海尔新媒体业务之外，还向包括海尔旗下小微在内的所有企业开展业务。

在他们开展的业务里，除了新媒体托管之外，沈方俊很看重的一项业务，是交互增值业务。

何谓交互增值？具体业务是，新媒体小微在网络上通过和用户交互，利用大数据和用户画像，以及各种市场分析，为海尔小微提供产品定制建议。通过这种服务进行盈利。

海尔新媒体小微可以向海尔旗下的比如冰箱、洗衣机、空调等小微企业，就产品形式、名字、设计等，提出建议，同时，在产品推出之后，新媒体小微可以提供营销甚至销售服务。

沈方俊管这种模式叫 C2E 模式（Customer to Entrepreneur，即从顾客到创业者）。从前期的用户意见分析和用户数据分析，到产品设计、名称，以及后面的推广和销售，新媒体小微成为一个“用户个性化定制全流程交互平台”。

案例 4 –2 –10

## 宋美艳看到了朋友圈的威力[①]

卡萨帝 520 冰箱卖得如火如荼，宋美艳坐不住了。

宋美艳学着样板分享的做法，加起用户微信，在朋友圈转发冰箱保鲜视频。令她意想不到的是，一位用户询问了几句，就下单购买了一台卡萨帝 520，全程仅用了 11 分钟。

这次销售经历，改变了宋美艳的想法，商场不允许工作时使用手机，她就利用下班时间翻台账，把新老用户都加上好友，微信从 256 人瞬涨到了 1300 多人。一位购买过 728 的老用户，看到宋美艳发朋友圈后，第二天就带母亲来到卖场订了一台卡萨帝 520。

---

① 吴学财、张营：《宋美艳：从销售精英转型 CEO 一天卖出 18 万》，《海尔人报》，2018 年 1 月 17 日。

宋美艳说："如果说第一台卡萨帝520销售成功让我有了转型的想法，那么第二台更加坚定了自己做CEO的信念。"她觉得自己转型慢后，便利用休息时间找家装设计师谈合作，家人都拦不住。就这样，宋美艳实现了套竞争对手3圈，创下单日销售12台卡萨帝520的佳绩。

案例4-2-11

## 海尔有个"王宝强"①

海尔有个"王宝强"，身为"80后"的他在直销员岗位上奋斗了13年，2009年也曾作为销售达人登上《海尔人报》。所谓"人如其名"，憨厚、热情是用户对王宝强的印象标签，他在青岛佳世客综合店里用经营面积不大的展区，实现了单人单型号销售全国第一，年规模也从以前的200万元逐步做到今天近1500万元。

因为响亮的名字，让顾客轻松记住了王宝强，凭借贴心的服务和人格魅力，让用户认定了他。"王宝强！你还在这儿！"用户逛商场看到他，就像见了老朋友一样呼唤，通常闲聊几句，了解冰箱潮流和使用窍门，即使购置其他家电产品，也得让王宝强出出主意，有亲友要买冰箱的，老用户也义不容辞地推荐给他。一次成交，终身服务，让王宝强成为用户在"家电圈"的熟人。王宝强说，"从2016年开始，很多用户因冰箱换代，再主动回来找到我，也有不少订单是老用户推荐来的。"

王宝强感慨，如今销售方式发生了很大变化，用户要的不只是冷冰冰的产品，一次到店即成交的可能性很小。通常用户对冰箱的印象和家庭场景构图不明确，所以更要耐心对待，先倾听、探索用户的实际需求，再做关于产品的重点介绍。只要来到展厅的顾客，不论买不买卡萨帝，王宝强都会主动讲解，聊小区、户型甚至流行趋势，打开彼此心扉，让每一位顾客都有被尊重的感觉。

---

① 张萱：《王宝强：保持交互温度，"小"店也能当第一》，《海尔人报》，2018年5月9日。

在这个案例中，王宝强“一次成交，终身服务”，实现了从用户服务向终身用户服务的飞跃。王宝强“先倾听、探索用户的实际需求，再做关于产品的重点介绍”，以用户为中心，直至达到用户深层次需求，实现人的价值第一。

案例 4 –2 –12

### 小顺管家成为农村社群触点①

2018 年 3 月 6 日 12：40，平度同和街道振华里村的小顺管家陈美霞正在水站前打水。屋西头传来停车的声音，很快，熟悉的一声“陈大姐”让她意识到，是日日顺的服务兵陈帅和满振良上门了。

陈帅和满振良负责平度南线的班车城村通。从 2 月初试点以来，每天都会跟南线沿途各村的小顺管家见面，已经和大家成了老熟人。城村通是由日日顺服务网点转型的，由以前的单一送装服务升级为连接小顺管家、交互用户、做社群营销的触点网络。小顺管家是日日顺在城市、农村与用户直接交互的触点。

陈美霞在二人的帮助下将预订的 6 吨化肥卸在了存货区，又回屋把村民们想发的快递拿给了陈帅。“往下可以按时送我订的货，往上还可以让村民不出村就能发快递，城村通班车方便得很。”班车开起来之前，她和县域的核心服务商联系多在线上，有需求需要提前预约班车，县里有时候要把订单攒一下再下村，现在天天见。陈美霞负责村里水站运营连接农村社群，通过日日顺健康平台为村民提供美好生活解决方案。

#### 4.2.3.2 通过社交沟通拓展增值空间

社交媒体是一种特定沟通，它介于公共关系与私人关系之间的互动。企业不善于利用社交媒体，最主要的范式缺失在于对 OSPF（Open Shortest Path First，开放式最短路径优先）的盲区。

---

① 于游泳：《陈美霞：坐上开往春天的班车》，《海尔人报》，2018 年 3 月 14 日。

最短路径优先不是一个技术问题，而是涉及理解。但这种理解不是单向的，从用户出发，理解实际是指认同。如何通过社交媒体进行认同，才是互联网沟通的实质。

因此浮现出的问题在于信任。以往的沟通，只是停留在信用上，而不是在信任之上。这是问题所在。

海尔模式的沟通要点是信任，而非仅仅局限在信用。信任与信用不同在于，要使用户诉诸感觉，而非理性；诉诸情感，而非理智。

社交媒体要在仁、义、礼、智、信全方位来沟通，通过口碑来建立对服务体验的认同。

案例 4 -2 -13

## 做“社会网”的老大哥①

李义发是汝州乐达专卖店一名负责工程装修的员工，他虽年过半百，但对线上交互模式颇有研究，利用在家电行业十余年积累的人脉和经验，做起了社群营销，自建并加入了 9 个社群，规模在 150 ~ 500 人不等，如“娱乐群”“养生群”都成为他用心交互的活跃群。

许多农村工友在城市里打工，微信社群成了大家保持联系的工具，热心的李义发经常帮工友答疑解惑，久而久之在圈子里树立起老大哥的形象。一次，他在亲自体验过卫玺智能马桶盖后，感受到产品的好处，尤其是它能够预防、缓解疾病，这对群友们有着绝对的吸引力。推荐给更多人使用，于他人获得健康的生活体验，于自己也能创业创收。李义发就开始在各个群发自己的使用体会，也以“同理心”影响了群友。李义发凭自成一体的高黏度营销模式，基本每月都能销售出 10 个智能马桶盖。

微信圈里的营销对象都是李义发的亲戚、朋友和粉丝，大家基于对他的信任，进一步了解产品。交互是用户与卖家建立信任的过程，是用户口碑维系的过程，也正是李义发的经营之道。

---

① 李阳：《李义发：做“社会网”的老大哥》，《海尔人报》，2018 年 3 月 28 日。

案例4－2－14

## 尹涛：高端产品的口碑沟通[①]

酒泉慧友专卖店从后台记录中查到，一个月前梁先生从店里购买了卡萨帝产品，而明天将是梁先生新婚的日子。不管搬新家还是结婚，专卖店的销售顾问都要提前和用户沟通好，给他们送一份鲜花祝福，还要先请用户在朋友圈转发，然后专卖店所有人再进行转发。

通过朋友圈内的口碑传播，尹涛和卡萨帝的潜在用户们提前打了交道。针对卡萨帝用户，尹涛还会发动员工主动上门回访、交互。上门的时候尹涛会带上给用户准备的小礼物，这样交互的成功率也比之前高了不少。用户也会带亲友来酒泉慧友专卖店购买卡萨帝产品。

案例4－2－15

## 李永湖："清洗大师"的诞生[②]

都说瑞雪兆丰年，临近春节，济南顺逛微店主李永湖的生意越做越红火。在顺逛的社群中，他主推日日顺乐家的家电清洗服务，现已突破百单。

从刚开始的顺逛新人，到现在的清洗大师，这里面离不开李永湖独到的眼光和真诚的服务。他从"家家有家电"这句话里面看到了商机。用户购买了家电必然会使用，使用就会变脏，变脏就需要清洁。李永湖认为家电清洗，能解决顺逛社群中的用户痛点，这是一个不错的切入点。2017年10月，李永湖开启了顺逛之路。

首先，李永湖在自己小区的业主群、水果团购群里进行宣传，他的微信昵称就叫"清洗大师"，以海尔的品牌口碑、顺逛的社群优势、自己在家电方面的专业知识为立足点，提升交互活跃度。李永湖的人缘非常不错，邻居都

---

① 宋兆伟：《尹涛：高端产品要有高端玩法》，《海尔人报》，2018年4月4日。

② 马婷婷：《李永湖："清洗大师"的诞生》，《海尔人报》，2018年2月14日。

非常信任他，一听是海尔提供的家电清洗服务，且左邻右舍正好也都有这方面的需求，所以纷纷找他清洗家电。

接下来，体验过清洗服务的用户，凡是有愿意在社群评价或分享感受的，李永湖就会在群里发个红包，活跃一下气氛。久而久之，清洗的专业程度得到了用户的认可，“清洗大师”经营的微店受到了众多粉丝关注。对于帮忙介绍业务的用户，李永湖也会发个红包致谢，他觉得红包金额不在于多少，重要的是线上微店要具有线下交互的“人情味”。

李永湖直言自己做的是口碑，让用户对微店放心，愿与他交心，事业才会发展得越来越好。

案例 4 -2 -16

## 空气洗在抖音平台再现交互引爆①

微信可以不只是即时聊天儿工具，微博可以不只是分享实时信息的社交网络平台。当更多的人还只把抖音当作年轻人的音乐创意短视频社区时，海尔洗涤虚实营销小微主丁来国带动各小微将交互平台向抖音延展，尝试打造抖音社群交互引爆。

重庆直销员侯文浩自 2018 年开始，在抖音平台以洗衣机洗涤小常识为突破口建立粉丝群，目前视频点赞量累计已超 35 万，粉丝量达 5 万人以上，其中一个介绍海尔洗衣机处理方法的抖音视频播放量达 1670.2 万次，点赞量达 35.4 万。很多人借助抖音平台讨论关于洗衣机购买、使用的细节，越来越多的用户对卡萨帝空气洗的功用也燃起讨论兴趣。

宁波中心的阮曼曼于2018 年2 月23 日以卡萨帝双子介绍为突破口建立粉丝群，短短3 天时间，点击率已经达到 97.3 万次，留言 716 条。长春中心延吉华生的娄安红在了解其他直销员使用抖音在用户交互方面取得的突破后，也开始在抖音上尝试。很快，娄安红发布的关于冬天羊绒大衣如何护理的抖音视频，在不到 10 小时的时间里播放量增加了 2 万。

---

① 侯晓丽、李妮：《1600 万粉丝围观“空气洗”》，《海尔人报》，2018 年 2 月 28 日。

## 4.3 服务：量子领导力

领导即服务，是狭义领导的定位。海尔模式倡导量子领导力，量子领导力的核心词是不确定性。海尔模式倡导量子领导力，量子领导力的核心词是不确定性。海尔模式反对唯尊是从，强调企业领导要做仆人式领袖。在方向、战略和机会上进行引导，在资源上提供服务，并扮演好接口人的角色。其中，接口人这个概念，隐含了领导打破企业边界发挥作用这一生态组织中的含义。

### 4.3.1 仆人式领袖：领导就是服务

本节所说的领导，在整个领导功能中，是指狭义的领导，即传统意义上的企业领导。是指企业的中高层干部，不包括员工和用户意义上的领导。在管理1.0和管理2.0中，这样的领导承担的指挥功能；在管理3.0中，他们则承担支撑和服务的功能。领导回归公仆的本色，成为德鲁克说的“仆人式领袖”。

对海尔来说，管理无领导，但企业有领导，领导者不是官，而是提供接口服务的人。正如海尔一位经营体体长（相当于其他企业的总经理）说的，“在我们经营体，没有官，大家都是平等的，合作起来共同为用户服务。”

海尔之所以能做到以变制变，是由特殊的领导理念决定的。在海尔文化中，存在着特别的领导概念，用户是领导，员工是领导，但“上级”却不是“领导”。所以说“管理无领导”。张瑞敏说：“既然管理没有领导了，那领导是谁呢？领导就是用户，所有人都听用户的。过去是员工听领导的，现在员工听用户的，领导听员工的，其实这就叫管理无领导。”

“管理无领导”是就领导功能的激励作用、沟通作用而说的，管理3.0要求全员承担原来仅由领导承担的激励、沟通作用。但在服务作用上，企业是需要领导的。“上级”只有在变成服务者和接口人时，才是领导。

这里可以比较一下管理2.0和管理3.0狭义领导的区别。第一，管理2.0，尤其是日式管理，非常强调领导者的地位，认为领导者地位高，非领导者地位低。而管理3.0正好相反，当张瑞敏说“领导听员工的”（前提当然是

"员工听用户的"),在代表用户上,员工可以比领导地位高。第二,管理 2.0 强调"唯尊是从",而管理 3.0 正好相反,要求"唯用户是从"。认为领导之尊不是官本位赋予的,领导如果偏离了用户,也没有尊严可言。员工可以不从,而以用户为尊。第三,管理 2.0 对领导的要求比对下属的要求高,要求领导从道德到能力都追求做完人,以此让下属追随。例如,稻盛和夫就要求:"领导者应该展现自己拼命工作的姿态,并以此带动员工。"① 而管理 3.0 并不要求领导是精英、完人,在各方面都强于下属。而是把能否以用户为中心创造价值,作为评价领导与下属的标准。对于传统的员工培训,持一定的保留态度,认为员工不存在素质不高、需要用培训来提高的问题。每个员工都是 CEO,这种素质就在草根身上,是一种有待唤醒的"良知"。第四,管理 3.0 强调企业领导要做平台领导,为整个生态系统服务,为企业内部提供支撑服务,为创客提供接口服务,有义务创造创客,这些都是管理 2.0 不强调的东西。

比较管理 2.0 与管理 3.0 的狭义领导的区别,最根本的分歧在于领导力到底来源于何处的判断相反,管理 3.0 坚持认为来自下边(用户和创客),而管理 2.0 坚持认为来自上边(管理精英)。同是调动人的潜力,方向完全相反。管理 2.0 着眼于调动精英潜力(包括变草根为精英),成为杰出的领导者,而管理 3.0 着眼于调动草根潜力,成为卓越的引领者。

### 4.3.2 支持与资源接口人:API 人

当今的领导,是人的平台为创造创客而提供服务,包括资源接口服务、人财务服务及聚焦目标服务。

在管理 1.0、管理 2.0 中,领导这个概念,一直是以存在金字塔等级制为前提假设的,领导在上,员工在下。管理 3.0 是倒金字塔结构,领导在下,员工在上,它的领导概念,包括领导者概念,没有了高高在上的意思。相反,领导就是服务。这种服务是一种支持型的服务。

领导的服务对象,是人人都是 CEO 的那些"人人"。服务的性质,是为他们提供企业的重资产。重资产,是指人人都可以共用的资产,管理共同资

① 皆木和义:《图解稻盛和夫经营之道》,南方出版社,2015,第 44 页。

产的人，就是公仆。公就是共用，领导就是管理共用资产的人。管理 3.0 在这里创新出一个概念——平台领导。平台领导是企业领导，但企业只是整个生态中的平台那一部分。平台领导的意思是，领导的服务作用，要把企业当作一部分，而不是全部，要承担为企业之外，并以企业为平台的合作者提供服务，而不仅仅是为企业内部提供服务。

平台作为重资产，起到经济学中固定成本的作用，它可以在人人（轻资产，对应可变成本）之间进行分摊，从而达到报酬递增的作用。

好的领导，可以发挥天下为公所用的作用，将企业之外的资源，通过接口接入企业内部，供网络组织中的各个增值节点使用；同时，又为其他合作者借用自己的资源提供服务。

网络组织由平台与增值应用构成，平台是企业，增值应用对应创客。平台与增值应用之间，通过接口（API）机制连接。领导就承担着企业与创客之间的接口人，即 API 负责人的角色。没有任何一本管理学提及领导还有这样一重功能，这是当今的领导与工业时代领导最大的不同所在。我们把接口人的这种功能，称为支撑功能。

领导功能的这种转变，与时代的转变具有内在联系。以实体制造为主的工业经济，更多靠“财务杠杆”作支撑，而张瑞敏一直主张，企业要靠“资源杠杆”支撑。财务杠杆背后是价值，价值背后的权利是拥有权（买与卖所改变的权利）；资源杠杆背后是使用价值，使用价值背后的权利是使用权。

张瑞敏说：“我觉得现在平台化就要通过资源杠杆。你这个开放的平台有什么呢？过去缺的就是资源，现在缺的不是资源。那你怎么吸引资源？……如果我能通过接口人，把大量资源接进来了，那你这个资源杠杆就不得了。所谓财务杠杆就是拿别人的钱发展我的企业，现在我要拿全世界的资源发展我的企业。到底哪一个大呢？肯定还是资源杠杆起的作用不得了。”

以研发为例，以前海尔自己研发，现在，海尔实行的是“世界就是我的研发部”。研发人员成为研发领导（这好比印度把软件人才变为软件工程人才），通过 1000 多个资源接口人，成功对接了全球一流资源。

再以人力资本为例，海尔强调的也不是拥有，而是使用。张瑞敏在 1999 年 5 月 13 日就指出：“海尔在人力资源上的另一个观点是‘借力’的观念。

在国内许多企业有这样的观念，强调企业拥有多少博士，海尔认为不在于拥有多少，而在于借用多少。因为最终要的是成果，而不是拥有多少人才。”借力也不光是使用外力，对内也有“借力”的问题。在许多企业，员工出工不出力，就在于虽然雇佣制拥有了劳动力，但没使用好劳动力。张瑞敏则指出：“你能把许多人的力量集中起来，这个企业就成功了。如果全体员工愿意把力量借给我，一起完成同一个目标，这就是成功的管理。”

怎样“借”员工的力呢？除了激励、沟通之外，就要求领导要当好接口人，还必须在服务上扮演好公仆角色。这个服务不是对用户的服务，是生产资源的服务。领导，包括第二经营体、第三经营体，都要把保障一线的人财物资源，作为一种领导行为加以落实，并接受被服务者的评价。

海尔打破了科层制，但不等于没有层次。自主经营体也分为一级经营体、二级经营体、三级经营体。那么，管理1.0、管理2.0的层级与管理3.0的层级之间，有什么本质区别吗？有，这就是串联与并联的区别。管理1.0、管理2.0的层级之间，按串行原理连接，而管理3.0的层级是用并行原理连接。并行结构是从事业部制演变而来，特点是下层部门不按职能划分，实际是以直接用户的需求区分的。

资源接口功能，对应结构是并联结构。即同一个平台，平行地并联多个节点，节点与节点之间共享对接平台的资源。由此来看，接口人的领导功能，还有一个从管理1.0、管理2.0的串联（上下级）关系，改变为并联（扁平化）关系。

领导的第三项服务功能是凝聚认同共识，即让全体员工认同目标的意义，在目标上达成共识。这需要领导扮演政委的角色，

案例4－3－1

## 蒋健峰转型社群接口人[①]

净水产业太原中心小微现在已经实现了山西11个地市中的6个做到第

① 李云：《做好社群交互，大客户不再托大》，《海尔人报》，2018年5月2日。

一。太原中心成员只有两人，以前一直觉得自己“势单力薄”，所以依靠着几个大户在做批发。一个大的渠道商占据着整个大区域，却不愿意做交互，不愿意发展触点，所以整体销量一直不高。

2017 年，太原中心被拆分成自负盈亏的小微，虽然此时小微真正的成员也是只有两个人。但是接口人蒋健峰意识到，现在必须要树立起客户对产品的信心，去发展触点和与用户交互，不然面临的将是被优化掉。

蒋健峰邀请店主们一起进驻大同市太阳城小区做交互，邀请用户前来做水质监测和水知识普及，主动上门检测水质。在交互中，店主们意识到，确实有许多的用户有健康用水的需求，但是因为不懂行或时间紧张一直没办法去店里购置。在这一次交互中，他就售出了多台机器。因为备货不足，店主又临时进了部分机器才满足了用户的需求。

这样深入社区的交互很快就传到了其他店主的耳朵里，大家意识到市场的潜力。全省的 15 个大网点随即升级为 102 个深入社区的触点。

原来几个占据区域的大客户也纷纷开始主动扩展触点，艾博科技主动拓展触点 22 个，景霖贸易开始主推海尔净水产品。截至 2018 年 4 月，太原中心小微的产品平均单价比之前提高了 1000 多元，单价 4699 元以上的大通量机型完成率达到 503%，净水产业完成率 107%。

在这个案例中，大客户不再托大，显示了用户社群的力量。通过与用户交互，价值空间被挖掘出来。

案例 4 –3 –2

### 节点接口人任洪亮外接 432 名设计师[①]

为不再让用户在卖场里根据产品做被动选择，而是在装修时就有目的性地选择冰箱，朗度小微交互节点接口人任洪亮做的工作就是接入设计师为用户进行定制。

---

① 张萱：《卡萨帝冰箱将差异“嵌入”用户橱柜里》，《海尔人报》，2018 年 5 月 2 日。

目前，国内有40个商圈432名总监级设计师为自由嵌入式F+冰箱提供服务，他们在为用户提供设计方案时，会把卡萨帝冰箱作为整体设计的一部分。朗度小微还与中国标准化协会制定了“自由嵌入式”新的品类标准，冰箱既能独立摆放，又能嵌入橱柜。

## 4.4 小结：按果索因理解领导

（1）海尔的宗旨是人的价值第一，完全颠覆西方的股东第一。要达到这个果，激励就不能只是领导激励员工，而是用户激励、自我激励。必须围绕人的价值第一达成沟通共识，并通过领导的支持、服务作用，将人的价值提升到第一高度。

（2）宗旨反映在商业模式上，海尔模式的攸关各方都可增值。实现宗旨这个果，要求商业模式这个因。商业模式要解决的问题是，从零利润导致的零和博弈，转变为增值基础上的共赢；要求人单双方都具备增值这个条件，否则实现的只能是工具理性价值，而非“人的价值第一”。打价格战，零和博弈之所以没有增值，而是零利润，就在于它们导向的只能是经济人、社会人的果。

（3）增值来自体验，而不是产品。增值这个果，要求体验作为因。用户的增值动力来自美好生活，只有这个动力，可以使用户心甘情愿付出更多。体验必须通过互动激发，交易只能为价格战提供动力，而通过交互实现心理驱动才能赋能于增值；实现良好体验，需要平台提供支撑服务，由平台衍生增值服务。

（4）创造体验价值的组织也要变，从串联到并联。要达到体验这个果，需要并联这个因。由于体验是差异化的，要求服务提供者也必须充分差异化，并联是差异化主体的存在方式，企业转型要创造条件，让小微独立于平台，并联于平台，以轻资产方式转向差异化增值。

（5）并联的主体一定是小微而不是科层。要达到并联这个果，需要小微这个因。并联的主体一定是增值应用企业，而不是原有科层企业下的员工；小微通过触点网络进行社群互动，原有企业提供支持服务，必然导致科层制转向扁平并联的生态机制。

（6）小微的驱动不是传统的管控，而是三权让渡的自驱动。创建新的生态领域是果，创客所有制的驱动力是因。要达到小微生态这个果，需要自驱动这个因。让渡决策权、用人权、分配权，实质是大企业变小，由平台企业派生小微企业，小微企业产权制度转向创客所有制。驱动小微不能再用企业雇佣制，必须采用合伙人制，让小微成为拥有三权、轻资产运作的独立法人，从而达到自我驱动这个果；同时，原有企业转向平台与网络组织，为小微提供重资产支撑，通过资源分享，实现利益分成。

（7）自驱动就需要用户付薪。自驱动这个果，要求用户付薪这个因。小微自我驱动要找到动力源，这个动力源就是用户，要实现用户付薪。用户这个动力源提供的动力是增值性动力；不同于顾客这一动力源，只能提供成本型的动力。用户付薪解决的问题是通过有温度的交互带来足以自驱动的正利润，这才足以驱动员工转向创客、小微，实现人的价值提升。

（8）用户付薪的薪也不再是传统财务报表中的成本，而是共赢增值表的生态收入、生态价值。用户付薪的这个果，最终需要生态价值这个因。调动出“人的价值第一”潜力的用户，不再只是同质化成本，而是美好生活体验，它可以带来生态收入、生态价值。为此，要解决平台分享，实现边际效益递增的问题，让生态圈具体使攸关方能得到共赢增值的条件。

# 第五章　组织：自下而上组织何以可能

## 内容提要

组织是结构。企业无边界，以网络生态为舞台，在战略平台指引与协调下，打造“平台+小微”的并联结构，实现从流程再造到并联生态的飞跃。

组织是人力资源池。以世界为人力资源部，赛马而不相马，通过物联网搭建平台，整合资源，将用户组织起来，为创业与实现美好生活提供保障。

组织是生态资源池。为创新、创业提供平台，为资源共享提供平台，为美好生活提供平台，聚焦用户体验价值，在创新并联、资源并联、技术并联中创造生态价值，以生态圈PK工业4.0。

张瑞敏在哈佛讲堂介绍海尔组织架构时曾说：“海尔人单合一模式的组织架构是创造用户个性化需求的非线性组织。”

张瑞敏指出：“被称为管理之父的德鲁克，曾说企业25年内一定会消亡。这话已经有11年了。企业一定会消亡，但是，组织不会消亡，所有企业最后的形态就是一个网络化的组织。把企业比作一台电脑，如果不联网，这台电脑一事无成，如果连上互联网，就无所不能。企业不入网，你就得不到各种资源。”① 这里，已将企业与组织明显分开。海尔管理学说的组织，是网络组织，企业只是其中的一个部分。张瑞敏指出：“企业由科层制的钢筋水泥所构筑，消失

① 佚名：《海尔张瑞敏南京开讲：让员工成为创业者，“群龙无首”才是公司极致!》，《江苏商报》，2016年12月9日。

是它的归宿；组织是人的价值和使命的共同体，永恒是它的主旋律。”①

自下而上组织何以可能这个命题，对应的经济学命题是“网络何以可能”。“‘网络何以可能’意味着‘企业何以不可能’。在现实中，海尔公司不是用分层金字塔的结构来组织，而是把一个企业拆分成2400个碎片来降低交易费用。从这一实际中提炼出的问题是，网络为什么可以替代企业成为新的常态，企业的边界为什么会被拆掉。这是网络经济学在面对经济结构变化时，从头到尾贯穿的核心问题。”②

从大的功能结构框架来说，本章讨论的组织功能，是整体功能体系中的形式因版块。解释组织作为整体功能中的形式功能的作用。

功能体系是个全息结构，在每一功能内部，还有一个小的“计划、领导、组织、控制”四因闭环。

在组织功能中，大形式因功能中的小形式因机制（组织的狭义“组织”模块）是倒金字塔结构，对应组织结构设计。在罗宾斯的《管理学》（第13版）中，列有对应的“基本的组织结构设计”与“适应性组织结构设计”两章。

组织功能（大形式因功能）中的小目的因机制（组织的“控制”模块）是人力资源管理，要解决组织管理中目的与目标不一致的问题，作用在于要把创客这一目的因从员工身上唤醒，并纠正雇佣制偏离这一方向的组织行为。在罗宾斯《管理学》（第13版）中，对应部分列有“人力资源管理”一章和附加模块“管理你的职业”。

组织功能（大形式因功能）中的小动力因机制（组织的“领导”模块）是自主经营体和小微组织机制中的激励与支持原理，解决并联群体的自组织动力问题，在罗宾斯《管理学》（第13版）中，列有“塑造和管理团队”一章，讨论了群体行为动力学，包括一部分组织文化问题，如共创共赢。

---

① 张瑞敏：《新年只是一个数字，新我才能迎接新的太阳！》，《海尔人报》，2018年1月3日。

② 姜奇平：《用网络方法解释网络经济学》，《财经问题研究》，2018年第5期。

组织功能（大形式因功能）中的小质料因机制（组织的“计划”模块）是双层经营组织结构及其接口机制，为组织提供负熵与熵的平衡。海尔模式中该机制的机理是双层经营基础上的自我变革、自我创新组织体系。这一部分对应一般管理学中的组织变革与创新管理①。传统管理学因为主要关注整合内部资源，因此不具有自我驱动的变革和创新的内在机制，变革与创新都是运动式地从外部引入的。这一节将显示管理3.0自组织机制与管理2.0自组织机制完全相反的特点。

表5－1系统比较了管理3.0与管理1.0、管理2.0组织功能的差异所在。

**表5－1　　组织功能比较**

| | | 管理1.0 | 管理2.0 | 管理3.0 |
|---|---|---|---|---|
| 范式 | 单的前提假设 | 用户简单性 | 用户复杂性 | 用户复杂性 |
| | 人的前提假设 | 企业简单性（无员工潜力发挥） | 企业简单性（无员工潜力发挥） | 企业复杂性（员工潜力发挥） |
| | 管理框架 | 职能 | 流程（内部关系） | 功能（职能＋内外关系） |
| 效率 | | 专业化效率 | 需求的多样化效率<br>供给的专业化效率 | 多样化效率 |
| 价值区间 | | P＝MC（报酬不变、递减） | P＝AC（规模经济） | P＝AC（范围经济） |
| 组织边界管理 | | 组织以拥有权为边界 | 组织以拥有权为边界 | 企业无边界（以使用权为边界）：借用资源 |
| 组织结构设计 | | 金字塔结构 | 金字塔结构 | 倒金字塔结构 |
| 人力资源 | | 以手段为目的 | 精英目的论（精英是目的，员工是手段） | 人人都是目的而非手段 |
| 变革与生态管理 | | 以领导为中心，不授权 | 领导有动力，员工以领导为中心，自上而下授权 | 自主经营体，组织自驱动 |

① 一般管理学将变革管理放在组织这一章中，作为组织变革管理研究，而罗宾斯《管理学》（第13版）将其从四大职能中抽出，放在基础知识中，作为第七章“管理变革和创新”。

## 5.1 组织结构与设计：以用户不确定性为导向

海尔模式中组织结构所说的组织，不是企业组织，而是网络组织。传统意义上企业只是其中的子集。这样的子集包括平台企业、小微企业（增值应用企业）、外部企业（生态合作方）等。同一企业是同一老板，同一组织却不一定是同一老板。这决定了组织边界要大于企业边界。这样的组织在结构上与企业组织的最大不同，在于从上下级垂直串联结构，变为水平并联结构；平台并联诸多企业（如小微）形成典型的生态组织结构；战略平台决定方向、战略与机会，并在网络组织中协调“平台 + 小微”合约关系。这一结构的突出优势在于可以简易适应和驾驭用户不确定性的高价值诉求。

张瑞敏在哈佛讲堂介绍：海尔把传统组织颠覆为创业平台，平台上没有领导，只有三类人：一类人叫平台主，平台主的单是看你这个平台产生多少创业团队；一类人叫小微主，小微主的单是看你吸引多少创客；一类人是创客，竞单上岗，按单聚散。三类人都变成网络的节点，不是扁平化，而是网络化。

比较罗宾斯《管理学》与海尔管理学，最鲜明的对照，表现在对“当今组织设计的挑战是什么”的答案不同上。罗宾斯认为当今挑战主要是从机械式组织，转向有机式组织（所谓“适应性组织”），而海尔管理学认为当今挑战主要是流程型的有机式组织，转向离散型的有机式组织。海尔倒金字塔结构及机制设计，要比罗宾斯所认识到的各种激进形式（包括团队结构、项目结构、无边界组织、学习型组织等），都更加前沿。

张瑞敏提出，企业必须网络化，变成网络化的企业，才可能适应这个网络化的世界。这里所谓网络化的企业，已不再是企业，而是网络组织。正如张瑞敏所说，“企业终殆而组织永存”[①]。海尔的组织架构，从原来的“正三角”转变为“倒三角”，又从“倒三角”扁平化为节点闭环的网络组织。组

---

① 张瑞敏：《新年只是一个数字，新我才能迎接新的太阳!》，《海尔人报》，2018 年 1 月 3 日。

织的核心是网络化组织、网络化资源和网络化用户资源上的三无三自。张瑞敏从为什么（WHY），是什么（WHAT），要什么（HOW）三个方面，各有详细的解释。

三无是指针对网络化组织说的企业无边界，针对网络化资源说的管理无领导和针对网络化用户资源说的供应链无尺度。三无之间，是必要条件、充分条件和目标的关系。

网络化组织中，第一个“无”是企业无边界。网络化组织的重要特征是企业内部与外部的边界被打破。笔者认为，这是一场新的产权革命。按工业时代的产权理论，企业是以专用性资本为边界建立的，不享有专用性资本的就在企业外边。但网络时代的产权发生了归属（支配权）与利用（使用权）的二元核裂变，出现了“使用所有权”（Access Over Ownership）这种内外不分的新产权结构。海尔的创新在于，实行平台型的按单聚散，随时按需汇聚全球最一流的资源，形成动态优化的利益共同体。利益共同体并不是不变的，而是根据单不断优化。这个方向是完全正确的。笔者认为，按单聚散下一步要向开放式最短路径优先的动态路由链接的思路发展。也就是说，单不仅要包含生意，还要包含动态关系结构。

第一个“自”是自生成，指自主经营体自驱动生成高标准的单。理想状态是高标准不变，实现路径随机应变。将来，由大数据驱动自生成，在生态圈中，与相关资源联起来，形成单。单不是自己说了算，而是由大数据来定，通过海量非结构化数据，预先洞察，实时决策。

网络化资源中，第二个“无”是管理无领导。张瑞敏解释：其实中国传统文化里《易经》的第一卦乾卦说的潜龙勿用、见龙在田、飞龙在天，一直到最后最高境界就是群龙无首。实际上，群龙无首后，每个人都是CEO。关于群龙无首，笔者也与海尔中层交流过。笔者问，决策权都交给一线员工了，会不会出现对微观敏感，但对全局和长远不敏感的情况。他们说，这就需要领导呀。群龙无首后，领导并不是无事可做：一是要把握全局；二是用风险机制对“破坏性创新”进行支持；三是提供后台支持。

第二个“自”是自推动。要从法约尔式的层层监控，转向人单优化；变成高单竞岗，能人聚合；实现人单正反馈循环，以推动出现更高的人和单。

网络化用户资源中，第三个“无”是供应链无尺度。供应链无尺度是借用安德森在《创客》里提出的概念，指满足大众和小众的需求。安德森的概念，实际是从巴拉巴西那里来的。巴拉巴西所说的无尺度（Scale - free），强调的是自组织网络中的幂律分布规律，也就是长尾曲线。将来不仅要实现大规模定制，还要考虑按需定制。张瑞敏说：“因为3D打印真正发展起来后，用户可以自己设计，就把你放一边去了。”张瑞敏对新事物非常敏感，如果说巴拉巴西更加关注的是幂律分布中大规模那一端，安德森则更强调长尾这一端，而张瑞敏已经把目光投向了长尾的末端。

第三个“自”是自优化。通过预酬锁定，使自主经营体成为自推动的小微公司。从以往的层层按职务高低拿酬，变为单酬自推动。

在三“无”三“自”之上，是每个人都成为自己的CEO这个愿景。成为自己的CEO，不能光靠自己。每个人都是资源接口，以设计人员为例，不是看本人设计是否一流，而是看通过自己这个接口，是否能接来一流的设计。张瑞敏举了一个例子，说明能自寻师打天下，像亚历山大找亚里士多德。我观察张瑞敏本人就是这样做的，他的身边时常有美国、西班牙、中国香港、中国北京的一流高参相伴。这些人往往随便说出一句话，都让人感到“功力”非凡。善于学习的张瑞敏，就是海尔最大的一个资源接口。

张瑞敏指出，网络组织下面有一个基座非常重要——人单合一双赢模式，上面的网络组织是在人单合一双赢模式的前提下形成的，这里很重要的是战略损益表。网络组织最终的底座是海尔文化，就是我们的各种观念。观念不对，文化不对，肯定不行。

学习海尔的网络化战略，一个深切感受是通透。它上可以通到管理理论的高峰，下可以通到每个人的具体操作，完全不同于纸上谈兵，需要大家结合自己的实际深入感悟。

企业在学习海尔模式进行战略转型时，要注意避免两个误区。一是转型不彻底，此时网络不是战略（体），只是实施企业战略的技术（用），用变而体不变。此时学习的要点是注意海尔企业怎么开放企业（二级自主经营体）边界，集团如何上升到战略高度（以战略自主经营体的形式），以资源使用为依据，把握组织边界。二是伪转型，以为网络化就是学习互联网企业，包括业务模式。这样转，企业即使转到互联网这一行中去了，生产方式还停留在企业阶段，不能真正开放借力。学习者自己可以用一把外在标尺，看战略是否真的转型了，这就是看企业是否在集团级整体转向“平台＋API（应用程序编程接口）＋应用（App）”这种战略结构。许多企业模仿互联网企业模仿不像，在于互联网战略中的App都是独立于平台的独立法人，而这些模仿者用的是自己的员工，这就把原理全搞反了，由此带来资产流失和风险方面的一系列问题。

海尔实行的“倒三角”组织结构是2010年提出的。正三角与倒三角其实不是对称的。正三角是企业组织结构，倒三角是网络组织结构（网络结构中包含企业结构，以中间一层为主，实际是中间一层，加上最上一层的一部分构成）。

倒三角组织结构总的概念是利益共同体，是战略合作伙伴的集合。

倒三角组织结构的最上一级是一级自主经营体，对应原有企业概念中的员工。在网络组织中，实际构成成分包括三类，一是创客（员工），包括在册员工与在线员工；二是小微主（独立法人），一个自然人可能同时具有员工与小微主两个身份；三是外部企业。这三类主体，都是整个网络组织的战略合作伙伴关系中定位于轻资产运作的项目主体，分别承担研发、生产、销售和服务等项目，是独立的利润中心，拥有独立的决策权、用人权和分配权。

倒三角组织结构的中层一级是二级自主经营体，又叫平台经营体，对应原有企业，这才是对应原来正三角的“企业结构”，只不过它已高度扁平化，转化为流程重组后的职能支持服务部门。

这类主体在战略合作中扮演的角色是支持服务，实质上是重资产单位，为一级自主经营体提供可供分摊的固定成本，包括财务、企业文化、人力资源、供应链等职能服务。凡重资产都是可以共享的，在整个结构中负责资源的“合并同类项”；凡轻资产都是专有的，在整个结构中负责资源的竞争性使用。二者以独立法人形式分别运作，在分配时按合约分成。这是网络组织不同于企业组织的最主要特征。

倒三角组织的下层是三级自主经营体，又叫战略经营体，对应原有的集团总部。相当于集团总部由定位于企业，升级为定位于网络。战略经营体是海尔的独创，它的出现标志着人类第一次找到了网络组织的结构要件。此前的网络并不是组织，因此利益共同体缺乏存在的具体形式。战略经营体是网络的家，家中的成员称为企业（也可包容自然人）。

战略经营体在战略合作中的定位，与其说是提供资源，不如说是打破资源使用边界，提供资源整合通道或架构。打破的边界，是资源使用的拥有权边界。原来的企业结构下，各构成主体都是同一个老板，不同老板的手下不能使用同一资源（理论上称为资本专用性）；现在的网络结构内，各构成主体不是同一个老板，不同老板及手下可以同时使用同一资源。这就打破了使用资源只使用自己资源的现代企业制度体系，改为借用资源体系。这样一来，现代企业制度的“现代”就过时了，我们可以把这种新的组织体系称为“现代网络制度”。

现代网络制度下的组织，其结构既不同于市场结构，也不同于企业结构。市场结构的形式是买卖，只讲拥有权转移，不太讲借力；企业结构，只讲一个老板，拥有权固定，资源也不共享，也不太讲借力。而网络结构的核心就是借力。所以张瑞敏说，管理就是借力。

如此看来，战略合作伙伴、项目结构、无边界组织、虚拟组织、学习型组织等，与其说是一些独立结构，不如说是统一的网络组织结构的不同性质，由此，可以形成关于网络结构的统一场理论。

第一，战略合作伙伴关系反映了网络组织的目标性质。战略合作伙伴（Strategic partnerships）关系，指的是两个及以上组织之间的、通过把彼此的资源和能力结合起来以实现某个商业目的的协作关系①。战略合作伙伴中的战略一词，不是指竞争战略，如差异化、成本领先，而是有所特指。

战略是指将网络组织中的不同产权方临时拉到一起的共同利益及体现这一利益的共同目标。在管理3.0中，具体就是指共同的用户目标。也就是说，战略合作是指，双方（或多方）不是基于拥有权而成为一家人（合作），而是基于共同的用户而成为一家人（合作）。

---

① 史蒂芬·罗宾斯、玛丽·库尔特：《管理学（第13版）》，中国人民大学出版社，2017，第300页。

与下一个性质（无边界组织）有关，组织的聚散从企业自身看可能边界是打乱的，但把用户视为一个整体，甚至以终身用户为单位达成服务的合作，是战略的重要性质。从企业角度看，这种合作可能具有短期性、临时性，但从用户角度看，这种具有战略特有的长期性，“与顾客的关系可以发展成为终身关系”①。

以用户为中心，而不是以自我（资本）为核心建立组织结构，这是网络组织的第一个性质。这一点决定了组织内部具有按单聚散的类似项目化的特性。

第二，无边界组织反映了网络组织的产权性质。无边界针对的是现代企业制度说的产权边界。现代企业制度的产权理论基础是资本专用性理论，根据这种理论，资本拥有权的边界，就是企业组织的边界。根据通用电气公司1992年以来的“变革加速计划”（CAP）写成的《无边界组织》，概括了组织的四类边界（垂直边界、水平边界、外部边界、文化边界），希望通过变革，加快信息、权力、能力和报酬在这四类边界间流动的“渗透性”。从更基础的角度讲，组织内部的这几类边界，最终可以还原到归属这个边界上来。

产权合作与战略合作最终都是要实现共同使用资源，区别在于，在现代，两家企业之间要共同使用资源，首先要进行并购或合资，将拥有权统一为一个；而战略合作是指两家企业在保留拥有权、各不隶属条件下，仅就资源的当期利益，达成共同使用并分成的合约。也就是说，在当期，只合作，不并购。当然，如果双方的利益可以跨越当期，长期保持，也是可以考虑并购的。例如，海尔对某些有长期合作潜力的小微企业，就采用了投资直至收购的政策。

人单合一双赢战略提供了对组织边界的一种根本性的跨越：打通人与单之间的边界，使用户成为管理的一个有机组成部分。这为产权重心从拥有向使用转变提供了方向。

第三，虚拟组织反映了网络组织在形式上的性质。现有的各种虚拟组织定义过分沉迷于细节，因而概括不到位，这里就不引用了。虚拟组织实际就是“不是一家人，却进一家门”，也就是说，合作者在拥有上不是同一个单

① 罗恩·阿什肯纳斯、戴维·尤里奇、托德·吉克、史蒂夫·克尔：《无边界组织：移动互联时代企业如何运行》，机械工业出版社，2018。

位，但在使用上是同一个单位。虚拟组织是以使用权为核心划分边界的组织。

反过来说，以使用权划分组织边界，是网络组织的结构形式的基本性质。这可以有效解释虚拟企业、虚拟企业联盟等同类概念。

对管理3.0来说，组织的虚拟化表现为，整个网络组织（或者说商业生态中）的拥有权联系被“虚化”了。一个人可能同时具有员工属性（拿工资）、创客属性（分成）、小微主属性（独立法人分成）、外部合作伙伴（临时分成）等诸多属性，每个属性对应的拥有权性质是不一样的，从雇佣制到合伙制，外包合作，不一而足。但这种虚拟，从另外一个相反角度来看却是实的。他们都聚焦于资源使用这一点。从这个角度看，实体组织是虚的，虚拟组织才是实的。

学习海尔模式的人要特别注意一点，从正三角结构变为倒三角结构，切勿理解为把企业倒过来。要先拆企业这个庙，把和尚赶出来，放在网络这个院子里，才能真正实现初衷。张瑞敏倒三角结构创新的意义在于，在人类历史上，继市场、企业两大创新之后，再次创新出了网络这样一个独立于市场、企业的组织结构。企业家挣几万亿元，对历史来说不足挂齿，开创一项人类新制度却功在千秋。

### 5.1.1 战略经营体

先来解释倒三角结构中的塔尖构件——战略经营体。

战略经营体是网络组织中承担大脑功能的组织核心。我们称之为网络战略组织。叫网络，是为了区别于企业；战略，则区别于功能，它是功能与原则的结合体。

战略经营体主要负责制订战略方向（包括发现新的拓展方向），进行内部协同，整合内外部资源。

第一，网络战略组织要确定组织的内涵。这个内涵是指，组织之为组织所赖以存在并区别于其他组织的目标。包括网络组织的核心价值观、网络组织目的（不同于企业组织的目标和项目组织的目标）、网络组织战略（这里的战略是狭义的）。

张瑞敏提出“沙拉模式”这个概念，非常适合战略经营体的定位：“沙拉里头有各种各样的蔬菜，但是它的沙拉酱是统一的，我们的这种‘人单合一’就是沙拉酱，是统一的。”① 战略经营体要用统一的沙拉酱，将组织调制出来。

第二，网络战略组织要确定组织的外延，即定边界。网络战略组织要根据组织目标，定义组织的边界。这个边界不同于企业边界在于：组织成员在拥有权上不是一个单位，在使用权上是同一个单位。

由这一点决定以下两点：一是平台企业必须从有边界，转向无边界，突破企业边界，融入网络组织（商业生态系统），与网络组织内的企业共享资源，具体来说，要与项目企业分享重资产；二是根据用户需求决定需要调用什么资源，找具有这种资源和利用能力的项目企业，共同形成网络组织边界，保证平台企业与项目企业的合作按单聚散。举例来说，在线员工可能有单则聚为组织成员，没有单就飘到组织之外，将来一旦有单，又能回归组织。

定边界的目的，是为了保证组织目标有充分的资源保障，同时又具有灵活性（避免因固化为拥有权而背上包袱，难以掉头）。

第三，网络战略组织要把握战略方向与市场机会。网络战略组织要负责处理以下问题：一是一级自主经营体的战略方向，要求分散的上千个一级自主经营体，保持海尔统一的战略，保持管理目标的统一性。举例来说，许多一级自主经营体收入可以达到套圈，甚至领先对手几圈，但不符合海尔战略方向，战略经营体就会以战略损益表为工具，要求自主经营体换道，并落实在预算的算赢上。换道，具体就是要创新，与竞争对手差异化经营，直至在行业水平实现第二曲线经营。一级自主经营体不听怎么办？还有人单酬表对他们进行约束，偏离战略方向的收入记在损的一方，会使偏离者的个人收入受到直接影响，等等。通过管理，使自主经营体的行为符合管理目标。这就把创新“日常”化了。二是把握大的市场机会，例如制造服务化、产业链金融等涉及产业升级、业态变化的新机会。

第四，网络战略组织要协调平台与小微企业。二级自主经营体与一级自主经营体之间的关系，是平台企业与增值应用企业的关系，二者是通过合约

---

① 佚名：《海尔张瑞敏南京开讲：让员工成为创业者，“群龙无首”才是公司极致!》，《江苏商报》，2016 年 12 月 9 日。

联系在一起的。而合约的裁判，就是网络战略组织。

网络战略组织要保证二级自主经营体（平台经营体）可以为一级自主经营体提供有效的支持服务，包括关差服务。海尔取消中层后，一段时间里，二级自主经营体找不到感觉，三级战略经营体就提出，海尔各个经营体之间可依靠“包销契约”和“服务契约”的方式实现价值协同和资源协同。以合约形式将一级、二级自主经营体紧密联系成一个利益共同体，并且通过相互评价的控制手段，保证绩效与服务的平衡。这实际上是一种产权组织形式上的变革，从企业内部协调转变为企业间（法人间）协调。组织的变革就体现在这些“日常”运营层面。

海尔实行的这种制度，被称为“互联网时代的‘联产承包责任制’”。比较一下农村实行的责任制，海尔的这种制度更接近双层经营体制，又有所创新。从相同方面来看，一级自主经营体对应家庭，二级自主经营体对应村级集体经济组织，二者责权利关系一个管统，一个管分，也与“家庭—村”集体统分结合双层经营结构相同。创新在于，海尔多出了一个三级自主经营体（战略经营体），由双层经营变为三层经营。效果明显不同。

对农村双层经营来说，统与分之间运营矛盾不断，直接协调者是村，但村本身就是统分中的一方，由统的一方单方面裁断矛盾，在实践中，经常以对分的一方毁约了断。结果，本来在村一级可以解决的矛盾，不得不上报到县一级、省一级甚至中央一级，根据形势，调整承包期延长。海尔则相当于创造出统分之上的一个裁判，这就在客观上取消了二级自主经营体对三级自主经营体的裁判权。这是取消官本位的最关键的一步。代之以官民平等，都要共同接受战略层的裁判。这就把平台与裁判（制度环境）分离了，从而实现了更高级的社会分工①。

根据战略本身对统分经营进行调节，最突出的一个效果就是保证了战略的稳定。海尔小微中不断涌现通过了多轮融资的创业者，这说明承包带来的短期行为现象得到了有效遏制，说明第三层经营管理发挥了作用。

---

① 目前，互联网平台与环境的社会分工仍待完成。因此出现了与双层经营同样的矛盾，即平台既当运动员，又当裁判员，这引发网络中立方面的争论。

跳出来看问题的实质，双层经营的矛盾实质是前现代要素与现代要素的矛盾，个体、家庭经营都来自农业生产方式，有个性化，但缺乏规模；集体、平台都来自工业化生产方式，有规模，但难以个性化。第三层（战略层）的作用，在于将前现代的定制与现代的大规模，融合为后现代的大规模定制。而如果把管理重心放在第二层，即代表现代性（规模化、统一经营）的管理层，整个管理的重心势必会倒向工业化（农业的工业化经营，称为产业化），但"时代"要求，工业化完成后，要向更高的现代化迈进，光是产业化解决不了大规模定制中定制这一段专管增值的部分。海尔的三级自主经营体（战略经营体），实际在保持工业化效果的同时，为个体（创客、小微）发挥更高现代化水平的定制活力，提供了一种管理制度上的保障。不像农村的村集体那样，可能只凭工业化一方的需要而单方扼杀具有后现代潜力（作为"再小农化"能力的定制能力）的个体积极性①。

第五，网络战略组织要进行计划和控制，即定任务。组织虚拟化之后，其中一些实体虽然拥有独立的决策权、用人权、分配权，但作为一个整体，有些功能是掌握在战略总部这个层面的。对海尔来说，"三预"、三表这套计划及控制系统的主动权，是牢牢掌握在总部的。平台与小微不能随便乱来。否则就不是一个共同体了，与市场毫无区别了。市场没有要求买卖双方就核心价值观、文化及战略达成一致，但网络组织不同，要想形成一个生态有机体，这些都是必需的，因为核心价值观、文化及战略是有机体的灵魂。对海尔来说，战略损益控制是战略经营体的日常工作。比如，平台经营体虽然经营整个生态的重资产，但哪些重资产还需要从外边引进，战略经营体也需要根据战略需要和产业拓展形势给出具体指导。海尔金控就是在这一背景下发展起来的。

## 5.1.2　平台经营体

### 5.1.2.1　平台企业：无边界组织（上）——战略平台

平台经营体是倒三角结构中的塔中构件。

---

① 村集体经济组织调整承包期的初衷，是为了抑制家庭的前现代冲动（如违反产业化、规模化去搞小生产），但平衡不好，也会伤及家庭的后现代（定制这种先进的"小生产"）的活力。海尔三层经营缓解了这种矛盾。

海尔网络组织是由战略经营体主导下形成的“平台（大企业）+应用（小企业）”的双层经营生态构成。平台经营体在整个组织生态中，承担的是“平台（大企业）”的作用。

我们把平台分成两类：战略平台与业务平台。它们在实体上可能是一回事，我们分为两类是为了更好地观察结构的性质。

战略平台是指围绕整个网络组织战略目标而形成的平台功能。对海尔来说，主要包括开放与创新平台、价值交互平台。这不是两个具体平台，而是落在所有实体平台上的两种战略功能，服务于双赢这一战略目标。

平台的第一种战略功能，是服务于“企业的使命是创造企业家”这一目标。这一目标也可以表述为企业的目标是创造创客。海尔第三次登上哈佛案例的舞台，就是以此为主题。

海尔所有的实体平台都有一个战略性的功能——成为创新、创业平台。过去在惠普等公司，企业内创业是作为主营业务的后备，是被加以鼓励的。而海尔是把创新、创业本身当作了主营的增值业务。这显然吸取了互联网App的商业经验。“平台+增值应用”本来就是互联网的核心特征之一。创新与创业含义略有不同，无论是创客还是小微，都需要创新。但加上创业后，模式就变成小微主模式，成为独立法人了。独立法人与非独立法人的区别在于，风险承担机理不同。员工创新，风险可能由企业埋单；而员工创业，风险就主要靠自己埋单了（企业平台的避险作用只是帮助他们避开了全部重资产风险）。以苹果商城模式为例，如果App是苹果员工开发，高收益归苹果，高风险也归苹果，员工只是拿工资，不担风险。而App的主体实际不是苹果员工，而是独立法人、小企业甚至自然人。这时，苹果的角色相当于平台经营体，App的角色相当于小微主。双方达成的合约是，App开发者承担全部失败风险，作为交换，一旦成功，分成占比高达85%，而平台方只收15%的租金（实质是平台使用费）；同时作为对冲，平台方承担重资产风险（即平台失败）的100%，而App不承担任何重资产风险。由此可以看出，这一法人间合约的实质，是平台以完全担承重资产风险为交换条件，换取对轻资产运作（增值业务）只承担收益（但比例较低），不承担风险。这可以说是共享经济的标准模式。

学习海尔模式在这里需要注意一点，如不加提示，学习者心目中想当然的范式是资本专用性范式，规范是现代企业制度中的“拥有而非使用”模式；而海尔在这里采用的是资本非专用性范式，规范是共享经济的“使用而非拥有”模式。二者正好相反。这里附带提一句，许多企业特别是大企业，学互联网企业学不像，原因与此有关，他们总是让自己的员工去从事增值应用业务，而忽略了其中风险。他们必须明白，他们的资金来源很可能（99%以上）并不是风险投资，光盯着高收益，不看高风险，会对资产价值流失难以交代。此时，海尔的创新、创业平台，就成为一种兼具避险功能的高收益分享机制。

海尔专门的开放创新平台于2013年正式上线，2014年又进行了改版升级，新增了海尔生活创意社区。

海尔的海创汇用一种无边界、无障碍的方式，吸引了全球创客来平台创业，将成熟的创业孵化模式运用于外部创客，成功使全球创客创业加速发展。

以普宙无人机为例，这个项目是首个进入海创汇平台的无人机项目。在孵化过程中，海创汇内部逐渐建立起了一个无人机生态。其中，普宙是消费级无人机，随后又吸引了大睿航空（消防无人机）、中翔航空（警用无人机）、新翼小飞（智能飞行车）等项目。同时，诸如寓乐湾、智造云、风向标、联合集散等无人机社群也随之建立。在海创汇平台上，一个围绕着无人机的全新产业生态正在形成。海创汇正从孵化项目，演进为孵化新产业、新生态。

在全球化布局下，海创汇如今已整合全社会4000多家创新创业资源，1333家合作风险投资机构，120亿元创投基金，与开放的创业服务组织合作共建了108家孵化器空间。同时，其线上平台项目达2400多个，实体孵化器项目256个，总估值200亿元。

平台的第二种战略功能是服务于“企业的使命是创造终身用户”这一目标。这一目标也可以表述为创造用户、创造用户价值（实际约等于“用户创造价值”）。海尔为此提出打造“虚实融合的用户价值交互的开放平台”，以物联网为用户交互依托设施。

将用户纳入生产链，是互联网企业的独特之处。将价值交互用户纳入生产链，则是海尔的独特主张。

阿里巴巴新零售的本意不是仅仅在网下铺渠道，而在于把渠道变成生产的指挥系统。举例来说，控制物流配送意义何在？如果把物流配送仅当作一种渠道服务，一定是拉货的求卖货的（生产厂家），希望卖货的多给些活计。但如果把物流配送当作生产指挥调度系统，就会变成卖货的（生产厂家）求拉货的。希望拉货的告诉他，什么地方的用户需要多少件，以方便组织生产。沃尔玛零售与配送两大事业部，实际就具有这种数据分析功能，通过货物流通数据分析，形成了惠宜品牌，专门用于以销定产。但阿里巴巴销售系统的一个缺陷，用张瑞敏的话形容是没有“温度”，也就是缺乏社交功能导致高附加值漏损。表现在现象上就是涌入大量打价格战的低端中小商家，总也无法走向高端。

为了解决这个问题，张瑞敏在2014年就提出：在未来的海尔，无用户全流程最佳体验的产品都不应生产，无价值交互平台的交易都不应存在，而转向了以用户需求拉动的制造服务化升级。大思路是，把产品变为网器，用战略损益表调低硬件价值占比；通过软件形式，推动提供产品向提供服务转化；在服务化中，加入阿里巴巴没有的交互功能，变为“货币—语言”双交易通道，利用交互形成的信息，析出用户的“指挥”信息，用于整合面向用户体验的整体解决方案，最终赢得终身用户的忠诚，创造用户价值，并通过引入用户参与，让用户创造价值。

海尔最大力度的一项商业基础设施创新，是把物联网当作网络用户的“组织”，在物联网的各个节点上，遍布触点，开辟用户增值通道。

触点是海尔的专门术语。海尔提出打造触点网络，这完全不同于BAT（B = 百度，A = 阿里巴巴，T = 腾讯）的做法。触点是指在用户网络节点上，提供增值服务。例如，在配送节点增设管家服务，先通过与用户交流（海尔称之为交互），了解需求痛点，然后将各种产品、服务（不限于海尔自家）整合为一致性服务，直接触及用户“美好生活”体验。

在物联网生态战略指引下，海尔的五大“独家”营销系统正在进行互联网转型。

以智慧云店为例，门店客户在原有模式下存在诸多痛点：“出样难”“不会讲”“记不住”。由于店铺面积有限，产品无法增加；店铺中产品摆放过于拥挤，影响店面形象；产品迭代快，不能很快更新样机；出样成本高，占用资金源大，这些原因造成出样难。客户对于新引入的产品功能点不完全熟悉，对产品的讲解就不透彻；新产品的介绍资源也难以下乡；类似型号功能差异多，容易混淆。

海尔授权的智慧云店是行业独家的零售管理工具，可以帮助店主增加出样，并且有视频专业讲解产品信息资源；及时将最新的产品营销信息下沉到村，形成县到镇、镇到村的三级网络体系。智慧云店率先在无锡、四川和合肥三个地区试点，试点区域的经销商全部上线，终端2776家上线。以往新品出样到店差不多会耗时1个月时间，而通过智慧云店后台，可以实现新品一夜之间到达乡镇客户。

再以顺逛为例。顺逛是要建设成为开放的社群经济生态平台，对内部的体现是聚焦实体店转型，全流程并联打通，对外部的体现是聚焦做社群交互，获取全网全渠道用户的终身价值。

顺逛的全网全渠道平台是将线上与线下打通，线上包括海尔商城和顺逛两部分，海尔商城是统一的交易平台，顺逛则是OTO（Online To Offline，线上付费线下服务）的社群经济平台。通过与线下端整合全国海尔专卖店交互、与巨商汇实时同步的交易以及车小微领先最后一千米的交付，实现线上线下的融合，给用户极致体验。

截至目前，顺逛在线上拥有36万微店主，拥有104万社群用户；在线下全国2691个社区网格中，顺逛已覆盖2017个网格，打通1万多家专卖店。顺逛微店主也通过微信等社交工具建立自己的用户圈，以此沉淀粉丝社群。

顺逛目前与集团内部各用户小微并联打通，转型为社群平台，在产品上市前，就通过话题的传播让用户参与其中。顺逛搭建的是一个可以充分把产品价值还原透的社交平台，将用户小微吸引过来，抢着上顺逛平台，成为用户小微“传播产品故事”的社交平台。

案例5－1－1

## 姜水超在顺逛平台上零成本创业①

2016年姜水超还是一名保安，同年被顺逛“零成本创业”的口号吸引加

① 李云：《真心为用户，用户把家“交”给他》，《海尔人报》，2018年5月9日。

入了顺逛。之后他开始在朋友圈、业主群做宣传，一年的时间里，顺逛为他带来的收益已经超过了他做保安的工资。2017 年，姜水超辞掉保安工作，和朋友开起了建材店，成为烟台海阳一名建材店的老板。

与打工不同，姜水超倍加珍惜这次创业机会，以店为家，真心为用户着想，帮用户解决难题。

姜水超的家里堆满了电器。整整 3 个月，姜水超每天都得看管好这些电器。这些电器不是他自己的，而都是“别人家”的。

家住陕西的王女士，打算在海阳装修一套房子，便从姜水超那里买了近 3 万元的产品。但由于一直没拿到新房钥匙，无奈就将电器放在了姜水超店中，一放就是 3 个月。3 个月后姜水超终于等来了王女士的电话，他马上租了辆三轮车，一件一件地将家电运过去。

几天后，王女士打来电话，主动向姜水超介绍了另一位用户。新用户一次性购买了 10 件家电，并放心地将新房的钥匙交给姜水超，委托他安装，然后自己出国去了。安装过程中，姜水超给用户不断发照片报告进度，得到了用户的好评。

目前，姜水超运营着 40 个社群，最好时一个月能卖出 100 多万元产品。

#### 5.1.2.2 平台企业：无边界组织（下）——业务平台

海尔的实体平台是业务功能平台，主要包括五大平台。即家电转型平台、物流平台、房地产平台、文化产业平台、功能单位平台（Functional Units，FU，功能单位）。企业内部结构接近事业部制。

家电转型平台由原来 690（青岛海尔，集团在 A 股上市公司）和 1169 产业集团的家电业务（如冰箱、洗衣机、空调）发展而来，主抓产品。平台聚焦互联工厂与微商体系的对接。

物流平台是 1169 剥离家电业务回归物流服务而形成，主抓渠道。其中的核心是 1999 年成立的“日日顺”物流平台。集团将所有物流、分销、售后服务及相关配套整合进“日日顺”。物流平台从第三方物流企业，发展为可以接入“车小微”等应用增值服务的开放物流平台。平台提供订单、运营系统、派工系统、结算系统等支持服务，车小微则吸收家电服务点、经销商和物流公司等单位，以及夫妻店、运输司机等个人加盟。在平台支持下，车小微可以实现大数据智能决策分配订单，也可以发展为配送车上的流动百货公司。

房地产平台是海尔的实施“互联网+居住”战略的用户交互平台。2016年年底启动了海客会项目，未来重点发展零距离的用户体验服务。

文化产业平台由原来的海尔文化中心发展而来。借助海尔兄弟的卡通形象打造文化产业的发展平台。在平台上发展动漫、手机游戏、电影等产业及增值服务。

功能单位平台（FU平台）是财务、行政、企业文化、人力资源、供应链方面的支持服务平台。每个职能模块都进一步细分为不同的经营体。

案例5－1－2

## 平台促成圈子凭借差异化“割据”[①]

盛保敬开始重新思考平台价值的时候，有个消息传到他耳朵里。原来，某渠道将原本3699元的产品压到3099元，顺逛微店主发现后，马上来向平台“告状”。他发现，随着渠道转型，与过去打价格战不同，一些小微开始看轻硬件，转向从服务上赚钱。这事儿过后，盛保敬就开始琢磨怎样将微店主的价值最大化。

盛保敬说，这以后，自己对顺逛微店主的分类很感兴趣，正在研究依托同样的硬件，如何鼓励微店主根据不同的人群来定制产品，比如：设计师微店主适合推荐一些高端、有设计感的热水器产品；服务兵微店主可以接触到不同的用户群体，可以培养他们针对不同群体用户推荐不同产品的能力，以此充分发挥“圈子效应”。这样既可以鼓励竞争，又不致因相互雷同而杀价。

交互是用户差异的基础。作为平台的顺逛要做的是，从产品、微店主发展、交互率、活跃度四个维度对各产业的交互情况进行分类评价，并在每周四进行的并联会上对结果进行公示，只有评价等级高，用户小微才能拿到在

① 贾梦莹、孙学伟：《一场对赌下两个小微的变化》，《海尔人报》，2017年1月11日。

顺逛首发的优先权。

不仅如此，顺逛还将分级显示延伸到专卖店，只有口碑好，并且有足够用户资源的专卖店才有资格抢单顺逛首发产品。

不过，宋宝爱也在想，顺逛作为交互平台要想持续地走下去，肯定不能局限于已经出来的产品，一定要提前参与到用户小微的全流程中去，整合整个物联网生态圈的资源。

结合张瑞敏关于“红色割据”的思想，可以体会到，这里的“割据”还有垄断竞争（也就是异质完全竞争）的意义。同样产品，不同服务，造就了差异化生态。平台的一个重要功能，就是为这种生态提供基础服务支撑。

这个案例说明，平台要想对增值应用企业进行战略引导，应提供什么样的机制保障（在这里是确定生态方向的目标）。

案例5－1－3

## 大顺逛平台支持专卖店升级①

秦磊是鸿程永泰专卖店的老板，他们也在做智慧云店，并把智慧云店开到家装公司里。他们与家装公司最开始的合作只是通过家装公司渠道来销售单品，用户和家装公司都不买账，结果就是产品单价卖不高，盈利能力也很差。2017年4月，秦磊到深圳的一家社区智慧云店学习，场景化营销的模式深深地触动了我。

智慧云店可以和家装公司为用户提供成套的解决方案，秦磊认为这肯定是个机会，便抢做全国第一家智慧云店进家装公司的样板。2017年6月17日，他们在家装公司首建的60平方米智慧云店开业，之后这家店前端安装类产品销售占比63%，而且客单价也翻了一番。后续又与很多家装公司展开合作，目前合作的有36家，其中有3家建了智慧云店，每月100%以上达成目标，而这些合作给他带来一年近千万元的收入。

在这个案例中，专卖店嫁接在大顺逛社群平台上，从卖产品转向卖解决

① 李小东：《家装公司样板：一年带来千万增收》，《海尔人报》，2018年3月7日。

方案，创造了增收来源。这个案例说明平台应该让接插其上的应用企业发生有利的改变。

案例5－1－4

## 用户口碑平台使用户付薪功能化[①]

2018年5月6日一早，汪洋来到刘女士家，进行洗衣机清洗。因为汪洋准时又有热情，刘女士对这次服务非常满意，为汪洋点了个好评。汪洋获得即时激励，显示到账30元。

刘女士、家电管家汪洋使用的App都是用户口碑平台上的HCC（Haier Customer Care，海尔用户关怀系统）升级后对应的手机端产品。

随着海尔生态圈体验的日益深入，价值评价系统需要升级。原有的财务系统只能记录成交，但对发生在成交之后的口碑，无法做出反应。用户满意不满意，在财务上无法直接反映。为此，海尔建立了专门的用户口碑平台。

用户口碑平台使体验具有了不同于一般服务的评价系统，可以针对用户快速响应和个性化服务进行即时评价。HCC系统就是其中的最新版本。

HCC系统分别为用户、家电管家、平台商提供全流程支持。用户可以在线查看家电管家相关信息、在线评价、可视化结算；家电管家可以通过App实现人脸签到、自动抢单、实时结账等；服务平台商和用户口碑平台可以分别通过手机端和电脑端查看全流程进程。

在这个案例中，用户口碑评价系统是需求工程的一个重要组成部分，它使得用户付薪作为一种管理功能，嵌入系统之中。

这个案例说明，平台要想让应用企业在战略方向上一致（在这里是从服务转向体验），应提供何种基础服务保障（在这里是从财务服务支持发展为口碑服务支持）。

① 刘翠翠：《新系统上线，服务全流程可见》，《海尔人报》，2018年5月9日。

### 5.1.3 小微经营体

小微经营体是网络条件下社会分工的产物。在非网络的条件下，经营主体是企业，企业可以自我封闭地以竞争的方式独立存在，例如，只用自己的资源，不与他人合作。但网络组织是“平台＋小微”的两层经营的复合型主体。小微一方面在拥有权上是独立的（有独立的三权：决策权、用人权和分配权），另一方面在使用权上依赖于合作，要靠共享平台的资源而存在。这决定了小微主体与一般企业的不同，在于他是网络生态的主体，是以重资产与轻资产分离为前提，以轻资产运作的公司。轻资产运作表现出业态上的特点在于，它必须聚焦于差异化，靠与其他生态主体不同，而在与平台并联的生态中找到自己的位置。

案例5－1－5

**羌纳变公司结构为“平台＋小微”**①

2018年1月，易雍健康的业务拓展团队已经完成全年保费业务量的签单，这意味着公司将拿出收入15%用作团队奖励。这下子，团队成员成了全公司羡慕的对象。

“这是我们应用人单合一模式的直接结果。”易雍健康对外关系经理陈哲奇说。就在2017年，他们公司还处于薪资固定、激励较差的管理低效状态。

转变机遇出现在2017年6月。资本平台基金合作小微在完成对该公司的A轮投资后，正式打款。而在深入沟通中，羌纳发现，这家初创公司业务需求巨大，发展前景极佳，但急需高效运转和市场化运营模式，“当时公司本身的管理和运营效率并没有达到我们的预期。”

羌纳当即向该公司董事长郑勇介绍“人单合一”模式，用户付薪、按单聚散对员工积极性的调动，这一下子吸引了郑勇。他主动向羌纳提出，对公司所有成员进行“人单合一”模式的培训。

① 步凡、羌纳：《授人以渔，带着模式去投资》，《海尔人报》，2018年3月14日。

羌纳和团队为易雍健康设计了“平台 + 小微”的模式，将总公司变成平台，各个细分业务团队是小微。“由平台把业务发展需求的点拎出来，就是公司的单，承接单的人，就变成了小微主。”按单聚散后，公司原来的135人优化为医院对接、理赔运营、业务拓展、IT系统四个“小微”。其中，原先来自香港的IT系统团队，由于无对口承接的“单”，团队整体被动态优化，重新抢入了新团队。

2018年1月，易雍健康正式按“平台 + 小微”模式运行，公司整体工作效率显著提升，用陈哲奇的话说，效果是很直接的。原本大家每天都只是定点上下班，没有人说每天必须做什么，自己也没有规划。但是改革之后，有些部门甚至精确到每天完成的任务，大家的积极性明显提高。各小微主之间的沟通也更加顺畅，改变了原先事无巨细都需要等董事长来决策的状况。

业绩是管理模式改变最直接的成果表现。2018年1月，易雍健康的理赔核赔订单量已经突破2017年全年业务量，签约HIS（Hospital Information System，医院信息系统）直连的公立医院超过37家。而易雍的管理费用，却相较于2017年下降了近25%。

这个案例显示了小微在“平台 + 小微”组织结构中的位置。企业拆为平台和小微两层后，活力被充分释放。

案例5 –1 –6

## 小微拆细，层层对赌[①]

空调平台主曹春华为了咬住翻番目标，将小微拆细，层层对赌，用机制驱动全员转变观念。

以上海为例。在上海这个高端品牌林立的城市，卡萨帝空调的份额仅有0.5%。在高端需求量最大的城市卖不好高端产品，这一度让上海空调总监张林有些羞愧，也很烦躁。要在这里实现翻番的目标，张林认为必须从高端的

① 景熙：《与客户对赌，赌出份额翻番》，《海尔人报》，2018年5月9日。

卡萨帝入手，办法就是将小微进一步拆细，转变机制。

于是，张林跟6个小微之间达成一份对赌约定：将对手的位置让与卡萨帝，小微对赌实现份额的翻番。上海羊庄店是张林与客户对赌的第一家店。起初，卡萨帝在这儿的份额几乎为零，经过对赌重装之后，份额提升到17.3%，远超预期，同时还拉动海尔品牌近7个百分点的份额提升。原来拒绝对赌的客户主动腾出几个最好的位置，让张林选择。张林通过与客户的对赌，在这个外资品牌称霸的地界，将卡萨帝的份额提升到2.7%。

案例5－1－7

## 乐家小微的组织架构①

乐家小微的工商注册名是青岛日日顺乐家物联科技有限公司，小微主为钟辉。目前团队及海尔股权占比51.4%，A轮投资人股权占比41.2%；A＋轮投资人所占股比1.54%，B轮投资所占股比为5.8%。

小微所属的平台是日日顺乐家平台。日日顺乐家平台围绕“一个平台（城市社群最佳体验生态圈平台）、两个品牌（乐家诚品、小顺管家）”，拆细为智能柜、乐家驿站、家电服务、家政服务、乐家洗衣、乐家诚品6个小小微。

乐家小微的价值定位是，满足用户家电、家政、快递和健康食品四大用户需求，致力于打造城市社区美好生活。

为此乐家小微依托社群平台App，包括日日顺乐家、乐家创客。其App包括微信号日日顺乐家、日日顺乐家汇，提供家电服务、家政服务、快递服务、洗衣洗鞋、健康农产品等方面的增值服务。

乐家小微希望超过传统电商，成为高端用户生活首选。一方面，在套圈上实现触点网络在高速度、高质量、高黏度上的套圈；另一方面，通过物联网时代城市社群交互平台引爆引领，来实现换道，最终打造乐家诚品的生态品牌。

① 佚名：《乐家小微组织架构》，《海尔人报》，2018年3月21日。

#### 5.1.3.1　按单聚散的小微与创客

小微企业是从企业集团中衍生出的创业企业。它与平台的关系，好比 App 与苹果商城平台的关系。小微与创客的区别在于，小微是独立法人，而创客、员工可能不是独立法人。小微主主要从创客、员工中产生。

海尔平台上有三类小微组织，创业小微、转型小微和生态小微。其中，创业小微是从内部的项目孵化、独立出来的。转型小微主要是成长、成熟的产业模式创新转型而来。生态小微是“长”到企业之外，从外部生态圈方向发展的小微。

从组织结构看，小微在结构中的位置，相当于农业统分结合双层经营体制中家庭的角色。平台的功能是统，小微的功能是分。一级自主经营体和小微在战略上的结构功能，都是向差异化增值业务方向发展，发现新的市场机会，获取由多样化带来的溢价收入。

从管理学角度讲，单独的创业企业是《管理学》内容①，但在大企业内部孵化创业企业这个题目，还没有纳入《管理学》视野。在历史上，惠普公司从内部孵化出打印机项目，最终成为惠普的主营业务之一，这是内部创新的典型案例。但与小微企业这种制度创新相比，有明显区别。海尔的小微企业已成为组织的正式制度，而且可以可持续发展；海尔孵化小微企业，定位主要并不是发现未来集团主营业务，而是有意识地发展为平台—小微双层经营结构。

按单聚散，代表了组织的最高形式，即无组织、自组织。《道德经》中说：“大方无隅，大器晚成。大音希声，大象无形，道隐无名。”按单聚散这个原则对应的是“大象无形”，“象”就是按单聚散的“单”，指组织的形式因。

聚散是网络组织中企业的形成与解体，按单聚散是海尔模式决定网络组织中企业形成与解体所依据的原则。意思是说，网络组织中企业应围绕单来

① 史蒂芬·罗宾斯、玛丽·库尔特：《管理学（第 13 版）》，中国人民大学出版社，2017，第 241 页。

形成并开始生命周期；企业（如小微）应以单的完成为标志，结束生命周期。小微结束生命周期，不是失败，是完成任务，而其能否涅槃，要看下一个单存在不存在。单一旦变化，人就要相应变化。从这个意义上说，按单聚散是以变制变原则的推论型结论。海尔董事会大楼里有一个凤凰涅槃的雕塑，代表的就是这种原则。

按单聚散是海尔模式的重要组织原则，不仅对小微主适用，对平台经营体也适用。这一原则也是唯用户是从原则的推论。自主经营不是以自我为中心经营，而是自以为非地经营。而单，则是那个“是”所在。要以用户为是，体现在组织上就是按单聚散，从自以为是的聚散，改变为自以为非，以用户为是的聚散。

理解按单聚散原则，要从单和人两个方面理解：“单”凭借什么聚散，“人”凭借什么聚散。

案例 5－1－8

### 跳出来单干的小微[①]

从制造系统抢单到用户小微，孔祥锋完成了从幕后到台前的身份转换，可新鲜劲儿还没过，孔祥锋就被贴上了“差生”的标签。在统帅新产品评审会上，统帅空调的产品得到的评价是倒数第一。孔祥锋心里难受得不行，他把这股难受劲儿牢牢记在心里，鞭策自己：不做到第一名就辞职。

但是统帅空调“差生”的名头由来已久，因为型号老旧而且缺乏差异化，在市场上缺乏竞争力。

锐风是个全新的小微，自己从海尔空调里跳出来单干，基础几乎为零。于是，孔祥锋开放资源，吸引了研发出身的黄罡和市场出身的张龙抢入，建立起了锐风的骨干团队。

在锐风小微里，大家的单都是一样的，即为用户创造价值。能为用

---

① 李云：《为了直面用户，锐风小微跳出来单干》，《海尔人报》，2018 年 5 月 16 日。

户创造价值才能抢到更多的单，而这就倒逼他们必须到终端去跟用户交互。

孔祥锋和黄罡跟着服务兵到用户家，跟用户交流产品的想法思路；为了能造一款更受大学生群体喜欢的空调，他俩通过西安交大的教师群和在校的大学群体展开空调的需求交互。最终得出年轻群体需求的产品要有简单、快捷、时尚等特点。

新的空调产品问世后，因为很好地解决了青年群体的痛点，销量不错，小微有了起色。

坚持交互的成果也很明显，2017 年锐风实现了累计完成率 174%、增幅 102% 的成绩。从内部倒数第一变成了统帅全品类里的引领者。2018 年 1 月至今，锐风的增幅一直在 70% 以上。

案例 5 -1 -9

## 带单抢入，按单聚散①

2018 年 5 月 2 日，颂车小微主任安邦参加完小微样板会后，便马不停蹄地飞回了重庆。次日一大早，便召集小微各节点负责人开了一次互动会，围绕小微生态平台加速迭代的路径、生态平台的服务内容展开讨论。

颂车小微是云贷平台孵化出来的，任安邦原来是云贷平台的风控团队中的一员。任安邦抓住了用户对于用车全流程的需求和市场上用车综合平台的空白，主动抢出孵化小微。任安邦将想法告诉了另一个伴，于是，两个年轻人开启了颂车小微的创业之路。为了尽快抓住行业政策和小微创业的机会，任安邦卖掉房子，全部投入到颂车小微的筹备推进中。

2017 年 7 月，颂车小微成立，小微以车金融产品为切入点，为用户提供从新车购置到保险、保养、汽修、二手车交易等全流程服务，打造用户车生

① 景熙：《任安邦：目标锁定车联网生态领域的独角兽》，《海尔人报》，2018 年 5 月 9 日。

活生态共享平台。

破局是从做透样板开始的。在一次为二级车商策划的活动中，小微为其联系车源，车源则是平台里面的一级车商免费提供，助其销售，实现当日成交5台，3天成交10余台的业绩。样板的树立让原来观望的资源方逐渐接受颂车小微。截至目前，平台上已经聚集了500多家资源方。

这样一个样板的树立，不仅为平台带来资源方的涌入，还为小微团队吸引了更多外部的一流人才。小微成员陈登科原本是一家4S店的老板，在跟颂车小微接触之后，主动抢入颂车小微，现已抢单成为四川区域小小微主。而内部原云贷孵化平台的陈锋等4名科技成员也主动抢入颂车成为创业者。无论是内部还是外部，颂车小微的团队每个人都是带单抢入，其中像陈登科这样通过换边转化为小微成员的不在少数。

#### 5.1.3.2 物联网时代的企业必须变成生态圈

张瑞敏说："企业要做成一个生态系统，而不是做成一个帝国。企业一旦做成帝国，你就会封闭起来，其实非常危险。柯达、诺基亚，非常大，说倒瞬间就倒了。原因在于市场已经从传统的单边市场变成双边市场，或者多边市场。互联网时代，它一定是一个平台，在这个平台上有各种资源、各种力量，互相交互，来产生更大的价值。"①

海尔是一个开放的企业，与丰田相反，海尔非常注重结交外部伙伴，相互借力。与丰田专做汽车不同，海尔的产品线非常长，品种多达12800多种。不同的产品和服务，需要不同的资源，如果全都买下来成为自己专有的资源，既不现实，也不可能。所以海尔对产业链、价值链上的合作伙伴，采用虚拟组织的方式，进行开放合作。

虚拟组织就是以使用权为边界的组织，虚拟组织以资源使用为单位，形成临时或长期的利益共同体。虚拟组织是相互借力的组织。虚拟组织与企业的主要区别在于，企业是以拥有权为边界的组织，同一个组织必须是同一个

---

① 佚名：《海尔张瑞敏南京开讲：让员工成为创业者，"群龙无首"才是公司极致!》，《江苏商报》，2016年12月09日。

老板；虚拟组织突破了企业这一边界，同一组织可以有不同的老板。从资源配置方式看，虚拟组织的合作大多围绕资源的当期使用，而企业则是买断资源加以使用，相当于买下了资源所有当期使用的集合。虚拟组织可以比企业更灵活地根据需求变化而调整资源组合，随单聚散。而企业面对需求变化，往往要倒着考虑问题，要根据自己手中的资源（手中有什么牌）适合做什么，来决定为哪些需求提供服务，对哪些需求视而不见，这就大大缩小了自身生存空间。

海尔模式最奇特之处，在于与企业组织并列的还有一个用户组织，二者加在一起，称为网络组织。所以海尔的管理学，不是企业管理学，而是网络管理学，也就是用户组织管理学加上企业组织学。就好像经济学是由需求论加供给论形成的一样。用户组织管理学的核心原则，就是单由网聚。这个网，就是以物联网为基础的生态圈，它是用户的“组织”，是无组织的“组织”、自组织的“组织”。

张瑞敏说：“物联网时代的企业必须变成生态圈，物联网时代的组织必须变成自组织，物联网时代的管理必须变成人单合一。无论生态圈、自组织还是人单合一模式，又同时必须是不断进化的活的要素。”① 我们把这一思想，概括为单由网聚。意思是，用户处于分散状态，但处于用户网络之中。用户一般不会系统表达需求主张，但由于用户网络的存在，通过物联网，用硬件—服务构成的用户语境系统，会把这种需求聚集起来，传导到用户那里，通过创客和小微主的加工，形成高单。为此，应把物联网当作用户组织的载体进行经营管理，从而形成用户需求整体解决方案的汇集渠道，并从中获得形成用户需求整体解决方案的必要信息。

张瑞敏提出“一致性经济”这个新概念，认为体验经济再发展是一致性经济，这也是物联网的一个内容。用户会有很多需求，不可能自己去找每一个需求的提供方，能否有一个企业牵头，可以一次性满足用户的多种需求？要做到这一点需要从以下三个方面着手。其一，必须有即时网络，

---

① 张瑞敏：《新年只是一个数字，新我才能迎接新的太阳!》，《海尔人报》，2018 年 1 月 3 日。

也就是社群生态圈的触点网络。海尔的优势在于海尔的触点网络是有温度的（触点网络都有小管家），且海尔还有顺逛平台，可以首发并迭代。其二，网络必须可以了解用户的痛点，且能将用户痛点的一致性进行整合，为用户提供一致性解决方案。在这一点上，顺逛要研究，是否所有家电都可以通过网器连接起来，为用户提供一整套解决方案。其三，小微是核心，小微需要具备一致性能力，这个能力在观念上包含两部分，一是与战略的一致性，二是与平台的一致性，平台的一致性表现在所有小微都要在平台上运营，在实践上，就是要坚持从套圈到换道再到第二曲线的战略要求。只有换道，才能提供一致性服务。

这里的一致性就是用户管理。以往的管理，强调的是企业的一致性（例如管理2.0的流程再造），但用户的需求往往被割裂，从而变得不一致。比如用户需求是喝水，结果杯子是一个厂家生产，水是另一个厂家提供，人为地将一个需求断成了两截。人单合一管理，专门为单设计了一个体系，让用户需求像部门协调一样，成为一个有机整体。

案例5－1－10

## 资源方“闻香而来”，互为平台[1]

酒知道小微主张天鹏创新机制，用生态模式聚焦更多资源方。

酒知道签约酒店达1700余家，他们在用户资源基础上，将共享酒柜和定制的物联网系统免费开放给酒商，帮助他们把酒卖得更好。同时根据每台酒柜的红酒动销情况向酒商收取平台费。不少资源方“闻香而动”，他们渴望通过新模式解决当下红酒消费中的诚信问题，实现精准营销。

2018年春节前，酒商主动找到酒知道寻求合作，他们将销售渠道资源向酒知道开放，并承担市场开拓、红酒配送及销售、后期运维这些最需要人力成本的工作。

① 佚名：《酒知道“暗香涌动”，资源方“闻香而来”》，《海尔人报》，2018年2月28日。

在东营和郑州，新模式合作下的100余台酒柜已经“上岗”，它们不只分布在餐厅，还分布在中石化的连锁便利店、汽车4S店等场所。有酒商主动开道，部分难突破的高端餐饮店也布上了酒知道的共享酒柜。

2018年1月，酒知道生态收入超过百万元，目前积累交互用户资源超过10万人。在曾经“野蛮生长”的红酒行业中沉浮的酒商们有了双重身份，他们是平台的受益者，也正在成为平台的共创者。

“我们将通过机制让更多有资源、有能力的利益攸关方加入平台，打造颠覆酒类产业链、为用户重塑价值体系的红酒生态平台，共享共创成果。”张天鹏说。

在这个案例中，合作方既是分享平台资源，又为平台引进资源。达到了互为平台、资源互补的效果。

案例5－1－11

## 为智慧家庭提供成套方案①

海尔为了推动从产品向体验的转型，推出了“4＋7＋N”全场景定制化智慧成套方案，意在实现用户体验的无缝交互。例如，在智慧厨房内，馨厨冰箱能够根据用户数据精准推荐健康计划膳食方案，为用户精心购买安心食材，还能将菜谱发送给烤箱和吸油烟机，实现一键烘焙、烟灶联动。

全场景定制化智慧成套方案包括冰箱、洗衣机、空调、热水器、厨电等十大产业线在内的原创颠覆性智能爆品，可以让用户一次买齐。为方便用户选择，还推出了豪华套系、时尚套系等不同组合，用户可根据需要选择，或者自由定制拥有个性标签的智慧生活新体验方案。

即将落地的6000余家体验店，则在升级传统的陈列式卖场，转型为智慧家庭实景展示，加速促成智慧家庭成套落地。

---

① 佚名：《海尔文化交互平台：海尔，创成智慧家庭第一品牌》，《海尔人报》，2018年3月7日。

### 5.1.4 生活 X.0 与用户网络

海尔模式一个与众不同的做法是，为用户建立了一个“组织”，将价值交互用户纳入生产链。这从组织角度解决了第三代系统论所说的自生成的问题。不是在企业内部设立需求调查部门，而是直接把用户组织起来，自动生成订单。

2014 年 1 月，张瑞敏提出建立价值交互平台的想法。要通过用户交互平台，拉用户参与进来设计产品，把用户纳入生产链，实现产消合一。为此，海尔打造了“虚实融合的用户价值交互的开放平台”。

2018 年 1 月 6 日，海尔集团召开了以“生活 X.0：定制物联网时代美好生活”为主题的创新年会。年会上，海尔集团董事局主席、首席执行官张瑞敏首次提出了一个全新的物联网时代的商业概念——生活 X.0。张瑞敏强调，“X”代表不确定，一方面代表用户的个性化美好生活需求是各不相同的，另一方面也意味着企业要无止境地去求解。

海尔探索的物联网模式，或者物联网生态圈模式，是相对于传统电商平台或社交平台的，这是两种完全不同的发展道路，海尔内部称之为换道超车，就是要从传统产品经济的模式和互联网电商模式的“道”换到物联网生态圈模式的“道”。其本质不同体现为海尔物联网生态圈模式具有传统电商所不具备的三个生态特质。

第一个是生态圈的共创共赢。物联网的本质和互联网一样是与用户零距离，但传统电商只有流量顾客，没有用户，自然也就谈不上零距离。海尔则是把传统的组织以人单合一模式颠覆成攸关各方利益最大化的共创共赢的生态圈，用户也是生态圈中共创共赢的重要一方。

这里的零距离，含有语境这个含义在内。对于网络来说，就是不仅要在节点上做到零距离，而且也要在边上做到零距离。要贴近用户的上下文语境，但非社交类的电子商务与之相比，在边的贴近上仍有距离。

第二个是社群生态的触点网络。物联网的另一大特点和互联网一样是分布式，海尔搭建的触点网络包括 10 万个城市社区的乐家驿站、10 万个农村水站、10 万个车小微，每一个触点网络都有海尔小管家和大家有温度的交互，持续迭代出用户最佳体验。

例如，日日顺乐家小微钟辉就认识到[①]，乐家目前做的就是给触点赋能，让触点更有温度地感知用户。电商做的是交易，当交易结束了，跟顾客的连接也终止了。而乐家做的不只是交易，交易只是交互用户过程中的一个环节，最终要实现的是用户对平台的不离不弃。乐家通过搭建诚信的平台，提供诚信服务，在用户享受服务的同时建立了联结，有了交互，才有了持续的体验迭代。

第三个是生态收入的即时价值。海尔物联网生态圈能够实现用户即时需求瞬间变成满足个性化最佳体验的即时价值。作为硬件的电器变成网器连接用户，给用户提供的不再仅仅是产品价值，而是通过网器传递的服务方案所带来的价值是生态收入，硬件的价格是有限的、固定的，但生态收入是源源不断的。

案例 5 –1 –12

## 赋能美好生活[②]

近日，无锡小微海安海尔专卖店成交了 85 万元的智慧家庭成套订单。用户张先生是一家上市公司董事长，本身对智能家居比较感兴趣，希望新房能够实现家庭系统智能互联。海尔专卖店吴老板通过朋友得知了这位高端用户的需求，择机邀请张先生到店品茶并为新店开业剪彩，使其深入了解和体验卡萨帝的匠心产品和海尔的智慧家庭解决方案，最终张先生选购了卡萨帝厨电、冰箱、洗衣机、冰吧、酒柜等高端家电，以及海尔品牌的新风系统、地暖、中央空调、全屋净水和智能安防等前置性产品。

据无锡小微主徐志博介绍，目前，苏南 4 个地级市、12 个县级市，均为全国经济百强县市，乡镇经济也比较发达，当地用户对美好生活的需求日渐增长，像海安这样的高端体验店还有很多，遍布在百强县、千强镇触点网络中。

---

① 钟辉：《让触点更有温度地感知用户》，《海尔人报》，2018 年 1 月 3 日。

② 张萱：《徐志博：高端引领从卖产品到卖生态解决方案》，《海尔人报》，2018 年 5 月 16 日。

在这个案例中，一套方案85万元听起来确实很震撼，但与获得的美好生活体验相比，也是值得的。徐志博真正把用户终身的需求挖掘了出来，并加以了实现。

案例5-1-13

**把生活X.0的文章做在X上**[①]

张先生是乐家诚品的“忠粉”。2018年4月16日，他在日日顺乐家App下单购买了“不知火”橘橙，17日下午就收到了货品。与以往相比，这次开箱后，他发现包装盒里多了两样新东西：一张二维码牌和一叠一次性手套。

扫描二维码后，张先生看到了这箱橘橙的溯源信息，产自四川省乐山市五通桥区金山镇星光村，还附有种植户和寻源创客、果园基地的照片和橘橙的成长培育过程。添加一次性手套，是因为乐家诚品对前期购买橘橙用户进行回访时发现，除了水果味道品质的回馈外，部分用户提出此类水果汁水丰沛，剥皮手上会沾满果汁，在不方便洗手的场合清理麻烦的痛点。乐家诚品小微与种植基地负责人沟通后，购置了一次性手套，供用户剥橘橙时使用。

对种植基地来说，这两样东西是他们得到用户真实意见并进行改进的体现。

生活X.0的“X”代表不确定，在这个案例中，用户手上沾果汁这一细节，就是具体场合下的体验。企业通过提供一次性手套，使体验落到实处。

## 5.2 人力资源管理：世界是海尔的人力资源部

海尔模式下人力资源管理用一句话概括，是“赛马而不相马”。相马是企业内部人力资源管理方法，管的是同一老板的下属；而赛马则适合企业外部

① 李云：《体验迭代从源头开始，用户评级直通种植户》，《海尔人报》，2018年4月25日。

人力资源管理，管的可以是不同老板及其下属。将其他老板及其下属当作自己的人力资源来“借用”，是这一机制突出的优势。在这一机制下，全球成为海尔的人力资源部。

此外，海尔还创造了利用物联网将用户组织起来的管理方法。利用这种方法有意识地管理社群生态，使社群从无组织状态，变为自组织状态，从而发挥高价值需求指引（如显示解决方案痛点）的功能与作用。

人力资源问题在管理 1.0、管理 2.0 中，主要是企业内部问题，即员工的问题。包括劳动力的选择、使用、培训等。对管理 2.0 来说，还有人力资本的养成问题（包括学习）。但对于管理 3.0 来说，由于企业无边界（无企业边界，而以网络为边界），人力资源管理主要不是员工管理，而是根据人单关系优化组合创造价值能力，发挥人的潜力的过程。

表 5－2 系统比较了管理 3.0 与管理 1.0、管理 2.0 人力资源方面的差异所在。

**表 5－2　　　　组织功能比较分表：人力资源**

| | | 管理 1.0 | 管理 2.0 | 管理 3.0 |
|---|---|---|---|---|
| 范式 | 单的前提假设 | 用户简单性 | 用户复杂性 | 用户复杂性 |
| | 人的前提假设 | 企业简单性（无员工潜力发挥） | 企业简单性（无员工潜力发挥） | 企业复杂性（员工潜力发挥） |
| | 管理框架 | 职能 | 流程（内部关系） | 功能（职能 + 内外关系） |
| 人力资源产权理念 | | 但求所有 | 但求所有 | 不求所有，但求所用 |
| 原则 | | 企业内部 | 企业内部 | 无边界 |
| 方法 | | 强化职责 | 流程再造 | 平台生态圈 |
| 员工 | | 官选兵 | 官选兵 | 按单聚散，官兵互选 |
| 是否借用外力 | | 否 | 否 | 是 |
| 报酬性质 | | 工资 | 工资 + 资金 | 工资 + 分成 |
| 报酬原则 | | 计件工资 | 按岗位、资历、能力 | 按单完成情况计酬 |

### 5.2.1 世界是海尔的人力资源部

张瑞敏提出，“在互联网时代，对于人才要坚持‘不求所有，但求所用’的原则，海尔在人才的使用上要突破传统思维，打破企业边界，建立网络化资源体系，通过平台型团队‘按单聚散’的机制来汇集全球最一流的资源。”用人才用的是什么？用的是智慧资源，即通过三易（不易、变易和简易）创造价值的人才。

人单关系中的人，并不天然存在于企业之内。最好的人力资源是把最适合创造用户价值的人，推到人单之中“人”（组织）的位置上。传统的人力资源管理以企业为中心，企业有什么样的人，就提供什么样的服务；或者用户需要什么样的服务，就把员工培养成什么样的人。在这种管理方式下，如果企业确实培养不出用户需要的特定的人才，或这样的人才确实不在企业之内，企业只能以拒绝用户的方式交白卷。这是一种单边主义，而体现不出管理的关系论来。如果从人单关系角度立论，正确的做法是人与单对等匹配。也就是说人力资源管理想做到也得做到，不想做到也要做到，必须让高附加值的用户需求（单），与创造用户价值的人，共处于同一个生态单位之内。管理3.0不是以企业为边界考虑人力资源，而是假定企业无边界，可以在整个网络中网罗所需人才。而且要做到随用随取，不用则弃，不养闲人。

人单合一关系还意味着，不是什么人都是可用人才，张瑞敏指出：“以人为本的管理就是管理人员的创新精神。”这不同于北欧福利模式下的以人为本，也不同于管理2.0中日本年功制的以人为本，这类管理都可能造成人力资源的闲置与浪费，不能把人的潜力充分调动出来。海尔要用的是可以实现双赢的人，而不是那种不动脑筋只会打价格战的人。为了保证创新人员“在场”，海尔采用了“鲇鱼机制”，使人才时刻保持积极状态。

用户需要什么样的人，人力资源管理就要创造条件把他吸引到自己的创业生态圈中。“世界就是人力资源部”，是海尔人力资源管理政策的定位。企业的作用是为吸引这样的人才搭建共创共享的创业平台。

案例5－2－1

## 世界就是我的设计部①

2018年5月19日，首届世界创新创业博览会在上海同济大学嘉定校区开幕，汇集了美国麻省理工学院、意大利米兰理工大学、世界设计组织、阿斯顿·马丁、优衣库等全球顶级院校、企业与机构。COSMO大规模定制平台小微以Hello Kitty主题智能儿童房亮相。

Hello Kitty主题智能健康儿童房以“美好童年”为主题，冰箱、空调、魔镜、扫地机等产品结合了孩子们的喜好。除了超萌的外表和智慧的内“芯”外，它们都有一个共同点：由用户众创定制。

科幻感十足的魔镜，中国美术学院也加入了交互设计。汉唐集团旗下Hello Kitty实木家具品牌，发现与这个主题契合后一拍即合，参与了进来，就连一个小小的空调遥控器也是通过2017年的D设计大赛，由意大利设计师与用户面对面交互设计出来的。

世界设计组织主席斯里尼体验后表示，他从海尔看到了全生命周期的用户体验和全生态共创共享的模式，听闻海尔正在主导大规模定制模式的国际标准，愿意促进世界设计组织资源与海尔合作，一起推进设计行业参与到大规模定制的标准制定中来。

据COSMO大规模定制平台小微设计节点张煜晗介绍，Hello Kitty主题儿童房只是前奏，小微会以儿童房为智慧家庭创意设计实验室，收集以用户需求为基础的好点子，做出一份商业计划书，并开放平台资源使创意迅速落地，怎么落地，最终是由用户决定。

在这个案例中，设计都来自海尔外部，海尔利用而非拥有这些点子，共同为用户创造体验服务。

---

① 白莲：《世界就是我的设计部》，《海尔人报》，2018年5月23日。

## 5.2.2 人力资源管理：员工

### 5.2.2.1 赛马不相马

管理3.0是复杂性管理（也就是把复杂性管理得像简单性那样简易的管理），使复杂性成为一种竞争优势，而非成本负担。使复杂性变得在竞争中有效率（例如像生命体那样灵活有效地捕捉动态目标）。其复杂性有效的一个突出特征就是自我管理。所有简单性系统都不可能是自主管理的，自主是复杂性在人身上的最主要表现。海尔体现自主管理的人力资源逻辑是“人人是人才，赛马不相马”。

相对而言，管理1.0、管理2.0的人力资源管理，都是相马系统。背后的更深层逻辑，是拥有人，而非使用人。因为要把人才买断，因此最重要的工作就是相马。根据企业（老板）的用人目标，选择合适的人才。这适合单（环境）相对稳定的情况。而在人单关系中，单并不稳定，用人目标也稳定不下来。往往不是人才不合适，而是单变得太快，适合前一单的人才，并不总是正好能适应后一单。要把所有人才都揽入企业中，企业就成了养三千食客的孟尝君，没有哪个企业能够负担得起。

而管理3.0的解决办法是变有为用，把重点放在人力资源使用而非拥有上。使用就是“赛马”，不使用就相当于在养马。由此，人力资源使用的逻辑自然变成在人才生态圈中，轻重资产之间的使用互补：企业提供平台（固定成本），主要是提供舞台、规则；人才自身承担轻资产使用的责权利。这就包括员工创客要为自己的失败承担责任。标准的使用制度，就是联系绩效的承包责任制。如家庭联产承包责任制。家庭是指主体（在这里是人人都是人才的人人），联产指目标绩效（使用利益），承包指使用权利，责任指使用义务的约束。在这种情况下，企业的人力资源竞争变成了为各种“过路神仙”提供合适的窝的竞争。只有那些在各种使用场景中都可以派上用途的人才，才值得以买代租，而且还不是把这些人才当作雇员，而是当作可以创造增值、参与分成的创客。

案例5－2－2

## 第一竞争力抢单不算窜货[①]

在郑州、安阳地区，当地空调销售接口人李超通过与客户对赌第一竞争力的目标实现了翻番。当郑州空调小微想借势把李超的样板复制到紧邻安阳市的林州市时却被拒绝。客户不愿意锁定第一竞争力目标进行对赌。怎么办？郑州空调小微决定打破地盘论，让敢抢第一竞争力目标的客户公开抢单。

但在传统看来，这属于窜货行为，是市场不允许的。但在与总部沟通后，郑州空调小微获得了总部的支持：以产品为中心，跨地区是窜货行为；但是以用户为中心，以第一竞争力为目标，这就是价值创造行为。

最终，安阳恒发跨区域抢了林州的单，不到3个月，林州区域的空调份额已经突破22%，达到了10倍的提升。

这一次竞单，对郑州另外17个县市刺激很大，国内空调市场团队趁势梳理出了整套的流程，锁定天天翻番的目标，在全国进行复制。

高单需要高人，但高人怎么产生出来？在过去用人是按资历、部门、地域等，不能逾越。在这个案例中，李超相的“马”不愿意跑，只好打破条条框框，用“赛”来决出。结果是业绩达到10倍的提升。

### 5.2.2.2　员工的创新需要一个组织平台

对应传统管理学，这一节的题目是“如何为员工提供必需的技能和知识”，而海尔管理学在这里试图把问题本身校正为：如何让员工转变为创客，为此如何避免组织偏离目标？

两者的根本区别在于，一般管理学认为CEO高于员工，而海尔管理学认为员工也可以是CEO。对于员工的支持与对于CEO的支持是不同的。支持员工，是以CEO设定的组织目标为目标，提供人、财务、资源支持，组织控制的作用在这里是提供组织（长期合约）保障，使员工行为不偏离目标，这显

① 李云：《打破地盘论，就是抢第一》，《海尔人报》，2018年5月23日。

然不包括创业支持。把员工当作 CEO，则是以员工设定的组织目标为控制目标，提供人、财务、资源支持，其中包括创业支持。

张瑞敏说："员工的创新需要一个组织平台。"在海尔，小微企业本身也是吸引人才的创业平台。从人力资源角度看，这种平台的意图在于建立开放式的人才生态圈。

可以创造价值并带来增值的人才为什么会被平台吸引呢？从经济学原理上说，是范围经济规律在起作用。范围经济的机理是在多样化的增值应用间均摊固定成本，而造成范围报酬递增效果（即三易的效果）。创新人才所处的位置是这里的增值应用的位置，企业处于提供固定成本（重资产、生产资料、社会资本）的位置。人才图的是平台承担了重资产的任务，而使自己集中精力于轻资产运作。这是一种相互借"用"：企业不求所有，但求所用，借用人才的创新能力（使用轻资产），实现增值，而不拥有这种轻资产；而人才不求所有，但求所用，借用企业的重资产，而不拥有这种重资产。这种模式下，人力资源管理不是拥有员工（雇用员工），而是使用特定的人力资本（可用于增值的轻资产）。

## 5.2.3 人力资源管理：用户

### 5.2.3.1 通过物联网组织用户

从组织功能角度研究用户，与从领导角度研究有所区别。领导语义下的用户，更强调动力因素，而组织语义下的用户，更强调形式因素。因此，组织功能视角中的用户，主要关注依托何种组织形式，将作为群体的用户一致的动力方向组织起来。动力对用户来说，与需求是可以替换的概念。因为用户的需求构成组织运作的动力。

管理 3.0 有一个与管理 2.0 完全不同的组织系统，这就是物联网系统。在管理 3.0 中，物联网不是一个技术系统，而是一个组织系统。

如何把用户组织起来？用户并不生活在企业组织之中，而只生活在自己的生活环境中。把这个生活环境变为一种组织，用户就组织起来了。

海尔能把物联网建设成为一个组织系统，是由其管理学增加了一个用户模块决定的。一般管理学只管理员工，企业不给用户发放工资，因此无法对用户实施对员工那样的管理。但海尔却找到一种方法，把用户管理成了领导。而且，这个“领导”承担起了指挥企业生产的责任，却不用为其发放工资，相反还要使其心甘情愿出高价，来购买在其领导下生产出的体验。

海尔模式是第一个以物联网为基础的管理系统。物联网为企业的“立法”部门提供了基础架构，从而对领导的领导（即用户需求）进行系统化的管理。

物联网对海尔有所特指。对其他人来说，物联网是物，是技术系统；对海尔来说，物联网是人，是社会系统，是用户需求传感器。

研究表明，个性化只能通过上下文语境来把握。脱离语境的市场调查，往往是不准确的。有语境的系统是具有个性化功能的系统，没有语境的系统是不具个性化功能的系统。

物联网这个系统对于海尔来说，是用户需求的语境（上下文）。物联网作为构成用户生活情景的具有传感、数据功能的环境，可以智能感知用户终生的个性化需求。物联网在技术上只不过是诸多技术中的一种，但对应商务上，它可以直接置换个性化这个概念。因此，物联网系统应理解为个性化系统。

这套系统在管理中可以充当企业的“立法”系统。它的功能是日复一日、年复一年，时时刻刻收集、分析、整理用户的“选票”，形成关于“单”的议案，为企业提供产品和服务提供方向指导。老板在这个系统中，作用相当于总统（首席执行官），只是执行立法部门确定的民意。

在管理3.0之前，人类的管理学处于一种只有“行政”机制，没有“立法”机制的史前状态。

老板本来只是人单关系的中间点。在这个中间点之前，应该有一个“立法”程序，将单的意志凝聚起来，赋予选出的领导来执行；在这个中间点之后，获得用户合法性授权的老板，再组织生产和服务。

现有管理学把老板当作企业的开始，老板不是用户选举产生，却声称自己可以代表用户。他的合法性唯一来源就在于钱。老板出钱创办了企业，因此拥有代表用户的合法性。这个逻辑其实是不通的，在于钱（资本）并不构成合法性的实质内容。

把老板投资的钱当作企业合法性来源，相当于把暴力当作政府合法性的来源，而忽略了把“为人民服务”这一真实的合法性来源，通过立法系统加以制度化。

海尔的物联网系统，以技术为依托，实际是一个用户需求订单的“生产”（生成）系统。从物联网获取的数据中，涌现生成关于单的信息。正是这种信息，赋予管理以最终的合法性。

#### 5.2.3.2 以消费为资本，管理用户人力资源

海尔的人力资源管理与传统管理学不同，海尔把用户也当作一种人力资源来管理。在海尔看来，用户是一种资源，并将顾客、用户和终身用户区分为三个不同概念。顾客是一种交易资源，有价值，但不增值。用户是交互资源，交互是有温度的，这个温度是指由服务提供的附加在产品价值（MC）之上的由差异化带来的价值。因为这种温度，就可以在交易之上，产生溢价（AC-MC）意义上的增值。而终身用户是一个有海尔特殊含义的用语，指一种资本化的用户资源，也可以带来增值，但这种增值不仅来自交换，而且来自“生产”（投资），这种资源是一种资本意义上的资源，可以像资本在本金之上产生利息一样，实现自身价值（本金）的扩大再生产。管理 1.0 从来没有意识到用户的存在，他们相当于看到的用户只是顾客。而管理 2.0 虽然意识到具有差异化需求的用户的存在，但只是把这种用户当成合目的性的存在，是为了企业“自以为是”的目的而存在的客体。

终身用户这个概念闪现着人性的光辉。用户不再是一种“消费—生产”过程中的质料（合目的性的存在），且不是为了企业的目的而存在，而是为了自身目的而可以存在。管理 2.0 也讲用户是上帝，但从日式管理、美式管理对流程再造设立的批量门槛来看，实际分出了两种用户：一种是对企业有意义的用户，这种用户是大众用户，他们的规模必须大到值得企业为他们生产和调整流程；另一种是对企业没有意义的用户，这种用户是小众用户，他们的需求有价值，但只是对用户自己而言有意义，这种需求由于批量过小，按丰田的话讲，用“均衡”尺度（实际只是同质完全竞争下企业的成本尺度）一平衡，对企业来说是没有意义的。用企业的话说，他们不是我们（要）的客户。终身用户的概念则是，对用户来说有意义的，对企业才有意义，企业有责任把这种意义转化为高增值的价值，通过员工创新实现。有时，用户自己都没有明确意识到自己有这种需求，可以挖掘出这样的价值，管理 3.0 使

他们的消费变成发现自己、实现自身更高价值的过程。单所能达到的最高境界，是成为人。这时的生产与消费是自然合一的，当消费成为发现自我、实现自我的过程时，它已成为人的自我的扩大再生产，这是双赢所要达到的最高境界。

终身用户这个概念，反映了海尔的一个特殊的消费理论观念。从资本的角度看待用户，可把用户价值区分为商品层面上的价值与资本层面上的价值。通过这种区分，可以像管理资本品一样管理用户。不仅如此，在用户中区分出的资本化的用户，不同于同质化的物质资本，而是个性化的人力资本，终身用户肯为体验需求这种高级需求付费。通过管理、挖掘，或者说创造出终身用户，使人的价值实现达到一种前所未有的高度。

用管理资本的方法管理个性化用户，这是管理3.0不同于管理2.0的一大创新。

理解终身用户这个概念，需要把它与消费资本化增值联系在一起。经济学中最初发现消费具有资本那样的增值性质，是从诺贝尔奖得主加里·贝克尔研究成瘾性消费现象开始的。成瘾性消费具有海尔终身用户这个概念要表达的相同特征，即消费者持续（“终身”）地对某种产品或服务产生消费依赖，并且愿意为此付出比他人更高的价格。如果找到了其中规律，就可以把用户成批地转化为终身用户，即把服务经济系统地升级为体验经济。

贝克尔在《口味的经济学分析》中，将成瘾性定义为“过去的消费能起到增强当前消费的作用”。这相当于把过去的消费，作为一种“消费资本”，注入人力资源，作为人力资本投入来看待。

对海尔模式来说，用户的增值只是差异化带来的溢价，这与资本带来的增值具有本质区别。资本的作用在于联系今天与明天，将今天的投入作为“本金”，希望带来明天“本金+增值”这样的更大收益。

贝克尔为了形容这样的机制，举了一个公认的例子：“美妙的音乐听得越多，人们越会对它产生更强烈的偏好。”这本是马歇尔的说法，贝克尔则用消费资本（人力资本存量）来加以新的解释。在这一解释过程中，贝克尔又追加了一条法则，来解释青年人与老年人对音乐偏好的不同，这就是需求弹性，也就是必需与否的程度。对青年人来说，需求曲线越富于弹性，需求越非必需，就越具有成瘾性。对于海尔模式来说，这意味着需求越低级，越接近物质需求、社会需求，越没有温度，它就越不可能产生持续依赖；需求越高级，越接近心理需求（如自我实现），温度越高，就越可能产生持续依赖。

海尔要求在换道中，通过与用户进一步交互，达到第二曲线，这是从服务经济到体验经济的质的一跃。质变的跃变点在哪里？就在消费资本化机制中。要把用户交互，转化为用户的心理资本——关于生活梦想、生活方式的主张——的投入。

服务经济是一种带交互的交换经济，但这还不够，还要把“温度”发展为交换之上的资本投入产出机制（“升温”机制），从基于用户中心（因而有温度）的商品经济，升级为基于用户中心的资本经济（即以用户为本——消费资本——的“以人为本”经济）。

终身用户与创客创业是相辅相成的，是以人为本的供求两个方面的合一，即双赢。终身用户的以人为本，表现为以用户为本——以用户为消费资本；创客创业的以人为本，表现为以创客为本——以创客为创新资本。二者在产消合一中，是可以互换位置的。消费资本与创新资本不同于物质资本，消费资本与创新资本都是人力资本，且都是有温度，并有助于为人生持续升温的资本。

从组织控制角度看，这达到了以组织的形式进行目标控制的高境界，实现亚里士多德质料因与目的因的在组织功能上的统一：用户与创客可以互换位置，人单合一。用户的合目的性（质料性），成为自主的目的性，用户达成的是自我实现的目的，而不是为商家充当工具，但客观上促成了企业目标的实现；创客的目的性也不是盲目的，而是合目的的，符合终身用户设定的意义。创客通过遵从用户并创造用户——实现自身的自我实现的目的，并在客观上实现企业的目标。组织在这里的作用，从人单两方面合一的角度，使组织目标不偏离任何一方的真实目的。

## 5.3 生态与创新管理：驾驭变易的资源管理

海尔模式作为物联网时代的商业模式，在原有创新管理、变动管理基础上，探索发展出基于物联网、社群、生态圈的生态管理。其独特功能在于借用外部资源为己所用。建立平台，建立应用接口，对接外部资源，这是生态资源管理的三个要点。通过这一方法，将资源管理从管理企业资源，扩展为管理虚拟企业、虚拟企业联盟的资源，适应和发挥了网络组织的资源利用潜力。

同是组织变革与创新管理，变革与创新相对于组织的关系，对管理 2.0 来说是外生的，对管理 3.0 来说则是内生的。海尔的组织变革与创新，旨在使“变的本身不变”这一原则制度化、组织化。

本节与管理学同类章节标题相同，但提出的问题差异很大。一般管理学讨论变革与组织创新的管理，都是在谈一种变革或创新工作的计划与实施，是在谈论通过搞运动，对组织进行外科手术。标题经常是“谁将推动组织变革”“人们为什么会抵制变革”“减少反对组织变革阻力的方法有哪些”“组织变革中员工有哪些反应”“如何减轻压力”等。例如，讨论吉普森的计划性模式，进行变革方案的比较和选择等。

然而，在管理 3.0 看来，真正的变革和创新，不是变革和创新企业组织，而是创造出一种不同于企业的新的组织。如生态组织，使变革和创新成为新系统本身的功能，关注如何通过组织系统，让这种功能正常运转。至于偶尔需要采用运动的形式，对组织进行外科手术，那属于工作布置或私下密谋，不属于管理学的研究对象。

### 5.3.1　面向不确定性的创新资源管理

变革与创新管理，不是对变革与创新工作的管理，工作一定有起点和终点；变革与创新管理，是把变革与创新当作日常工作内容所进行的管理，它没有起点，也没有终点。管理 3.0 的变革与创新最终是对用户需求与创客创业要求的一种顺应，要求将面向用户需求的变革与创新本身常态化，因此应是大风大浪之后的波澜不惊。

张瑞敏在各种场合，一再强调让变革和创新常态化的思想。如提出以变制变，变中求胜。

按照三易的原则，变易是一种常态，变革与创新，不是为了打造一个固态，使之成为理想常态，而是把不断打破固态这样一种运动状态，当作一种常态，用机制加以保障。将变易当作常态来管理，这本身就是管理 3.0 与管理2.0的不同之处。举例来说，流程再造是一种变革，但管理2.0往往是希望历经艰辛之后，形成一种管用的、理想的、不变的流程，一劳永逸地满足用户变革的需求。它并没有使用户需求持续变化，导致不断对流程产生修改的需要，当作一种常态来加以考虑；也没有把用户需求变得越来越细碎，批量越来越小，当作一种常态来加以考虑，以致会产生改造一次流程不容易，新的需求变化涉及的顾客太少或批量不大，不值得为此兴师动众改造流程的体验。那么组织是否可以让满足千变万化的需求这件事变得简易呢？在组织内部创造一种机制，支持碎片化的自主创业，就是一种让复杂变得简易起来的办法。

变革与创新管理是服务于用户的，而不是以组织本身为对象。对于海尔来说，战略经营体实际上就承担着变革与创新管理的任务。

与管理2.0变动管理（如惠普的变动管理）的区别在于，管理2.0的变动管理，只是一种系统职能层面的管理，它的管理对象定位于系统的“变化”，每出现一种变化，系统就加以记录，并负责协调系统其余部分进行协同变化。管理的意图在于，避免产生系统的一部分变化，而别的相关部分没有随之发生与之协调的变化这种情况。管理3.0的变革与创新管理，则在于驱动、协调整个系统的变革与创新。

如果单从创新一个角度评价，从海尔生态圈中冒出大量符合双赢要求的小微，就能说明在海尔内部已形成了一种具有纳斯达克制度效果的创新孵化机制。这比起管理学一般谈论的利用变革和创新管理推进组织的转型变化，可以说是一种高层次的变革与创新管理。对变革与创新，前者是人为推动的，后者是制度驱动的。我们凭常识就可以知道，像变革与创新这类涉及组织从一种现代化水平向另一种更高的现代化水平的跃变，对企业来说是一场自我革命。革命，不能仅仅在管理这个层面实施，不可“计划”。正如政治体制改革，不能用行政体制改革来代替一样。变革与创新管理的正确定位，不是革命本身，而是为这场革命提供制度保障，特别是提供粮草弹药机制上的支持。

管理3.0谈的变革与创新管理，前提是在第三代系统语境中，如何使组织拥有自我变革和自主创新功能。德鲁克在《创业精神与创新》中说：“创新就是创造一种资源，并使资源创造出新的价值。”

高水平的变革与创新管理，有助于保持组织在稳定与变化之间的平衡。

既非有序到保守，亦非失序到混乱，最主要的是保障组织持续创造价值，并在必要的时机创建新的组织，具体来说就是网络组织。

与这个任务相比，以往的管理学就显得理论准备不足了，以往的管理学对变革的理解，仅限于变革企业组织，而没有理解到“时代”要求的程度。时代要求，是把企业组织变革为不再是企业的组织，而不是仅在企业组织内部做文章。

对于管理3.0，特别是海尔模式来说，变革与创新管理，首先是把变革与创新的单位，从企业组织转向了网络组织。

第一，为变革与创新提供组织保障。这表现在海尔打造创业平台，以自主经营体和小微公司两种形式，为创新提供网络组织这种组织上的保障。

这使变革本身组织化了。也就是将“把企业变成另一类组织”这场变革，以组织形式固定下来。因为企业变成创业平台，意味着其不再是一个独立组织，而是成为网络组织这个大边界下的一个局部，即承担统的功能的平台这个局部，与这个局部演对手戏的，是承担分的功能的另一个局部，即自主经营体和小微。其中，要求小微成为独立法人，是制度变革迈出的关键步骤。因为，自主经营体还可能与平台处于同一企业之中。而小微主即使同时是兼员工的身份，但更主要的是以独立法人的身份与平台企业打交道，他们之间是老板对老板的关系，而不再是员工对老板的关系。这就好比，农村家庭联产承包责任制中，家庭成员可能还是生产队的成员，但在承包关系上，双方都是法人对法人的独立主体的关系。如果不迈出这一步，组织变革就会仅仅局限于企业变革，而无法实现向网络组织转型。

海尔的创业机制与创业平台，最终实现了用企业来创造企业家这个终极的创新。说它是终极创新是因为海尔变创新为创新孵化，使创新成为一种可持续的组织行为。这就好比，阿里巴巴是电子商务公司，但其本身并不从事电子商务买卖，而是为从事电子商务买卖的网商，搭建支撑服务平台。这意味着，把创新升级为区分创新“轻工业”与创新“重工业”的高级业态，由“重工业”为“轻工业”提供生产资料，支持“轻工业”轻资产运作，从而在组织上实现创新的“扩大再生产”。

第二，把资源配置方式的变革本身作为管理对象，为网络这种新的资源配置方式提供组织形式上的服务保障。

具体行动是，海尔在战略经营体主持下，建立了统分之间相互结合的合约体系。而且这个合约体系不是以统的一方为裁判，而是以第三方（三级自主经营体）为裁判。各个经营体之间依靠“包销契约”和“服务契约”的方式实现价值协同和资源协同。这已深化为对资源配置方式调整的筹划。

海创汇是海尔全球网络的重要平台①，海创汇以热带雨林形态为模板，进行了迭代演化，目的是创智于全球，开放平台吸引全球创客。在国内，海创汇与北京等16个地方政府建立了战略合作关系，并与清华大学联合成立了智能制造孵化器，即“高校科研+地方政府+产业孵化”模式，在智能制造、物联网、智慧家庭、智慧物流等领域进行孵化。

海创汇孵化小微主刘长文表示，通过整合全球资源，在海纳百川中实现全方位的演进。在这个平台上，来自全球各个角落的创业家都有了被挖掘的机会，并能顺着创业服务资源的流向，主动向海创汇靠近。而对创客而言，平台给了他们更宽阔的资源市场，这就好像是让全球资源为创客所用。以色列CITT公司为例，该公司从事医疗美容器械业务，手里有高端的医疗技术。初入中国市场时，CITT在产品销售代理、推广等方面受阻，但通过海创汇的加速运作，现已成功对接销售渠道，2018年预计销售20万台产品。

案例5-3-1

## 一个日本研发员的思想转变②

2018年3月12日下午，在海尔工业园举行的全球研发峰会第一天会议即将结束时，有人突然跑上台，抢占了2分钟时间介绍自己团队研发的冰箱冷冻保鲜模块。有人提醒他这不是会议议程上的内容，但他坚持讲完，这个人就是馆野恭也——海尔亚洲研发中心冰箱超前技术接口人。

---

① 佚名：《海创汇》，《海尔人报》，2018年2月14日。

② 韩伟：《抢着上讲台，一个日本研发员的思想转变》，《海尔人报》，2018年3月21日。

1987 年入职三洋电器开始，馆野恭也已经从事了 30 多年冰箱研发工作，按照以前的工作模式，他只需在限定时间内完成项目研发就达成目标，所以抢着上台这种在他工作职责外的事是无论如何都不会做的，但现在不同了。

在同事眼中，敢于“抢”也是馆野恭也变化最大的地方。馆野恭也说，人单合一模式的落地，驱动他们创造更大价值，拿到更多分享。例如，他要做出一项技术突破，青岛团队觉得实现不了所以并不看好，但他还是抢下这个挑战。他和青岛团队进行了对赌：如果实现了目标可以拿到6倍的分享。

他和团队研发的冷冻保鲜模块行业引领，应用在中高端冰箱上，实现了1年销售25万台的成果，在5000元以上价位段占份额38.8%，获得了用户认可。但目前这个模块只在中国上市，使命感驱动他想让全球都了解并应用这个保鲜模块，他说，“台下坐着GEA和FPA等全球研发团队，这样难得的机会不能错过。”

馆野恭也说，按照常态，随着年龄增长人的创新思维是下降的，但人单合一模式却激发起了他创新的积极性。

如果可以提高收入6倍的机会摆在眼前，那么谁也不会放过。海尔的机制就是让这样的机会不断出现。

### 5.3.2　生态资源管理

生态圈是服务提供方提供增值服务的并联系统，这个圈一定与用户圈融合，产业链和价值网络上的产品与服务提供方，可以通过与用户进行直接交互，了解用户需求；同时由于这个圈把生产与服务联系为一个产业集群，便于相互协同为用户提供整体解决方案。

生态资源管理需要重点着眼三个方面的生态化：一是品牌生态化，意味着要创造不同层次的用户最佳体验；二是平台（小微）生态化，意味着驱动样板小微、翻番小微和生态小微的动态升级；三是收益生态化，意味着以生态圈和生态合作方为必要条件，实现共赢增值。最终实现“以用户为核心”战略的闭环，解决将用户增值与员工增值（包括攸关各方“人”的增值）相结合的问题①。

① 佚名：《创建物联网时代的生态品牌》，《海尔人报》，2018 年 4 月 11 日。

案例5-3-2

## 做用户资源链接器①

信用资产交易市场门槛较高。如何辨别各式各样的信用资产产品优劣，是投资者最想解决的难题。青岛信产中心财富链接小微发展一年多后，业务遇到瓶颈。公司内部复盘以后，开始转变经营思路，设立准入标准，建立风险评估和信用等级评估模式，做用户资源链接器，让更多潜力项目并联进平台。

在设立安全准入标准底线基础上，平台设定了不同场景业务的模式样板，符合标准的金融资产不需要太多包装，直接套进对应的场景模板，就可以进入平台交易。当客户的金融资产在平台交易一段时间后，平台就积累了包括资产现金流、兑付情况等数据，基于这些数据，对交易的资产建立风险评估和信用等级评估模型，这时才是资产优劣评价的最好时机。投资人可以通过模型筛选出有价值且运营良好的金融资产。这些资产会逐步放量交易。不符合投资需求的资产交易会逐步缩量，逐渐被淘汰。

2018年年初，小米金融进入平台，平台根据其基于小米消费场景的信用消费资产特点，为其试套"智慧家庭+社群生态+资产交易"的模板，帮助其实现生态平台上的优质投资人的链接，四个月共创交易额11亿元，链接投资者3.5万人。

信产中心也建立了机构和企业用户的联盟链，驱动原本的客户成为赛道合伙人。开通金融信息服务（北京）有限公司的是信产中心外部的赛道合伙人，其为信产中心提供创新的优良资产。信产中心为其提供成熟的交易系统和平台，双方共创了15亿元交易额和近500万元的生态收入增长。

截至目前，青岛信产中心财富链接小微链接了30家大型核心生态企业用户，已为利益攸关方创造交易额近30亿元，生态收入上千万元。

在这个案例中，财富链接小微，通过提供开放平台，并接入资源，实现了生态收入的增长。

---

① 史宇：《财富链接小微：用宽进严出吸引一流资源》，《海尔人报》，2018年4月4日。

案例5－3－3

## COSMO 要拿生态圈 PK 德国工业 4.0①

北京大学国家发展研究院经济学教授周其仁在与 COSMO 大规模定制小微王晓虎交流时，一直用“非常有意思”表达惊喜感：“我去过德国工业 4.0 的工厂，德国工业 4.0 流程再高效，节约成本再多，还是为仓库生产，COSMO 平台却是用科技手段解决不为仓库生产的问题。”

黄岛滚筒洗衣机互联工厂展示的重点不是高技术，而是“互联”，每条线体的工位都有屏幕，显示前端用户的订单信息、体验评价，实时显示用户体验迭代。为了体现生态圈中利益攸关方共创生态收入，滚筒洗衣机互联工厂正在紧锣密鼓地具象化生态体系，比如，接入衣联网的数据，动态显示了衣联网利益攸关各方的情况。

在应用方面，除了农业行业的金乡大蒜，工业行业也有了新进展——荣成一家房车企业希望通过 COSMO 平台赋能提升产品价值。官祥臻抓住这个新机会，抢单成为工业样板的小微主，以房车为切入点，打造移动出行的大规模定制解决方案。

这里显示了中国智能制造与德国智能制造的不同，海尔模式更加强调的是搭建平台，并联接入各方资源，进行生态价值的共创，这与封闭模式具有本质区别。

案例5－3－4

## 物联网提供信任增值②

李庄村村民王红莲家在示范田中有 3 亩大蒜，她听说今年大蒜的市场行

---

① 林沁：《COSMO 全球化样板要拿生态圈 PK 德国工业 4.0》，《海尔人报》，2018 年 4 月 4 日。

② 林沁：《大蒜收后，新需求来了》，《海尔人报》，2018 年 5 月 16 日。

情不如2017年，但自己家的3亩大蒜已经有主了并不担心。旁边的张大爷正在往车上装收好的大蒜，在与记者聊天儿时，张大爷高兴地说自己的蒜也已经有主了。王红莲和张大爷口中的“主”，就是这片示范田的收购方，同时也是COSMO平台农业小微的资源方的盛隆贸易有限公司。

盛隆与COSMO平台的合作，除了增加食联网、乐家诚品等销售渠道，最希望的是通过物联网技术，将金乡大蒜打造成诚信有机食品。

COSMO农业小微负责农业平台建设的张旭与省农科院达成了初步合作意向，将来以此类权威机构进行大蒜成分检测，出具检测证书，如果大蒜的化肥成分超标，即可断定为不合格产品，不能进入COSMO平台。

张旭从事农业行业工作多年，COSMO平台最吸引他的就是农业与物联网的结合。传统电商平台的图文介绍能作假，但物联网技术的实时数据是最真实的。“我觉得现在做的事很有价值，可以给用户提供诚信健康的食品，我自己也是消费者，也希望吃到优质农产品，以后要把我们国家所有地区的特色农产品都引入COSMO平台上来。”

这个案例中，物联网技术提供了产品的上下文语境，使消费者可以了解产品的来龙去脉，同那些不知底细的产品比，就多出了信任这一部分带来的增值。

案例5-3-5

## 一圈游，游出一个圈①

2016年12月，奔波忙碌“上山下乡”一整年的海尔产业金融现代农业小微主蔺进和小微成员终于来了一趟“高大上”的“欧洲游”。这次“欧洲游”，蔺进和团队主要是受一家国际著名畜牧企业奥特奇的邀请，来到欧洲爱尔兰，了解其先进的饲养管理和商业模式。

---

① 孙学伟：《蔺进：一场“欧洲游”游出一个更大的生态圈》，《海尔人报》，2017年1月4日。

参观带来了意外收获。蔺进了解到，奥特奇计划于2017年在中国成立畜牧业营养中心，为养殖龙头企业打造综合服务平台，提供人才、管理、防疫等全流程解决方案，并利用物联网技术引入先进的管理系统，提供远程疾病诊断服务。

奥特奇透露的一系列规划令蔺进心动不已，海尔产业金融在农业发展过程中，多是以提供资金帮助为主，然而蔺进在与养殖龙头企业合作的过程中发现，其实他们的痛点不只在资金上，技术、防疫、运输等全流程都存在短板。但是行业内一直缺少能为养殖户提供全流程服务的能力，蔺进意识到如果将奥特奇融入其搭建的生态圈，则正好能弥补短板。

2016年，蔺进和团队曾建成了湘西黄牛生态圈，又在美丽的新疆建立全新的共享经济生态圈。2017年，蔺进的“野心”又大了些，他将搭建起一个全国范围的现代农业综合服务平台，做物联网生态圈。

一圈欧洲旅游，游出了一个新的生态圈。

案例5-3-6

## API让技术生态接口化[①]

近日，AQUA在东京成功举办日本首届“IoT商用洗服务”黑客马拉松长赛。

37名IT工程师、设计师、商业开发者等拥有不同知识背景的专业人士齐聚一堂，在短时间内针对如何灵活应用AQUA商用洗新一代IoT云系统的API编程接口，开发出能给用户带来美好体验的物联网云平台服务，进行项目开发和技术服务的创意竞赛。

经过两天的比赛，最终大叔队获得评委和其余选手的认可。该团队灵活利用日本最普及的交互软件LINE制订了商业计划，利用LINE可以实现跨界合作，同时，这种方法还可以在海外其他区域的交互软件上复制应用，加速海外事业拓展。

---

① 佚名：《“IoT商用洗服务”黑客马拉松大赛》，《海尔人报》，2018年5月9日。

物联网系统的生态性在技术上，表现为可以通过API，接口各种开发资源，产生出围绕用户应用的生态多样性。

案例5-3-7

## 智能头机刷爆美国电影金球奖①

将手机戴在头上，这就是头机。对爱听音乐的时尚一族来说，放在手上，不如戴在头上。

近日，就在美国金球奖开奖之际，海创汇平台的VINCI智能头机，作为首个中国科技品牌登上了美国电影电视金球奖的晚宴舞台，这则消息成为创业圈的爆点。

这是继美国超级碗、纽约时装周之后，VINCI再一次在海外开创中国智造科技品牌的先河。参与本届金球奖评选的多位演员、导演全情体验了VINCI智能头机，更有多位金球奖获得者如Alan Cumming（艾伦·卡明，2015年金球奖最佳男配角）等佩戴产品，为VINCI无偿助力。项目创新营销的背后是两位80后海归创业者。武巍从北大毕业后，到卡耐基梅隆大学就读半导体工程博士，在麻省理工学院读MBA时遇到了曾在清华学习的朱大卫，两人想研发一款能够承载计算服务的声音设备，解决当下年轻用户在各种场景下“听”的需求，于是发明了全球第一只智能头机。

这个创立仅三年左右的品牌，在北美众筹网站Kickstarter上进行项目预演、预售订购，创下近百万美元的众筹纪录。他们回国选择了海创汇作为创业平台。“如今国内外环境都对创业者比较友好”，这是在众筹成功、加入海创汇平台后，创业者武巍常挂在嘴边的一句话。

2017年VINCI作为首个受邀赞助超级碗的中国科技品牌，出席纽约时装周，赢得法国戛纳音乐创新奖；2018年亮相美国国际消费类电子产品展览会CES，斩获CES创新大奖；2018年1月中旬再次登录美国电影金球奖，深受北美主流明星欢迎。

---

① 樊文婷：《VINCI智能头机刷爆美国电影金球奖》，《海尔人报》，2018年1月24日。

案例5－3－8

**共享经济，连接洗衣智慧**①

2018年5月4日，“诚信生态共享平台”——全球物联洗衣平台发布活动在合肥举行。洗涤平台成立行业首个共享洗衣联慧。在智慧洗衣机、洗鞋机等优势硬件和物联网智慧洗衣软件基础上，为用户提供差异化的共享洗衣服务方案，加速海尔全球物联洗衣平台在国内市场的落地。

## 5.4　小结：按果索因理解组织

（1）海尔的宗旨是人的价值第一，完全颠覆西方的股东第一。要达到实现宗旨这个果，实现人的价值第一，从资源的排列组合形式来说，要求组织结构、人力资源和生态资源都要适应从企业方式向网络方式的转变。

（2）宗旨反映在商业模式上，海尔模式是让攸关各方都增值的，传统模式如电商则不能增值。人的价值第一这个果，在商业模式这个因上，决定人单合一商业模式必须是双赢和多赢的。这要求攸关方都有增值空间。而传统的资源配置更加适合打价格战，必须避免。

（3）增值来自体验，而不是产品。要实现增值这个果，就需要体验这个因。增值模式决定了创造价值的方式不能是基于产品的，而必须是基于差异化的服务和体验。这要求组织特点具备适应服务化、体验化的条件；要求人力资源具备创造性人才发挥的条件；要求资源配置具备物联网生态化的条件。

（4）创造体验价值的组织也要变，从串联到并联。要达到创造体验价值这个果，组织这个因要解决从串联向并联转变的问题，使之具备满足体验所要求的个性化、分布式服务的条件。

① 佚名：《共享洗衣联盟：加速全球物联洗衣平台落地》，《海尔人报》，2018年5月9日。

（5）并联的主体一定是小微而不是科层。要达到并联这个果，组织的主体就要从员工转变为小微主，以适应从雇佣制向同伙制的转变，而不能再是科层制的垂直领导与授权关系。

（6）小微的驱动不是传统的管控而是三权让渡的自驱动。要达到企业内部繁衍出小微（大企业变小）这个果，组织结构的设计要解决主体相互充分独立从而实现自驱动的问题，为此针对员工的组织设计必须在责权利方面具备这方面的条件，获得决策权、用人权和分配权，成为与平台平等立约的主体，为合约分成扫清障碍。

（7）自驱动就需要用户付薪。为了达到自驱动这个果，需要有不同的组织动力来源，要解决从领导付薪向用户付薪的问题，为此要创造条件，为用户创造价值，帮助用户与客户实现“人的价值第一”水平上的更高追求（即实现美好生活体验）。组织、人力和资源的运作方式，都要具备按单聚散，汇集高人与高单的条件。

（8）用户付薪的薪也不再是传统财务报表中的成本，而是共赢增值表的生态收入、生态价值，是可以边际效益递增的。要达到因实现美好生活体验而令用户付薪这个果，就必须解决提供整体解决方案所涉及的企业内外资源以生态方式合作共创共赢的组织问题。有足够共赢的增值价值来源，才有生态合作的利益基础，为此人才与资源必须充分生态化，组织必须为实现生态收入、生态价值提供条件，采用虚拟化方式共享资源。

# 第六章　控制：自下而上控制何以可能

## 内容提要

控制是目标管理。人的价值第一，要求对价值进行战略管理，管理出体现战略损益的共赢增值效果。通过具有生态并联功能的人单合一战略财务体系，以订单流带动企业诸流，引导全生态价值实现。

控制是过程管理。价值在人单合一中体现最为充分，通过以用户付薪驱动的日清体系进行过程管理，关闭人与单之间的差距，是一个清事塑人的自我控制、自我提高过程。

控制是成果管理。通过人单合一计分卡，对基于人单酬的果因纵横关系进行控制，彻底超越了平衡计分卡体系。

张瑞敏在哈佛讲堂介绍："海尔人单合一模式形成了一个创造价值、传递价值协调一致的体系和机制。由于每一个人和用户连在一起，我们把传统的串联流程变成了并联流程，每一个并联节点都为用户创造价值，每个节点在为用户创造价值过程中实现自身的价值。这个协调一致的体系在机制上取消了全世界大多数企业都在用的 KPI 考核，创新了纵横匹配的两维点阵表。"他在这里勾勒出海尔管控体系的重要特点。

控制理论在管理学中发展得还不完善，这从各个管理学教材里控制一章中的题目很少重样就可以看出。我们按控制的对象（控制什么）来分类，可以分为三类。第一类是控制使用价值，这是对物流（广义"生产"）的控制，如库存控制、质量控制等生产控制，占据着一类教材标题的显著位置，管理 2.0 中存在大量这类控制经验，但服务控制还不成熟；第二类是控制价值，这是对资金流的控制，如会计控制，罗宾斯《管理学》的术语表中竟然没有会计一词，可见会计控制基本被忽略了，他说的价值链控制，基本是指人的行为控制，不涉及资金；第三类是控制信息，这是对信息流的控制，一般管理学都会涉及。

管理1.0、管理2.0的控制，是一种“理性”的控制，对工作绩效倾向于从总的价值上进行控制，但不能对这一理性的总价值在当下折算出的现金流，进行基于战略的评估。管理3.0的控制，本质上是自我控制，要求一种从总的价值到价值细节的全息控制，实现从战略到行为的全贯通。海尔称之为全面预算管理，又叫日清体系。

## 6.1 控制的基础：用户导向的自我控制

失控与控制的关系自下而上地涌现。对涌现的把握即自下而上控制，即以表面失控的形式实现自我控制。

表6－1系统比较了管理3.0与管理1.0、管理2.0控制功能的差异所在。

**表6－1　　　　控制功能的比较**

| | | 管理1.0 | 管理2.0 | 管理3.0 |
|---|---|---|---|---|
| 范式 | 单的前提假设 | 用户简单性 | 用户复杂性 | 用户复杂性 |
| | 人的前提假设 | 企业简单性（无员工潜力发挥） | 企业简单性（无员工潜力发挥） | 企业复杂性（员工潜力发挥） |
| | 管理框架 | 职能 | 流程（内部关系） | 功能（职能＋内外关系） |
| 效率 | | 专业化效率 | 需求的多样化效率供给的专业化效率 | 多样化效率 |
| 价值区间 | | P＝MC（报酬不变，递减） | P＝AC（规模经济） | P＝AC（范围经济） |
| 会计 | | 核算会计体系 | 管理会计体系 | 战略会计体系 |
| 目标控制（前项） | | 车间目标 | 企业目标（“人”的目标） | 战略目标（人单目标）：战略损益表 |
| 运营控制（过程） | | 自上而下控制 | 自上而下控制 | 全员全息控制：日清表 |
| 成果控制（后项） | | 无（计件工资） | 无（岗位薪酬） | 分形控制：人单酬表 |

控制功能具有战略性，表现在财务管理上就是战略财务管理。

对高不确定性来说，集中控制是否还适用？有什么方法可以取代集中控制？

如彭新武的分析："集中控制的程度越高，就越不合个人的口味；越是为了提高效率而把活动集中化，则满足当地需要和需要个人酌情处理的灵活性就越低；控制职能的制度化由于现代技术的发展而不断加深，但大量的规则、制度以及其他措施又可能使人与组织二者都产生机能失调的后果。"①

对运营控制来说，管理 3.0 提供的答案是全员控制。日清体系的管理模式，不仅要清结果，而且要清战略、清领导、清过程。本质上是通过梳理方向性，弄清与驾驭操作性。通过全员控制，将集中式控制转变为参与式控制。

海尔的控制体系是会计控制系统、信息控制系统和业务控制系统的三位一体。主要由三表（战略损益表、日清表、人单酬表）构成。这个控制体系既不是单纯的财务控制，又非单纯的运营控制和信息控制，而是资金流、信息流、业务流的三流融汇，是以业务为导向由会计系统与信息系统的整合的控制系统。我们主要结合战略损益表解析控制中的人单关系功能，结合日清表解析控制中的创客功能，结合人单酬解析控制中的用户导航功能。

一般的会计系统只是以货币流为载体的价值记录系统，不具有阐释功能。海尔的会计系统具有信息功能，这种信息功能是对意义的解释功能。它不只是针对"文本"的，而是针对文本在上下文的应用的。

## 6.2　战略会计：如何建立与企业战略相匹配的财务

海尔模式建立了具有战略损益功能的战略会计体系，围绕核心价值观与组织战略，以订单流为龙头，将信息流、资金流、物资流与人的行为整合为一体，从而管理出了更高的价值。同时，这套管控体系基于共享平台，以生态并联方式管理出了分形效果，长于不确定性条件下分布式系统的动态管控。

---

①　彭新武：《西方管理思想史》，机械工业出版社，2018，第 279—280 页。

### 6.2.1 从核算会计、管理会计到战略会计

管理3.0的会计体系从1.0的核算会计、2.0的管理会计，升级为3.0的战略会计。

管理1.0从职能角度定位会计。会计的主要职能可以概括为两项：一是核算；二是监督。核算职能亦称会计的反映职能，是对企业单位的经济活动连续、系统、综合地记录、计算和分析，以价值指标客观反映经济活动过程及其结果，从而为经济管理提供信息。监督，是指会计人员通过会计工作对经济活动进行监督，会计通过连续系统地记录经济业务，监督财产物资的安全完整和合理使用。这是管理1.0对会计主要工作的狭隘理解。

泰罗科学管理学说的核心，是强调提高生产和工作效率，要求企业把生产经营中一切可以避免的损失和浪费尽可能缩减到最低。为了实现这个目标，它在管理上要求实行“最完善的计算和监督制度”。而“最完善的计算和监督制度”当时在会计上主要是通过科学地制定“标准成本”，严格地进行“预算控制”和“差异分析”来体现。

管理2.0时代的会计是管理会计。管理会计是从传统财务会计中分离出来，与财务会计并列的、着重为企业改善经营管理、提高经济效益服务的企业会计。根据美国管理会计师协会2008年的定义：管理会计是一门专业学科，在制定和执行组织战略中发挥综合作用。

管理会计仍属于职能会计，但职能与核算会计不同，主要履行预测、决策、规划、控制和考核的职能，属于“经营型会计”；而核算会计仅履行反映、报告企业经营成果和财务状况的职能，属于“报账型会计”。

未来即将流行的管理会计的职能作用，将从财务会计单纯的核算，扩展到解析过去、控制现在、筹划未来三方面有机地结合起来。未来，管理会计将把这三方面的职能紧密结合在一起，使它们综合地发挥作用，形成一种综合性的职能。

管理会计与财务会计源于同一母体，共同构成了现代企业会计系统的整体，都属于以职能为核心的管理框架。管理会计与财务会计服务目标相同，都是服务于企业内部目标和企业内部管理目标。

但战略会计不同，它位于管理的功能框架中，服务目标不仅限于企业内部目标和企业内部管理目标，而是以利益相关人构成的利益共同体的目标和管理目标为服务目标。战略会计是在核算会计、管理会计的工作基础上，进一步拓展功能。举例来说，管理会计有反馈职能，这一点不同于管理 1.0 的核算会计，但只反馈到企业下一阶段的计划预算，不能反馈到员工收入。而战略会计是全员会计，会直接反馈到每个人的人单酬表。

海尔财务管理框架体系下将财务人员分为三类：财务会计（核算会计）、管理会计、功能会计（战略会计），并采用 SBU 管理模式将财务人员的工作效果与经营绩效挂钩。每个财务人员都有自己的市场目标和输出指标，最终目标是达到“人单合一”的境界。

表 6 - 2 系统比较了管理 3.0 与管理 1.0、管理 2.0 会计方面的差异所在。

**表 6 - 2　　控制功能比较分表：会计**

<table>
<tr><th colspan="2"></th><th>管理 1.0</th><th>管理 2.0</th><th>管理 3.0</th></tr>
<tr><td rowspan="3">范式</td><td>单的前提假设</td><td>用户简单性</td><td>用户复杂性</td><td>用户复杂性</td></tr>
<tr><td>人的前提假设</td><td>企业简单性（无员工潜力发挥）</td><td>企业简单性（无员工潜力发挥）</td><td>企业复杂性（员工潜力发挥）</td></tr>
<tr><td>管理框架</td><td>职能</td><td>职能 + 流程（内部关系）</td><td>功能（职能 + 内外关系）</td></tr>
<tr><td colspan="2">会计体系分类</td><td>核算会计</td><td>管理会计</td><td>战略会计</td></tr>
<tr><td colspan="2">流行时间</td><td>20 世纪初到 20 世纪 50 年代</td><td>20 世纪 50 年代以后</td><td>2010 年以后</td></tr>
<tr><td colspan="2">关注焦点</td><td>标准成本</td><td>流程成本</td><td>价值创造</td></tr>
<tr><td colspan="2">功能属性</td><td>执行性会计</td><td>决策性会计（提供计划预算基础）</td><td>参与性会计（用户导向）</td></tr>
<tr><td colspan="2">职能</td><td>核算、监督</td><td>核算，监督 + 比较，反馈</td><td>核算、监督 + 比较，反馈 + 行为纠正</td></tr>
<tr><td colspan="2">报表</td><td>资产负债表、利润表和现金流量表</td><td>资产负债表、利润表和现金流量表</td><td>战略损益表、日清表、人单酬表</td></tr>
<tr><td colspan="2">目标</td><td>为部门提高专业化效率服务</td><td>为改进流程服务</td><td>为战略服务，通过自我控制实现自我</td></tr>
</table>

管理3.0的战略会计，比未来即将流行的管理会计更加先进，它已不再是职能性会计，而是功能性会计，即全面、全员控制管理，实现动态目标管理。第一，它在解析过去、控制现在、筹划未来三个方面与管理会计的重大不同，在于突破企业封闭边界，将用户价值、利益攸关方资源价值整合进企业内部流程，实现动态目标控制。第二，它不再仅仅限于传统财务部门职能开展工作，而是从全局、全价值链深入业务，参与其中，以价值链形式，将资金流、信息流和业务流整合为一体。在这一过程中，服务将深入到基层业务部门，或外包成为利润中心。在海尔模式中，表现为以新三表（战略损益表、日清表、人单酬表）取代了老三表（资产负债表、利润表和现金流量表）。其中会计功能已不限于传统会计职能，已进入传统上属于业务部门职能的“领地”，但这不算新职能，而属于职能的联结（流程）与行为的结合，会计只是其中的形式，财务部门实质已转化为控制平台这种功能组织。这是“功能会计”所指。第三，战略会计是全员控制，它按照分形原理，从集团到个人建立起不同层次间，既具有相同结构，又有不同界面的报表，具有全息功能。例如，集团分解为2000多个自主经营体，报表就有2000多个。甚至一人对应一套新三表。但所有这些报表又是同一个报表。老板看到的与人人CEO看到的，是一个分形的报表，可以从不同角落看全局，又可以从全局看到不同角落。这一点不同于央企流行的集团财务数据大集中（例如，数据大集中不能令每一员工看到自己的人单酬）。第四，也是最重要的，它的动态目标管理，深入战略目标层，可以区分战略损益与非战略损益，从而在控制中实现了“领导”功能，即自我控制。例如，海尔的战略损益表是人类会计史上第一个具有将战略纳入会计报表功能的会计报表，反映了战略会计的核心特征。

案例6－2－1

## 财务用战略损益表调节员工行为

谭丽霞介绍：“当时我们每一个型号分了ABCD四个运营能力，我们说服集团高管，把它当成很重要的指标，我希望他们只卖AB类，我们每个月都会有这样的绩效评价指标。这个指标与我们期望的还差得非常大，因为推了三年之后我们 AB 类的占比在集团平均是 50% 多的份额。但冰箱我们在做了两个月以后这个份额当时做到了 90% 多。而且员工拒绝做 CD 类，是什么导致了一个员工回来对领导说，我们不要卖 CD 类，只卖 AB 类？我当时给大家展示了工具中的这个损益表。我这样告诉他的，如果你卖 A 类型号，你的提成是 3%；如果你卖 B 类，你的提成是 1%；如果你卖 C 类，你的提成是 0.2%；你可以卖 D 类，但是你没有提成。我可以支付你的奖金。”

“同时按照 ABCD 不同，定了一个标准，海尔内部现在所有的员工所有的费用不是跟他提，我给一个费用账户，事先会说你卖不同的型号可以挣不同的钱，所以他没有干之前，根据他自己的订单，可以预算挣多少钱。他可以根据这个去推广他的推广计划，客户关系管理，我财务每天会告诉他，你预计的变化每星期会帮他分析，你哪些行为是有效的，哪些我建议你要调整。”

“我们在这个冰箱做了两个月之后，效果非常好，所以我们就进行了推广。到了 2009 年年底集团所有企业都实行这样一个策略。”

“我实验的团队在 7 月份的时候 AB 类做到 100%，一个 CD 类的型号都没有卖，全年平均下来做了 99%。我们整个集团做到了 66%。”

## 6.2.2 建立匹配企业战略的财务战略系统

海尔 CFO 谭丽霞对战略财务使命的定义很明确：上接企业战略，下挂自主经营体，前引管理会计，后连财务会计。

### 6.2.2.1 财务管理目标：引领共赢

财务管理目标又称理财目标，是指企业进行财务活动所要达到的根本目的，它决定着企业财务管理的基本方向。据谭丽霞说，海尔的财务管理目标最主要考虑的是，“如何配合业务部门在实施战略的时候，在每个区域都可能引领共赢”。

谭丽霞认为，要建立匹配企业战略的财务战略，并在财务变革中体现财务的价值，首先就要了解 CEO，并了解 CEO 的企业战略。财务要在一个企业里面有工作影响力，就要得到下至员工，上至企业管理层的认可，就必须了解 CEO 的期望是什么。有的 CEO 不善言辞，不会主动对财务讲自己的要求；有的 CEO 因为缺乏对财务创造力价值的了解，对于财务工作没有明确的期望。不管是哪一种，CFO 都需要主动沟通、了解 CEO 的期望是什么，否则在工作过程之中财务会付出很多，但影响力和价值得不到应有的体现。

#### 6.2.2.2 并联财务体系

（1）面向自主经营体的财务管理：分布式财务体系

自主经营体不同于财务独立核算的公司法人，所以在日常管理、业绩考核上不能用传统的财务报表来进行，同时由于自主经营体具有很大的自主性和灵活性，并且对信息的及时性有很高的要求，所以财务管理也要针对这些方面来开展。

自主经营体是一个新的组织形态，如何去支持考核就成了一个关键。海尔首先做到的是让自主经营体及时了解自己的损益，并且在此基础上构建一套强有力的核算体系。海尔改变传统业务核算体系事后算账、见数不见人、见果不见因的情况，换之以创新的自主经营体为主体的核算体系，把传统企业的财务报表转化为每个自主经营体的“三张表”：损益表、日清表、人单酬表。

传统财务报表的损益表，就是收入减去成本、减去费用，等于利润；而海尔的损益表则是全新的理念，收入与传统财务报表的收入项相同，益（收益）指的是通过做自主经营体、为用户创造价值而获得的收入这两者的差就是损（损失），因为这些数不一定为用户创造了价值，是不可持续的，也就是当前工作的差距。

日清表的任务是关闭差距，把这些创新的工作形成每天的预算，每天进行日清。

人单酬表把员工的报酬和其为用户创造的价值紧密结合，形成竞争机制，“也就是你所在的团队在为你的目标客户创造价值的同时这个团队有没有增值，这就是参与和约束，你挣得少，在这个企业里头可能你就被淘汰了”。

（2）财务管理重心前移，实现端到端分形控制

谭丽霞认为，企业的高速发展对财务人员不仅是工作方法、业务技能上的挑战，更重要的是观念的突破与颠覆，彻底地把传统会计的事后算账变成事前锁定有竞争力的预算；把利润是经营后的变量结果变为利润是事前锁定的常量；把原来的只核算到公司层级的损益核算到每个 SBU（Strategic Business Unit）经营体的经营损益，每个 SBU 都是独立核算单位。促使员工人人

参与经营，人人分享经营成果。对覆盖全流程的关键节点进行穿刺监控，建立内控标准，实施端到端（End to End，E2E）的事前监控体系；对业务流程进行事前有标准、事中有控制；事后有审计的全面内控体系。

案例6－2－2

### 共享财务，并联小微①

徐高是商务空调的财务人员。因为业务需要，他所在的小微经常要参加外部招标，每次都需要使用相关财务数据，徐高都是通过小微财务人员线下联系大共享平台总账政策小微，再沟通如何按流程提供数据，不仅过程麻烦，而且浪费时间。而有这类痛点的小微也不仅商务空调一个，几乎所有小微都有类似痛点。

不少小微反映，如果能第一时间自己直接在系统中查询、下载就好了。但实际情况是在实行共享后，总账政策小微需线下手工处理各类报表及数据，首尾时间差达60个小时。对创业小微来说不能在第一时间获取报表及相关数据，对于大共享的创客而言，也一直处于满负荷状态，无法抽出更多时间在财务分析和管理上。

由3位财务人员负责55家法人公司的月结及报表出具，这在共享总账政策小微看来是不敢想象的，因为按照原模式，总账人均11家已达到极限。而现在这些都变成了现实。

共享总账政策小微接口人李林茂通过流程和模式创新，以全新上线的HFM系统作为载体，并联全流程SAP、NC、PBC、DIS等系统，在报表间植入自、互校验逻辑，开发多维度对账报告，提高了显差、关差的及时性和准确性。原有的线下手工作业全实现了系统节点自驱动，减少共享内700余家公司1.2万余项手工操作报表，整体输出时间提前36小时，近2000个用表节点可同步查询使用。

① 陈晓光：《基础工作平台化，创客小微双赢》，《海尔人报》，2018年5月16日。

案例6-2-3

## 构建面向小微的并联移管[1]

新的公司成立和收购是一件开心的事，但是将新公司的核算纳入整个集团的共享平台却不是一件简单的事。

每个月都会有20多个来自不同行业、不同形式的小微业务需要接入共享平台。虽然数量看上去不多，但是有时候一家企业就要从申报信息填写、系统接口实现、业务事项交接前前后后花费十几天的时间。小微希望能够把新公司、新业务尽快纳入共享平台，简化烦琐的流程，实现统一规范的核算管理，流程高效可控。

财务共享对小微公司进行了深入的调研和分析，制定出新移管（包含公司财务系统的移入和移出）方式的流程标准：要符合行业特点，不能生搬硬套；流程规范要完整，涵盖所有操作以及管理节点，同时要能在线上实现简便操作。

通过在线上整理各行业小微业务流程的共同点制定基本标准，再根据各小微的行业特点制定个性化的服务方案。云端实现在同一标准的前提下，还能满足不同行业小微的移管需求，能够在线实现公司财务共享移管申请、评估、财务共享契约签订以及共享各模块的工作交接等各项工作流程的信息化、标准化。

### 6.2.2.3 以订单信息流为中心带动物流、资金流

“业务流程”是指一组共同为顾客创造价值而又相互关联的活动。哈佛商学院的 Michael Porter 教授将企业的业务流程描绘为一个价值链（Value Chain），竞争不是发生在企业与企业之间，而是发生在企业各自的价值链之间。只有对价值链的各个环节（业务过程）进行有效管理的企业，才有可能真正获得市场上的竞争优势。

---

① 陈晓光：《小微共享第一步，财务移管云交互》，《海尔人报》，2018年2月7日。

同时，业务流程不仅在组织内部相互关联，而且还可跨越组织边界。新的流程型结构强调以首尾相接、完整连贯的整合性业务流程来取代过去被各种职能部门分割的、不易看见也难于管理的破碎性流程，每一个流程都有直接的“顾客”（是指内部顾客和外部顾客），并为顾客提供最直接的服务，流程的行为是“直接做”而不是等待向上级请示后再做。

在这里，流程应理解为价值链，且不是集中意义上的集成，是人单关系（关系论）意义上的集成。

（1）面向价值链，以市场链为纽带的业务流程重组

海尔从1998年开始实施以市场链为纽带的业务流程重组，以订单信息流为中心带动物流、资金流的运动，加快了与用户零距离、产品零库存和零营运成本“三个零”目标的实现。促使纵向“官僚机制”开始崩溃，使企业组织结构趋向扁平化、小型化、个性化、综合化，以适应经济发展的需要，把相互关联的管理组织加以整合已成为大势所趋。而以财务信息为核心的企业管理信息网络化发展，必将促使财务管理体制的创新。

创新后的全面预算管理体系以订单信息为中心，以财务、业务信息集成的网络系统为平台，由订单信息流带动财务预算信息流，实现业务预算与财务预算紧密相连并同步运转。

财务将各项预算和费用细化到每天、每个部门、每人、每个产品甚至型号，要求每项费用的申请必须列明市场目标，保证每笔费用有预算、目标、责任人。

财务通过预算系统可自动计算每笔费用的投入产出效果，并以此对费用责任人进行考核，海尔财务每日通过信息系统自动生成不同人员的SBU损益表，实时反映每个SBU的收入、成本、费用和利润等信息，并对其经营成果进行差异分析并提出改进建议。

通过将SBU的个人报酬与SBU经营成果挂钩，有效激发每位员工主动创新，提高市场效果，并降低成本费用。

（2）业务财务：财务与业务的融合

为了更好地支持集团内名BU（Business Unit）的发展，海尔创建了BU预算经营体、BU成本经营体来支撑BU的发展，BFO（Business Financial Officer）则作为 BU 财务团队的总负责人由集团财务管理部向 BU 统一派驻。在对集团财务管理部负责的同时，向所在业务单元主要负责人汇报。按照授权权限，对所在业务单元范围内的财务活动实施监督管理，并为业务活动开展提供财务信息支持和决策咨询服务。

BFO 带领管理会计、经营会计团队为 BU 提供专业化、精细化的决策支持。而 BU 的会计业务则由集团 SSC（Shared Services Center，共享服务中心）的财务会计处理。

谭丽霞介绍："海尔所有的业务、财务是和市场结合在一起的，我们给他们制定了同一目标：如何在市场上实现可持续的引领能力。拿市场财务人员来说，目标就是怎么在市场上能够不断地洞察机会，并提供将机会变现的可执行方案，从而达成同一目标。"将企业的三张表转化成以创造用户资源，实现第一竞争力为中心的员工的三张表，即员工的损益表、日清表和人单酬表财务公司具有产业和金融的双重属性。

（3）资金流推进本部：集约财务不同于大集中

在集约化财务管理方面，海尔早在 1999 年就将原来的财务部门从各单位分离出来，并将按职能分工进行纵向资金管理的财务管理部门，改造为按流程进行横向资金管理的资金管理部门。在集团层面，将原来的财务管理部门改组为"资金流推进本部"。这种管理是按资金流程而不是按资金收支进行的财务资源整合和配置，这就从源头上解决了财务部门之间以及财务部门与业务部门之间在资金流动和财务资源配置上的相互割裂问题，实现了集约化的财务管理。

海尔资金流推进本部通过进一步完善财务信息系统并与业务信息系统全面集成共享，对海尔的全面预算管理体系进行了创新和完善，将海尔的目标进一步分解落实到每人、每天、每个产品。

海尔的资金日结算预算管理体系以订单为中心，由订单系统自动根据订单金额、订单日期等生成每天的结算预算。同时根据各环节的资金使用情况制定相互间合理的结算周期，将资金滞留在各环节的时间量化为可控制的标准。

资金日结算预算管理体系实现了海尔的现金流围绕订单信息流和物流有

序自动运转，将资金流动由原来各环节静态的“蓄水池”布局转变为动态的、不停流动的“河流”，实现了海尔的全球资金24小时不落地“重组”。

## 6.3　控制：海尔的新三表体系

海尔在战略损益表、日清表和人单酬表基础上，提出了共赢增值表、日清表和果因纵横表，将套圈与换道结合为引爆引领，将企业内部与网络生态结合为利益攸关，将用户增值与员工增值结合为共创共赢，将“人的价值第一”第一次全面体系化于管控之中，标志着海尔管理体系走向成熟。

人单合一在控制体系上体现在三张表中：一是共赢增值表，体现的是创立物联网时代的生态品牌的目标，以产品为载体产生生态收入和生态价值，实现边际效益递增；二是人单合一日清表，日清表是前两张表的基础，体现在有效性和自驱动上，即要明确引爆引领目标的切入点，并以用户付薪的驱动一以贯之；三是果因纵横表，即人单合一计分卡，支持第一张表，目标是实现生态圈的增值，生态圈是生态价值的基础，生态价值是生态品牌的基础。三张表推进的导向和基础支持就是用户乘数和创客所有制。

人单合一计分卡分别针对控制的前项、中项和后项，涉及事前竞单上岗、事中按单聚散、事后用户付薪，细分为七级评价标准，进行了全方位的设计。

### 6.3.1　前项控制：体现战略损益的共赢增值表

共赢增值表体现的是创立物联网时代的生态品牌的目标。

在管理体系全局中，控制功能属于后项管理（计划属于前项管理），后项管理即控制本身，又分为前项控制、过程控制与后项控制。

控制过程按照目标与结果的相对关系，可以分为原因（前项）控制、过程控制与结果（后项）控制。在海尔的控制系统中，前项控制靠战略损益表；过程控制靠日清体系，通过日清表落实；后项控制靠人单酬体系，由人单酬表落实。

目标是因，成效是果。前项控制是控制管理的因，因此前项控制是目标控制。

这里说的目标控制，是具体的目标控制。德鲁克说的目标控制，是抽象的管理哲学，是这里的目标控制的指导思想和内容实质。前项控制，是德鲁克目标控制思想的具体操作。

目标控制与控制的目标不同。控制的目标是管理目标与实际结果（绩效）相吻合。目标控制在这里，是控制过程的一个部分，是对前项（因）的控制，即对目标的控制，具体来说，控制的对象是看管理行为是否偏离目标。这与领导确定目标、计划分解目标不同。在海尔，看管理行为是否偏离目标，是由战略损益表来确定的。

目标控制本身有自己的过程，在管理学中称为控制过程（Control Process），是由测量、比较、纠偏三步构成。罗宾斯认为，控制是监控、比较和纠正工作绩效的过程①。测量属于监控，是指量化实际绩效；比较是指拟定标准，并将实际绩效与标准相比较；纠偏属于纠正，是指校正偏离标准的行为或偏离行为的标准。

罗宾斯谈控制过程时，对于“拟定标准”这一步并未涉及。根据罗宾斯的说法，“控制过程假定绩效标准已经存在”②。但问题恰恰是出在这里。管理 1.0、管理 2.0 与管理 3.0 正是在拟定标准时，就表现出了差别。根据邹东涛对拟定标准的解析：“最理想的标准是以可考核的目标直接作为标准。但更多的情况则往往是需要将某个计划目标分解为一系列的标准，例如，将利润率目标分解为产量、销售额、制造成本、销售费用等。”③

如果比较海尔的运营管理与其他运营管理的特色，一般的运营管理只是把投入转化为产出，最多是把服务的投入转化为服务的产出。而海尔的不同在于，其非常强调投入转化为什么样的产出。有的产出是可丢弃的（如打价格战的收益），不像其他企业“来者不拒”。换句话说，海尔的运营控制非常在意前项的结构，重心在战略损益，而看轻非战略损益。学习海尔，就必须掌握这个重要规律。

---

① 史蒂芬·罗宾斯、玛丽·库尔特：《管理学（第 13 版）》，中国人民大学出版社，2017，第 496 页。

② 同上书，第 498 页。

③ 邹东涛：《管理学》，中共中央党校出版社，2003，第 151 页。

海尔进行目标分解时，不是按通常的目标公式构成的要素来分解，例如利润等于收入减成本，于是将利润分解为收入和成本两项来细算，这并不改变目标的结构与性质。而海尔则对目标本身的结构，区分了性质不同的战略与非战略两部分。

一般的会计报表并不能直接显示战略，只能通过客观数据的分析，从而制定出战略。例如，根据分析收入规模与利润的比重来确定是成本领先型还是差异化型战略，并据此进行调整。而海尔的会计报表属于战略会计体系，具有直接显示战略的功能。秘密就在拟定标准这个环节，加入了不同于其他模式的东西。

按海尔 CFO 谭丽霞的说法，对海尔来说，“收入”，与传统财务报表的收入项相同；“益”（收益），指的是通过做自主经营体、为用户创造价值而获得的收入；前面两者的差，就是“损”（损失），因为这些数不一定为用户创造了价值，是不可持续的，也就是当前工作的差距。

这在现有所有财务报表中都是绝无仅有的。笔者曾当面请教过谭丽霞，她是怎么“发明”出战略会计方法的。她说，她不是从会计理论中学来的，而是基础管理有关战略的部分，养成了战略经营导向的系统思维。她特别提及财政部国际会计师注册认证，其中不直接涉及会计本身，而涉及会计理论的战略背景的参考书，使她深受启发。中国注册会计师协会写的《公司战略与风险管理》，对企业战略管理进行了基本的介绍。

战略会计由此转向考虑，能不能在管理会计上面，从战略开始得到企业追求的绩效，到会计，一直到落地，几项融合在一起。

众所周知，报表中的收入项、利润项、成本项的数字本身，并不具有显示与区别战略的功能，如何让它们直接显示出战略信息呢？海尔的做法是加入定性的界定。自主经营体创造的价值、为用户创造价值，这两项价值是定性的价值，都是以双赢为内涵来定性的，特指差异化价值。自主经营体创造的价值，指创新、创造带来的供给方的差异化价值；为用户创造价值，指个性化带来的需求方的差异化价值。根据经济学原理可知，差异化价值与无差异价值的均衡点是不同的，差异化价值的均衡点在 P = AC（有正经济利润），而无差异价值的均衡点在 P = MC（零经济利润）。双赢说的创造价值，特指有正经济利润。

按这种划分，套圈与换道的区别就显现出来，套圈是指创造无差异价值（如打价格战），利润再多，只是会计利润，而非经济利润（因此是不可持续的），为此把它划入非战略价值中，由于它可能丧失机会成本，导致结构劣化，因此甚至可能划入损的一方；换道是指创造差异化价值（从 MC 这个道，换到 AC 这个道上），只有通过差异化创造的价值，才有经济利润，其会计利润才具有战略价值，有战略收益与战略损失一说。这就把会计利润，巧妙地转化成了经济利润。

设消费者剩余与生产者剩余之和最大化，战略收益是说，相对于无剩余（P = MC）增加的剩余值；战略损失是说，相对于剩余最大化损失的机会成本。根据广义均衡理论，视拉姆齐定价为广义帕累托最优，因此才有认为存在消费者剩余与生产者剩余可以归入优化战略的理论前提①。

具有体现战略功能的会计体系，我们称为战略会计体系，相比核算会计与管理会计，这是会计体系的一大飞跃，形成第三代会计体系。管理 1.0 只能达到核算会计水平，管理 2.0 顶多达到管理会计水平，都不能直接作用于战略，海尔创造出战略损益表是会计理论的一大发展与贡献。

管理 3.0 在这里的突出表现在于，通过区分好利润（正经济利润）与坏利润（零经济利润条件下的会计利润），扣住了人的潜力发挥这一管理学中心主题。管理学长期不区分经济利润与会计利润，等于变相鼓励企业不看全局，不看基本面，而只追求投机、套利，这带来的是一种人性上的损失，就是忽视了创造价值这一更加根本的使命（人类客观目的）和人生最大的机遇。从这个意义上说，海尔的战略损益思想，体现了一种“将军赶路不打路边小兔”的人生自觉。人生要实现自我实现这一更高价值，就不能局限于低层次需要（“小兔”）而纠缠于那些有违初心的投机的诱惑，指望由历史来利用个体的主观倾向达到人类客观目的，而是要自我觉悟，将个人主观目的与人类客观目的统一。

---

① 姜奇平：《网络经济：内生结构的复杂性经济学分析》，中国财富出版社，2017，第 335 页。

案例6－3－1

## 王德勤的“三表”应用

王德勤是海尔冰箱青岛工贸的一名产品代表，他负责经营青岛所辖的莱西市、即墨区两个区域市场。2010 年 3 月，王德勤在销售总数上虽然完成了预算目标的110%，但损益表上显示的“损失项”却很大，因而没有拿到相应的收入。

王德勤之所以拿不到110%的收入，是因为他面对的四家客户中只有一家符合创造用户价值的双赢要求，其他三家则不符合这一要求，属于不可持续的收入，也就是“损失”。损益表中的“损”为王德勤指出了这个工作差距。为了消除差距，他针对三家未做提货周均衡的客户，制订了每天的沟通计划，并对每天的计划进行“日清”，通过与客户一起分析差距，发现问题出在乡镇网点的选址上，于是他马上与客户跑到即墨的各乡镇开拓新的网点，保证了订单量的持续稳定。从找到问题到解决问题这一过程，完全是经营体成员自运转来完成的，这就是三张表达到的效果。

案例6－3－2

## 用户满意决定战略损益[①]

2018 年 5 月，一位女顾客急匆匆地赶到太原三友新建路店，直奔海尔专柜，“你是赵纪梅吗？来一台卡萨帝。”原来这位用户在听闻朋友推荐后，主动找来，二话没说就买了上万元的洗衣机，这种“天上掉馅饼”的好事，直销员赵纪梅已经不止一次碰上。

空气洗的传播给赵纪梅带来了可观的订单量，但她没有沉浸在纷至沓来的订单中。为了进一步研究夏季空气洗如何护理，赵纪梅专门去了两趟介休市，请教培训等相关节点接口人，先从自己 5000 元的旗袍入手做实

① 张萱：《用户主动找过来，开口就要卡萨帝》，《海尔人报》，2018 年 5 月 23 日。

验，取到真经后第一时间回到门店就应用起来，为用户带来夏季全方位洗护服务。

繁忙热闹的5月，面对每天堆积如山的衣服，赵纪梅也没有怠慢对老用户的服务。用户看在眼里感激在心里。老用户带单近1/3，很多新用户甚至都不知道被谁介绍来的。“只要听到用户跟我说‘我又给你介绍新顾客了’，就觉得值了。”赵纪梅说。

2万次的交互口碑传播，换来一次次慕名而来的卡萨帝粉丝。

在这个案例中，“我又给你介绍新顾客了”这是NPS指标关注的典型内容。这是体验增值高于服务增值的关键控制点。

### 6.3.2 过程控制：体现人单合一的日清表

在目标控制之后的是狭义的过程控制，即运营控制。主要是对过程（目标与结果的联结）进行管理控制。海尔日清体系代表了管理3.0的运营控制的基本功能。

管理1.0、管理2.0、管理3.0在此的主要区别如表6－3所示，其中根本性的区别是，管理1.0、管理2.0都是领导控制员工，因此控制只对下，不对上；而管理3.0是以单控制人，实现自我控制，因此要清下联上，日清领导（甚至重启“官兵互选”）。这在日式管理看来，纯属大逆不道，犯上作乱。但海尔的意思是让用户说了算。

表6－3系统比较了管理3.0与管理1.0、管理2.0运营管理方面的差异所在。

**表6－3　控制功能比较分表：运营管理**

| | | 管理1.0 | 管理2.0 | 管理3.0 |
|---|---|---|---|---|
| 范式 | 单的前提假设 | 用户简单性 | 用户复杂性 | 用户复杂性 |
| | 人的前提假设 | 企业简单性（无员工潜力发挥） | 企业简单性（无员工潜力发挥） | 企业复杂性（员工潜力发挥） |
| | 管理框架 | 职能 | 流程（内部关系） | 功能（职能＋内外关系） |
| 代表性制度 | | 科学管理 | 看板制度 | 日清体系 |

续　表

| | 管理 1.0 | 管理 2.0 | 管理 3.0 |
|---|---|---|---|
| 监督环节 | 观测产量（清果） | 观测库存、质量 | 观测预实零差 |
| 比较环节 | 绩效分级（观差） | 生产与流程均衡化 | 清果观差合一 |
| 纠正环节 | 清下不清上，奖惩控制 | 清下不清上 | 清下联上，清事塑人 |

在海尔模式的学习中，有个有意思的现象，海尔许多更高级的经验学不来，学习者甚至学习者的领导部门，无不对日清体系大加赞赏，要求学习。这恐怕主要是由于中国企业管理目前基础比较薄弱，还处在农业社会管理向工业社会管理转变中，许多企业家本身就出身于农民，做事不讲计划（控制），首先要接受的是工业化的管理。日清体系恰好属于基础管理的范围，它有高妙的部分，如复杂性系统全息管理的特征，但当作初级管理和打基础，也是有帮助的。

#### 6.3.2.1　什么是运营管理：日清体系

过程控制与控制过程是不同的概念。过程控制本身拥有监督、比较、纠正这三步。

日清，字面意思是每日对绩效进行清算（监督）、反馈（比较）、了结（纠正），即对目标与结果进行过程控制。可直接称日清为管理 3.0 过程控制或运营控制。

海尔的日清体系包括五个层次，清果、清因、清体系、清战略、清理念。这一体系被称为“洋葱模型”，因为剥洋葱是层层深入的。最后深入清理念，就是在清人，称为“清事塑人”。首先要说明，日清是一个行为体系，而不只是一个认识体系，这就要求要在行动上与认识明白的道理保持一致，达到知行合一。

日清的第一个层次是清果，定位是清果观差。第二个层次是清因，定位是清果究因。第三个层次是清体系，定位是清点带面。第四个层次是清战略，定位是清下联上。第五个层次是清理念，定位是清事塑人，实质是自纠偏。日清体系带有强烈的海尔色彩，其中的普适因素可以在比较中提炼出来。

按照过程控制或运营控制的通用结构，可以把日清的五个层次分为三类：第一类属于监督；第二类属于比较；第三类属于纠正。

第一类运营过程的控制表现为监督（罗宾斯称其为“测量实际绩效”①），主要体现在清果上。清果是指清理每个人、每一天的工作成果，意图在于掌握实际绩效，即每项工作的进度与完成情况。

第二类运营过程的控制表现为比较（罗宾斯称为“比较实际绩效和标准”②），主要体现在观差上。找出和原来目标、预算的差距。海尔把清果与观差融在一起，当作第一个层次。

第三类运营过程的控制表现为纠正（罗宾斯称为“采取管理行动”③），体现在日清的其他所有层次中。

OEC 管理法（Overall Every Control and Clear）的核心是目标控制。这里的目标是战略性的，指用户需求，即“人人都对着市场，直接为市场服务”，“要做到这一点必须要把目标分解得非常清楚”。这是张瑞敏在海尔创业 20 周年庆典上做的解释。

案例 6－3－3

### 丁志国持续对点滴问题查原因、找症结④

随着与用户的不断交互，商用空调产品也在不断迭代更新，一款满足用户特殊要求的 G 系列产品进入设计验证阶段，但是项目进行到关键部件水盘工序生产时，遇到了一个焊接工艺难题，无法满足产品需求，导致项目一度中断。

创客丁志国主动找到产品设计员，将自己多年的工作经验与水盘设计进行融合，通过对部件设计进行创新性的改善，简化甚至替代了部分焊接工艺，将原来需要特殊工艺才能完成的产品加工，通过简易的方法即可完成，不但解决了焊接工艺难题，而且他提出的新方案更有助于产品性能提升。

丁志国从自己的单开始做起，从影响自己线体产品质量与效率的点滴问

---

① 史蒂芬·罗宾斯、玛丽·库尔特：《管理学（第 13 版）》，北京：中国人民大学出版社，2017，第 498 页。

② 同上书，第 499 页。

③ 同上书，第 500 页。

④ 徐先锋：《工厂里的新创客精神》，《海尔人报》，2018 年 3 月 28 日。

题做起，查原因、找症结，整合内外部资源，创新性地提出了符合自身岗位特点的问题解决办法，设计制作防差错提效工装（将线体上类似的配件事先进行分类，减少安装时的错误率）。即便丁志国的改善案例并不是什么惊天动地的大事，更多的是以日常的现场小改革和创新方案为主，但他将这种创新思路和理念，与线体的创客进行分享，带动线体整体创新氛围，从而使线体创客改善案例呈现百花齐放的状态。截至目前，丁志国参与的改善案例多达上百个，给公司带来直接或间接经济效益数百万元。

#### 6.3.2.2　日清体系如何“纠正偏差”

罗宾斯对纠正这一步的分析不如国内管理学全面，周三多在《管理学》中对“纠正偏差”的分类包括三步：一是找出偏差产生的主要原因；二是确定纠偏措施的实施对象；三是选择恰当的纠偏措施。①

其中，第一步对应的是海尔的第二个层次清因，即清果究因，清理出每一个问题背后的真正原因。第二步对应的是海尔的第三个层次清体系、第四个层次清战略，清体系的纠偏对象是跨自主经营体涉及整个体系、模式的问题，清战略的纠偏对象是战略本身是否可行，包括“清下联上”，纠偏对象包括领导。第三步对应的是海尔的第五个层次清理念。

由此可见，日清体系的重心在第三类运营过程的控制上，主体责任落在团队上。其中，管理3.0的做法与管理1.0、管理2.0做法的区别也主要体现在这一部分。

首先看“找出偏差产生的主要原因”。

这还在一般管理的流程范围之内。一般管理的做法是由专门的职能部门负责做这项工作，海尔在这里的不同，主要是要求全员学会清理预实差距，在此基础上找到相应的解决方案，并合并同类问题，形成避免同类问题重复发生的“差距池”与“工具池”。

其次看“确定纠偏措施的实施对象”。

一般管理纠偏措施的实施对象主要是计划和标准，计划和标准自上而下

---

① 周三多：《管理学》，高等教育出版社，2000，第254页。

影响员工的行为。对于海尔来说，计划目标是自下而上形成的，要清理的首先是跨自主经营体的协同、激励和目标体系的问题。要求三级战略经营体的体长清点带面，带出具有规律性的经营和管理模式。这一步，清的实际是人单关系（企业与用户关系），而不是人（企业）本身。管理3.0在此是根据人单关系来纠正领导与员工，而不是以企业纠正企业自身。

管理1.0、管理2.0的控制定位于领导控制员工，因此过程控制只对下，不对上，控制过程并不能改进战略与领导行为，但海尔不同。海尔清战略的同时，要求在“清下联上”中，下级评价上级（包括上级部门），变“日清员工”为“日清领导”。原来的领导部门，如三级战略经营体和二级平台经营体要反思在为一级经营体员工服务时，方向是否正确，避免下面正确而上面不正确引起的对目标的偏离。

最后看“选择恰当的纠偏措施”。

一般管理在找到问题后，要管理的首先是采取控制措施这种行为。而海尔的过程控制不光要知其然，更强调知其所以然，最终归结到人。事在人为，人纠正了理念上的偏离，自己就会采取自纠偏的措施。所以张瑞敏认为，日清最需要解决的核心问题是“认识自己、战胜自己、日清自己”①。

许多企业在学习海尔模式时，表现出对日清体系的极大兴趣，但往往结合自身实际时却学不到位。从管理学原理角度讲，这主要是因为一些前提假设不具备，这些前提假设不是由控制这个局部决定的，而是涉及整个体系、范式和战略的转型。整体不转，只转局部就会变形走样。

第一，海尔的控制是网络控制，不是企业控制，因此必须把人单合一当作控制的先决条件。而学习的企业，往往是以人（企业）自身为中心，因此解决不好谁在控制的问题。而实际是人单相互作用这一点在控制一切，包括自以为的控制者。连控制者带被控制者一起接受用户控制。例如，为用户创造价值这一点，就包含在会计报表中，对老板和员工同时起到目标控制作用。

第二，海尔的控制是自下而上的控制，而学习的企业，往往是带着领导

① 曹仰峰：《海尔转型：人人都是CEO（修订版）》，中信出版集团，2017，第153页。

控制员工的前提假设来照搬，但搬到“日清”领导时，这些企业就不再继续照搬了。

第三，海尔的控制是以双赢为先决条件的，许多企业在学习战略损益表时总是学不明白，理解不了“战略损益”。这是因为，他们头脑中还是传统中国制造打价格战的思路，需要思维“换道”，调到差异化创造高附加值的思路上，才学得进去。必要时，在学习前先做一些理论学习准备，主要是要了解差异化（垄断竞争）与非差异化（完全竞争）比较的理论知识。

案例6－3－4

## 从日清开始关差，实现突破[①]

空调太原中心小微从全国第35名拼搏到了现在的全国前3名，主要是从日清开始关差，实现的突破。

2017年4月27日，汪志祥抢单成为太原空调产品总监，一到当地，他发现，当时4月都快结束了，所有节点都应该为“5·1”做预算冲刺，但终端一些直销员和业务员的微信还是3月的营销内容。这个细节让他意识到：这里的业务销售团队与单的要求有差距。

如何归整团队？汪志祥就抓了一件事：日清。锁定到天、到店的目标，每天在系统内手工日清，每天晚上7点钟，汪志祥就会把整个太原空调的日现状显示出来，逐个门店、逐个片区地“对症下药”。

通过日清和走访用户，汪志祥很快就分析出了当地的空调型号结构，他以此为切入点与当地客户交互，重新剖析了型号结构的方向，落地到终端。这样的举措推行下去后，从5月开始，太原的排序就往上提了十几名，到6月已经跃入了前十名。

团队里一直认为空调销售是靠天吃饭，天气不够热成了所有人的借口。但汪志祥认为只要了解到用户真实的需求，并能为用户提供解决方案，这一切的借口都可以被突破。

---

① 唐东：《终端团队意识转变，100%增长成可能》，《海尔人报》，2018年5月2日。

### 6.3.3 后项控制：体现人单酬的果因纵横表

张瑞敏在哈佛讲堂介绍海尔人单合一计分卡的思路时说："纵横匹配的两维点阵表，横轴是产品价值，刻度分为高增长、高市场占有率和高盈利。重要的是纵轴，刻度依次是体验迭代的引爆、社群共创共享的生态圈和生态收入。"

不是仅仅开发一个产品推向市场就足够，而是要持续和用户交互，根据用户体验不断迭代。这个刻度不看销售多少，而是考核迭代次数。体验迭代的结果是形成共享的生态社群，进而产生产品之外的生态收入。生态收入的创新改革了传统财务报表。传统的损益表中，收入减成本减费用等于利润。海尔创新了一个共赢增值表，不但要有产品收入还要有生态收入，目标是生态收入大于产品收入。产品收入符合边际效益递减的规律，而生态收入则可以边际效益递增。

人单合一计分卡即"果因纵横表"的提出，不仅是对人单合一体系的丰富与迭代，更是对传统平衡计分的彻底颠覆。传统的平衡计分卡从财务、客户、内部运营、学习与成长四个角度，将组织的战略落实为可操作的衡量指标和目标值的一种绩效管理体系。平衡计分卡也因此一度被认为是集团管理控制的重要工具，但经过20多年的探索实践，传统平衡计分卡的问题也逐渐显露。人单合一计分卡解决了传统平衡计分卡无法解决的三个难题。

一是简单且有效的体系。平衡计分卡的四个维度不成体系，使得平衡计分卡的因果关系链很难做到真实可靠。而人单合一计分卡从因果两个维度进行评价，因果对应，简洁高效。

二是顺应时代的发展。平衡计分卡是一个封闭的、静态的、基于企业内部的体系，无法根据外部竞争环境的变化及时作出战略的调整。人单合一计分卡是开放的、动态的，可以链接外部，能够随着用户需求最佳体验迭代而变化。

三是人的价值第一。人单合一计分卡解决了平衡计分卡无法将用户增值与员工增值相结合的问题，强调人的价值第一。

在海尔控制体系中，人单酬是一个独特的称呼。在现有管理学中实际是指后项控制。后项控制是指用产出成果的分配来反向控制目标实现。这一部分在管理学中的位置，许多教材比较混乱，有的当作激励问题，放在领导名下讨论，有的当作人力资源问题，放在组织名下讨论。我们还是把人单酬表（又称果因纵横表）放在控制的名下讨论。

管理学在这里表现出明显的局限，在罗宾斯的《管理学》中，本节的小标题叫“员工绩效控制”。这还是领导控制员工的思路，除了薪酬控制，就是奖惩控制，而不是用户付薪的思路。这种简单性系统的思路，完全不能把人最复杂的那一面管理出来。管理 3.0 的人单酬表，完全推翻了后项控制的逻辑框架，不是领导在控制，而是控制领导的那个人——用户在控制。用户的控制也不是针对员工的物质需求，而是要从中把用户与创客两方面的增值潜力调动出来。这样的思路，首先要求用复杂性系统来看待人，不要把人当作物质人。

至于管理者如何实现后项控制，新旧管理都是一样的，都可以遵循控制过程的三步骤：“测量实际绩效，比较实际绩效与标准（或期望），如果需要则采取行动”①。简单说，就是监督、比较、行动。

人单酬，从字面理解是由“人单”决定的“酬”。人单酬有两个含义，一是单酬，指以单为基础的报酬，也就是说以单为计算报酬的核心依据。二是人酬，指以创客行为为基础的报酬，也就是以创造价值（包括为企业创造价值和为自己创造价值）为计算报酬的核心依据。将两个方面结合起来就是人单定酬。酬这个概念比用户付薪的薪的概念更准一些。因为薪一般是指工资，而酬则除了工资（职位薪酬）外，还包括分成（能力薪酬）。

一般管理学到了这一节，就统统语焉不详，因为雇佣制的薪酬相对是简单的。而海尔的管理学，却在这里大做文章。

第一，职能论与功能论看问题的角度不同。光有能力不行，管理 3.0 要求员工“知道自己的用户是谁”。

管理 2.0 的员工报酬都是职位薪酬，是工资。职位薪酬不是根据任职者

---

① 史蒂芬·罗宾斯、玛丽·库尔特：《管理学（第 13 版）》，中国人民大学出版社，2017，第 503 页。

对企业、对用户创造了多少价值来计算，而是按所占据职位的价值大小来计算，无论是日本的年功制，还是通用的论资排辈，都是按年头涨工资，旱涝保收。例如，三洋的员工除了固定工资外，还可以加领4个月的工资作奖金，但奖金却不与绩效挂钩。又如，在通用，老员工到规定年限自动涨工资，不按贡献大小来计算。

从理论上说，职位高、工作年限长的任职者，能力较强，这是在按能力付薪酬，但只是从供给一个角度考虑问题，而没有内生机制顾及决定供给（包括能力）是否有效这一点是否能参与调节薪酬。而人单酬，则是从人单关系视角，结合需求因素确定供给方的报酬，根据员工实际为企业、用户带来多少市场所认可的价值，来确定职位与能力的“有效供给”对应的价值量。

这显示出管理3.0与管理1.0、管理2.0的实质性不同。管理2.0（如丰田模式）与管理3.0（如海尔模式）在这点上，是完全对立、水火不容的。

第二，管理3.0还有一个重大不同，在于其把双赢内嵌在薪酬标准的高低中了。

海尔人指出："知道自己的用户是谁，这是人单酬的必要条件，但还不是充分条件，只有为用户创造差异化的增值，企业才有超额利润，员工才有高薪酬。仅仅知道自己的用户是谁，却不能为用户增值，就会陷入同质化的价值竞争，企业同样不可持续，这样的人就是零价值的员工。"①

高薪不是像管理2.0那样来自职位和工作年限，而是来自正经济利润。加上“为用户创造差异化的增值”这个限定后，连一般会计利润都不是充分条件，必须是符合经济利润标准的会计利润才算数。这是因为，一旦“陷入同质化的价值竞争，企业同样不可持续”，这是在暗指，企业要长期保持P = AC这一定价水平（拉姆齐定价），在同质完全竞争条件下没有可能。企业没有高利润，就不可能给员工高薪水。

第三，管理3.0通过“关差”进行控制。

关差，就是减小和消除单（需求）与人（供给）之间的差距，达到高水

---

① 佚名：《不知道自己用户是谁的人是冗员，不能为用户增值的人是零价值的员工》，《海尔人报》，2011年3月27日。

平均衡。对于人单酬来说，关差是针对计划环节中的预酬的。预酬确定了目标和任务，以及对应目标和任务的报酬，关差首先要在核算绩效基础上，比较预案（目标薪酬）与实际（实际薪酬）之间的差距，然后采取奖惩措施。

具体来说，差有四种形式：第一种情况，达成的目标低于行业平均水平，只有获得基本薪酬，员工必须限期升级，否则可能出局；第二种情况，达成的目标位于行业平均水平，对应薪酬为行业水平的90%，员工须制订改进计划；第三种情况，目标的竞争力略高于行业平均水平，对应薪酬为行业领先水平；第四种情况是零差，即目标的竞争力在行业内属于第一竞争力，对应行业第一竞争力水平的薪酬。

这里需要注意，第一竞争力不一定是最大值。如果行业存在恶意竞争，出现坏利润，哪怕这个值再高，也不能认为是第一竞争力。第一竞争力是以用户利益为约束条件的，损害用户利益而获得的股东最大化目标，不是海尔追求的价值。

案例6－3－5

## 高端果因①

用户何女士平时爱穿真丝材质的衣服，但苦于平时只能手洗，不仅费时费力，晾干过程中还会褪色，上海潮湿的气候让她对洗衣这件事心生厌烦。最近，她换了大房子，心里一直想找一台能洗真丝衣物的产品。2018年3月下旬，卡萨帝纤诺护理套装的推出，刚好满足了何女士的需求。

3月30日，卡萨帝首套洗干护理套装纤诺上市，仅三天时间即在上海销售了100套，原因是纤诺解决了用户在家庭场景中洗护丝绸的痛点。

2017年年初，云裳小微通过与卡萨帝高端用户进行交互，发现大部分用户都对丝绸等高端衣物洗护有迫切需求。云裳小微并联了干衣机小微和智慧洗护生态小微，从独有柔洗到专属护理剂，再到丝绸专烘，提供了整套高端衣物护理方案。这样一来，不只解决了“丝绸不敢机洗”的用户难题，还在

① 张萱：《纤诺成套上市，引爆上海》，《海尔人报》，2018年4月11日。

行业内树立了高端护理全新标准。

干衣机小微主丙海涛表示，卡萨帝纤诺成套新品从卡萨帝用户社群中来，通过交互迭代，再回到用户需求中去。至此，丝绸护理难题得到突破性解决，用户不用再为高端衣物护理问题而烦恼。

案例6－3－6

## 以物联网并联方式替代流程再造[①]

“业务和财务交互协同会上，平台端的小微用户拉着我们，向我们倾诉他们的痛点。”收付小微团队接口人杨洪振说道。

在传统模式下，平台端客户与C端用户的资金链接是通过层层审批及人工排查方式完成，节点多，付款周期长。用户不停抱怨，杨洪振心里也着急。为了解决问题，他和团队开始尝试各种办法。比如，为了压缩中间审批环节，使用快捷通来支付此类款项，前端可以批量申请总额，出纳用网银盾手工导入付款明细，然后支付。用户收款时间虽缩短了一些，但付款风险却增加了。

杨洪振逐渐意识到，单纯依靠当下的业务办理流程很难解决用户痛点，必须转换观念，以物联网的思维重新审视和改造原有模式。

杨洪振在与顺逛的交互中发现，以往的收付业务流程是线性的，走完这一步才能进行下一步，看似按部就班，却无法满足像顺逛这样的平台型小微对于资金收付的需求。

为此，杨洪振及其所在的团队聚焦物联网移动应用需求，搭建了易付宝智慧结算平台。通过并联平台端与C端用户的资金场景，打通了平台端与用户端的结算通路。

以车小微加盟站业务为例。用户下单打款，平台账户收款，车小微抢单提供送装服务，用户评价平台将服务费支付给车小微。这些流程原来需要经过4个节点，每个节点都需要线下确认，通常需要花费7天的时间才能完成。

① 陈晓光：《平台化小微，需要平台思维解决方案》，《海尔人报》，2018年4月18日。

在易付宝平台上将收款流水与订单信息进行匹配，清账入账，根据用户付款行为进行判断，自动匹配最优结算通路，实现了0.5秒收款。用户一键评价提交后，易付宝平台关联的收款订单自动生成付款流水，实现车小微服务费的一键闪付。车小微还可以第一时间看到用户对自己的评价并实时收到服务费，大大提升工作积极性。

这个案例中，杨洪振提出了与流程再造平行的思路，在于利用物联网思维，并联平台与应用端。反映了管理2.0与管理3.0控制方法的实质区别，在于变串行（流程）为并行（并联）。这是管理制度的代际创新。

案例6－3－7

**褚海燕为啥抢着替别人关差**[①]

褚海燕是油烟机节点的接口人。2017年，油烟机小微业绩连续几个季度赌赢。她的超利分享“大红包”拿得并不容易。

当时，油烟机小微刚刚开启对赌，褚海燕明明完成了目标，可是连续两个月被否决了工资。褚海燕心里是有点“小委屈”的。原来是因小微整体的目标没能完成而被否决。褚海燕心想，既然是个整体，与其等着工资被否决，还不如自己多干一些来补上小微整体的差。褚海燕将自己的想法告诉了居同岭，得到了对方的大力支持。

目标提升，褚海燕也有着不小的压力，为了小微整体的目标达成，褚海燕每个月不是仅仅研究自己对接国内市场，而是看小微整体的目标保障情况，主动去了解其他两个市场。

当时正当厨卫平台开启与商圈的对赌，褚海燕抓住这个机会，与各个商圈小微并联到型号，带动着各个商圈都积极地抢高目标。褚海燕的积极也带动了商圈小微的积极性。在褚海燕的手机里，有一个商圈的交流群，除了日常的工作沟通，群里经常出现的对话就是“@某中心，我要超过你！”或者

① 贾梦莹：《褚海燕为啥抢着替别人关差》，《海尔人报》，2017年1月11日。

“@某中心，我的规模已经超过你了哦!”

跟投对赌的机制驱动着褚海燕主动提高目标来关小微整体的差，对赌到终端、对赌到型号又带动了全员的自驱动，最终赢得了超利分享的“大红包”。

## 6.4 小结：按果索因理解控制

(1) 海尔的宗旨是人的价值第一，完全颠覆西方的股东第一。要实现人的价值第一这个宗旨，管理控制必须解决企业目标与企业宗旨相一致的问题。不能为了股东价值，把工具理性目标当作宗旨。为此管控必须坚持和把握好战略方向，以共创共赢为战略指导，磨合并校准平台企业、小微和合作者的目标与核心价值观。

(2) 宗旨反映在商业模式上，海尔模式是攸关各方都增值的，传统模式如电商不能增值。将企业宗旨落实为企业目标，就是要追求多赢增值这个果。海尔模式通过战略会计，把创造共赢的生态价值作为战略损益的标准，引导差异化增值方向的行为模式，解决了打价格战不能增值的问题。

(3) 增值来自体验，而不是产品。要想实现增值这个果，所需要的因，是围绕最终用户体验引导、校准攸关方的行为。为此，必须在管控中处理好套圈与换道的纵横匹配关系。产品是增值的基础，套圈引爆是换道引领的基础，但本身不增值。增值来自服务化，要让服务达到体验的高度，因此必须坚持换道引领。

在管控中，与传统做法的一个重要区别在于价值管理的重心要从单纯的会计核算，即管理没有温度的钱，转向核算以用户满足度为中心的用户体验，并使之从不可见，变为可见，从不可管、不可控，变为可管可控。例如，建立用户口碑平台，对口碑进行管控，引导攸关方把社群交互当作行为重点。

(4) 创造体验价值的组织也要变，从串联到并联。要达到换道引领创造体验价值这个果，管控这个因必须具备并联的条件，共享平台资源，并联支持小微。例如，采用基于共享财务的并联方法为小微和生态攸关方提供人单合一支持，将并联的主体聚焦于一致的用户体验。

(5) 并联的主体一定是小微而不是科层。要达到并联这个果，管控服务的主体就一定是小微，而不能是以串联方式组合的封闭流程与封闭企业。

（6）小微的驱动不是传统的管控而是三权让渡的自驱动。要让并联的小微摆脱对企业的内部依赖，使之成为独立自主的主体，管控要在决策、用人、分配上，针对具体目标与任务的实现，建立过程控制，关闭果因之差，使目标与条件相互匹配。为此要持续根据日清体系，清事塑人。

（7）自驱动就需要用户付薪。要达到让小微自驱动这个果，需要的因（必要条件）是将动力源延伸到用户体验，让用户获得良好体验这个果，满足实现自驱动这个因的条件。为此，要解决用户付薪的问题，以避免领导付薪导致员工行为与用户需求脱节现象。

（8）用户付薪的薪也不再是传统财务报表中的成本，而是共赢增值表的生态收入、生态价值，是可以实现边际效益递增的。